U0125946

大一统

大汉帝国不得不说的那些人

杭州班长 著

台海出版社

图书在版编目（CIP）数据

大一统：大汉帝国不得不说的那些人 / 杭州班长著 .
-- 北京：台海出版社，2023.12
ISBN 978-7-5168-3750-4

Ⅰ . ①大… Ⅱ . ①杭… Ⅲ . ①中国历史—汉代—通俗
读物 Ⅳ . ① K234.09

中国国家版本馆 CIP 数据核字（2023）第 236382 号

大一统：大汉帝国不得不说的那些人

著　　者：杭州班长

出 版 人：蔡　旭　　　装　　帧：知　腾
责任编辑：员晓博

出版发行：台海出版社
地　　址：北京市东城区景山东街 20 号　　邮政编码：100009
电　　话：010-64041652（发行，邮购）
传　　真：010-84045799（总编室）
网　　址：www.taimeng.org.cn/thcbs/default.htm
E-mail：thcbs@126.com

经　　销：全国各地新华书店
印　　刷：崇阳文昌印务股份有限公司
本书如有破损、缺页、装订错误，请与本社联系调换

开　　本：710 毫米 ×1000 毫米　　1/16
字　　数：208 千字　　印　　张：15.5
版　　次：2023 年 12 月第 1 版　　印　　次：2023 年 12 月第 1 次印刷
书　　号：ISBN 978-7-5168-3750-4

定　　价：59.80 元

前言

在中国历史的长河中，汉朝是一段骄阳似火的辉煌篇章。它是中华民族不屈精神的象征，是中国文化的瑰宝，更是世界历史上的璀璨明珠。它以其独特的魅力和辉煌的成就，深深地影响和塑造了后世的发展。

作为当时世界上最先进、最文明的强大帝国，两汉极盛时期东并朝鲜、南包越南、西逾葱岭、北达蒙古。从公元前202年刘邦称帝，到公元220年汉献帝刘协退位，这四百多年的时间里，汉朝经历了汉高帝、汉武帝、汉昭帝、汉宣帝等一系列君王的统治。每一位皇帝都有着自己的形象和故事，都在历史上留下了独特而永恒的印记。

与此同时，这个时期也出现了许多伟大的历史人物，他们或以文学才华翰墨飞扬，或以军事才能征战沙场，为汉朝的繁荣和稳定做出了不可磨灭的贡献。从张良的智谋，到卫青霸气的征战，再到班超的拓荒之志……每一个角色都有其独特的性格和境遇，都在汉朝历史的舞台上熠熠生辉。

大汉时代，皇帝的才华、智慧和决策，与文臣武将的聪明才智和忠诚奉献紧密相连，共同为后人呈现一个丰富多彩的历史画卷。透过这幅画卷，我们仿佛穿越时光的隧道，亲身感受着那个辉煌而又充满传奇的时代。

作为一位历史爱好者，我一直很喜欢汉朝的历史。汉朝创造了中国历史上有名的空前盛世，留给当今世人的历史馈赠，犹如天上星宿般璀璨、明亮。正因如此，我决定写一本关于汉朝的书，将这个帝国的兴衰，以人物故事的方式展现出来。希望它能成为您了解中国历史的一扇窗口，也能成为您在阅读中收获智慧和喜悦的源泉。

当然，本书并不是历史学术著作，作为一本历史通俗读物，在尊重史实的基础上，穿插了一些野史，并进行了适度的艺术加工，使本书读起来更有吸引力。不论是阐述故事情节，还是描写人物内心、思想的变化，语言都力求生动、有趣，以尽可能提升读者的阅读体验，更加真实地感受历史的韵味与人文气息。

由于本人学识有限，再加上时间仓促，错漏之处在所难免，望各位读者提出宝贵意见，并予以谅解，本人在此先予致谢！

最后，我要特别感谢所有参与本书制作的人员，是他们的辛勤付出，才使本书得以顺利出版。同时，我也要感谢每一位读者朋友的支持和关注。希望本书能够成为您阅读的伴侣，带给您愉悦和启迪。

目录

第一回 秦末风云人物

陈胜和吴广：掀起农民起义的浪潮

有这么一个人，他只说了一句“王侯将相宁有种乎”，就让强大的秦朝土崩瓦解，他是谁呢？很多人一定听说过他的名字，他就是秦末农民军起义领袖陈胜。

公元前209年夏，陈胜率领农民军在一个叫大泽乡的地方起义，结果半年时间就被消灭了，而且还死在自己的“司机”手中。

陈胜是河南人，年轻时是个雇农，也就是打短工，靠出卖劳动力为生。虽然连个农民都算不上，但陈胜却有一个宏大的理想。有一天，他对一起干活的穷哥们儿说了句“苟富贵，勿相忘”，意思是说，以后谁要是富贵了，可别忘了一块儿吃苦的兄弟啊。大伙儿听后，都觉得好笑：“咱们就是卖苦力的命，哪来的什么富贵啊？别白日做梦了。”陈胜心里嘀咕道：“燕雀安知鸿鹄之志？”

公元前209年，也就是秦二世当皇帝的第一年，朝廷征调贫民去戍边，陈胜和吴广等九百余人被调往渔阳，他们当时都还是个小头目。从陈胜说的那句“苟富贵，勿相忘”，便知他不是一个安分的人，吴广的性格虽与陈胜不同，但同样有一颗不安分的心，这两人碰到一起，可谓是志同道合。

按照秦朝的法律，如果他们没能按照规定的时间到达目的地，那可是要掉脑袋的。碰巧天公不作美，当他们走到蕲地大泽乡（今安徽宿州）的时候，天下起了大雨，而且一下就是好几天。道路泥泞不堪，他们一天走不了多少路，这样下去，无论如何不可能在规定的时间内到达目的地。他们知道，按照秦朝的法令，逾期不到就是死罪，

那怎么办呢？

陈胜、吴广私下找来几个人商量，说：“反正横竖都是死，还不如反了，这样或许还有一线生机。”

但是，起义需要师出有名，要不大伙也不信任你啊。陈胜早就想到了这一点，他说：“咱们就说楚国的大将项燕没死，想让他带着咱们干一番事业，然后再推举一个新的楚王，我觉得公子扶苏不错，你们觉得怎么样？因为老百姓都知道扶苏贤能，但不知道他已经被秦二世杀害了。”

公子扶苏不是秦始皇的儿子吗？没错。据说扶苏的母亲名叫芈华（另一说法是郑国人郑夫人），是楚国人，所以扶苏身上有楚国王室的血统，对楚国人来说，听到扶苏就会有那么一点亲切感。所以他们打算用项燕来提振士气，并借公子扶苏的名号来赢得人们的支持。

随后，他们又找来一个算命先生。算命先生知道他们的心思，他先说了一大堆恭维的好话，然后又说：“这个事情，您不要忘了问问鬼神，为什么呢？因为老百姓特别相信这些。”陈胜、吴广一听，便明白了其中的意思。

于是，他们从河里捞了一条鱼，把写有“陈胜王”三个字的布条塞到鱼肚子里。然后又偷偷把这条鱼混在厨房的鱼中。做饭的时候，厨师发现有条鱼的肚子里居然有个布条，上面还写着“陈胜王”三个字。于是，这个消息很快就传了出来。到了晚上，就在大家议论这件事情的时候，吴广悄悄跑进旁边的一个破庙，点燃了一堆火，然后就学着狐狸声叫道：“大楚兴，陈胜王！”同行的人被吓得一夜没睡。

第二天，吴广跑到带队的首领跟前，故意说了一些很难听的话。当时，这个首领已经觉察到队伍里的一些不安定因素，现在吴广又出来挑事，所以他想杀鸡儆猴，狠狠教训一下这个家伙。他拿起鞭子抽打吴广，吴广哪里忍受得了，于是俩人扭打在一起。随后，又有一些人加入进来。吴广是故意来挑事的，所以趁着人多混乱的时候，就把带队的首领给杀了。这一下，大家都慌了，杀官可是死罪，怎么办呢？

就在这个时候，陈胜站了出来，他说：“别怕，王侯将相宁有种乎？我们已经杀了军官，朝廷肯定会定我们的死罪，与其等死，还不如举兵造反。”

于是，陈胜、吴广率众人起义，正式开启了反秦大业。为了师出有名，打出了“扶苏未死，复兴楚国”的旗号。既然是起义军，就得有一面旗帜啊，一时又找不到，怎么办？于是他们举起了竹竿当旗帜，“揭竿而起”的成语就是这么来的。

大泽乡位于现在的安徽省宿州市，这一带也是当年楚国大将项燕抗击秦军的战场，当地人非常敬佩项燕，而秦二世不得人心。所以，陈胜、吴广的起义军很快就占领了附近的所有州县，一时间兵卒达数万人。

这个时候，有人出来说：“陈将军，我觉得您应该称王了，只有称王才能号令天下。”于是，将陈县定为都城，陈胜被拥戴为楚王，国号定为“张楚”。张楚就是要复兴楚国，并不断扩张版图，所以又称“张大楚国”。

他们出兵攻秦，势如破竹，很快就在中原大地上形成了燎原之势，没多久，就拥兵数十万，并一直打到了函谷关。

当时陈胜有一个手下叫周文，他带领几十万人准备偷袭函谷关，夺取咸阳。函谷关原来是秦朝对抗六国的屏障，易守难攻，对秦国来说很重要，但没想到，这么重要的关隘居然轻易就被周文给攻破了。

这个周文可不简单，他原名叫周章，据说曾经在春申君黄歇的门下做过门客，也曾经在项燕的军中担任占卜望日官，自称熟悉军事。

函谷关一破，秦朝就慌了。因为一过函谷关就是八百里秦川，一路畅通无阻。周文很快就打到了骊山脚下，也就是秦始皇陵附近。眼见咸阳近在眼前，马上胜利在望了，这时周文发现前面有一条河，河的对岸有一支军队，大概有五万人。但是，这五万人给他的感觉与之前碰到的秦军完全不一样，看上去来势汹汹。

周文曾在项燕的军中当过差，跟秦军打过仗，他很了解秦军的战斗力。所以，看着这支秦军，他心里也没了底，暗想："坏了，眼前的这支军队啊，肯定是秦军的精锐部队，但都打到这里了，总不能就此放弃吧。"

要攻占咸阳，得先过眼前这条河，周文心想："既然对方是精锐，那我也派精锐。"于是，他派出自己最精锐的队伍，开始渡河作战。对方反而不着急，等周文的精锐部队渡到一半时，对方来了个"半渡而击"，随后烧毁了浮桥。周文见势不妙，只好撤退，秦军居然也没有追赶。

这支秦军的头领到底是谁呢？他就是大名鼎鼎的章邯。当时，章邯正在骊山当监工，听说起义军打到了骊山，形势危急，恰好当时咸阳城里有一支皇上的卫队，他们正在骊山当模特。模特？对，就是专门给制作兵马俑的部队做模特的部队，因为兵马俑要仿照真人的样子做。于是秦二世就命令章邯集结这支卫队，在当时骊山的脚下布阵迎敌。这一战章邯一战成名。

当时，章邯接到命令后，就对胡亥说："卫队人数有点少，但现在调集援军时间肯定来不及了，不如赦免骊山的这些囚徒，并将他们编成军队，用来平叛楚军。"于是章邯一下子就集结了几十万人马，开启了平叛之路。

章邯首先要干掉的肯定是周文，在干掉了周文后，他率兵直指吴广。当时吴广在荥阳，听说章邯来了，就拉开架势要跟他正面杠。章邯根本就不想理他，直接把荥阳旁边的敖仓占领了。敖仓是粮库，这就意味着吴广的粮草被劫了。听说粮库没了，起义军乱作一团。吴广有个名叫田臧的手下，他觉得吴广不会用兵打仗，让兄弟们无辜送命，于是就把吴广杀了。

吴广被杀，陈胜非但没有处罚田臧，还封赏他做了大将军。然后田臧带着兵马就去找章邯拼命。田臧的部队打仗毫无章法，就像在田间地头打架一样。一个是业余选手，另一个是专业选手，结局可想而知。

章邯深知擒贼先擒王的道理，解决了吴广这边，他开始腾出手来对付陈胜。陈胜一看章邯兵强马壮，自知打不过，便带着一队兵马溜了。就在逃跑的路上，陈胜的“司机”，一个叫贾庄的马车夫把他杀了。然后，贾庄带着陈胜的人头投降了秦军。

起义才六个月，陈胜、吴广就这么稀里糊涂地死了。但是，他们的死亡并不意味着起义的失败，而是一个新的开始。随后，他们反秦大业的衣钵被项羽和刘邦继承了下来。

李斯和赵高：秦朝灭亡的主要推手

关于秦始皇的死，到现在都是个谜。当年，张良曾经派人在博浪沙这个地方刺杀过秦始皇，但没有成功。没过多久，又有人发现了一块天降陨石，上面刻着“始皇帝死而地分”，这让秦始皇惶恐不安。

秦始皇虽说贵为皇帝，但是很迷信，一生追求长生不老。他听从了方士们的建议，进行了第五次巡游。在返回的路上，由于舟车劳顿就病倒了，最后死在了一个叫沙丘的地方。

《史记》上说，秦始皇是因为过度劳累而病死的。他体质差，却又非常勤政，每天批阅大量文书。古时的文书都是写在竹简上的，算下来秦始皇平均每天要翻阅一百二十多斤竹简。当时正值夏天，天气很热，没空调没电扇，秦始皇身体吃不消，积劳成疾，最后病死在沙丘的行宫。

当然，也有人说秦始皇是被赵高害死的，为什么这么说呢？因为在这次东巡中，陪同的人员除了胡亥、赵高，还有蒙恬的弟弟蒙毅，他是公子扶苏的人。因为赵高当年犯了点事儿，蒙毅差点儿把他杀了，所以他们之间有一些隔阂。就在秦始皇病重的时候，蒙毅突然被派往边关，去祭祀山川，为秦始皇祈福。这样一来，扶苏就少了一个耳目。

秦始皇在临死之前，曾经写了一份遗书，让长子扶苏回咸阳，内容是“以兵属蒙恬，与丧会咸阳而葬”。意思是，他死后将兵权交于蒙恬，将他的遗体带回咸阳下葬同时扶苏回来奔丧。但是，赵高没有发出这份遗诏。秦始皇死后，赵高假借皇帝的命令，立胡亥为帝。毕竟，秦始皇死的时候才四十九岁。

很多人可能不知道，赵高是嬴姓赵氏，也算是秦始皇的本家。他的母亲因为触犯了刑法，被收入“隐宫”。他从小在宫里面长大，后来成了一名宦官。他能力过人，所以被秦始皇提拔为中车府令，相当于皇帝身边驾驶班的班长。另外，又因精通狱法，他还被安排去教秦始皇的小儿子胡亥怎么去断案。因此，他跟胡亥的关系非常好。皇帝死后，赵高一看，遗诏和玉玺都在自己手上，觉得机会来了，他心想：立胡亥为皇帝，对我肯定是更有利。

此时，丞相李斯不敢向外声张秦始皇的死讯，担心传出去会导致天下大乱。于是，为了掩人耳目，赵高每天假装给皇帝送吃送喝，或是汇报工作。因为天气炎热，尸体容易发臭，他们便买来很多鱼虾堆在存放秦始皇尸体的车的附近，以此混淆尸体的腐臭味。

这个时候，赵高就把想立胡亥为皇帝的事情和胡亥说了，胡亥一听，自然十二分愿意。接下来，只要丞相李斯没意见，这件事就成了。李斯本来是楚国人，早些年跟着吕不韦混，吕不韦倒台后，他的仕途非但没受影响，还被调到了秦始皇身边工作。可以说，这个人功名心非常强。当年，秦王嬴政下逐客令时，李斯上书反对，并且列出了很多理由，由此得到了秦王嬴政的赏识。之后，在他的谋划下，秦统一六国，他也因此做了宰相，在朝中有很高的威望。

当赵高找到李斯商量立胡亥为皇帝这件事时，李斯一开始断然拒绝：“立皇帝能这么瞎搞吗？”

于是，赵高就说：“丞相，我问你个事儿，依你之见，你的才能、功绩、谋略、威望，以及公子扶苏对你的信任程度方面，你哪一点能比得上蒙恬将军？如果扶苏即位，朝中大权肯定会被掌握在蒙恬手里，那时你得靠边站，能不能善终都是个问题。而胡亥呢，这小子年轻不懂治国，还不全靠你这个丞相嘛。现在立胡亥为皇帝，不就是你的一句话。再说了，如果你有拥立之功，你的子子孙孙都能够享受到荣华富贵，你看我说的对吗？”李斯仔细一想：哎，对啊，说的没

毛病。所以，两个人就达成了协议。

既然要立胡亥为帝，那就得把最大的威胁先解除掉，这个威胁是谁呢？当然是扶苏和蒙恬，他们手上有三十万大军。趁着他们还不知道秦始皇的死讯，赵高想假借秦始皇的诏命扳倒他们，于是他下了一份假诏，以不孝之罪赐扶苏自杀，以不忠之罪赐蒙恬自杀。蒙恬一想：这不对啊，好好的，怎么突然就来了一个诏书让我自杀呢？其中肯定有诈，于是他跟扶苏讲，要死也得死个明白。

扶苏看到诏书上盖有玉玺的印章，而且使者又在旁边不停地催促，便认为那肯定是父亲的意思，父亲定是担心我心中不服，为了稳固江山，所以才赐死我的，还有什么好说的，干脆拔剑自刎吧。

蒙恬可不愿意这么不明不白地死，可是他又不敢反抗，结果被囚禁了起来，兵权也被剥夺了，王离接替他成了主将。那赵高为什么不杀他呢？因为他的弟弟蒙毅此时还在外面。当蒙毅祭完天回来，赵高便和胡亥又下了个假诏，将蒙毅抓了起来。不久，蒙恬、蒙毅这两个为秦国立下赫赫战功的人就被杀掉了。

这样，胡亥如愿以偿当了皇帝，也就是后人所说的秦二世。以前曾经有个预言：亡秦者胡。但让秦始皇万万没想到的是，这个“胡”不是胡人，而是自己的儿子胡亥。

公元前210年七月，秦始皇死于沙丘的行宫，到了九月才安葬在骊山。据一些史料记载，秦始皇陵相当的恢宏，以水银为江海，用娃娃鱼的油脂做灯，据说可以长明不熄，里面机关重重，珍宝无数。或许只有等到这个皇陵被打开才知道这些记载的真假。

胡亥是秦始皇第十八个儿子，他异常残暴，所作所为令人发指。因为他的皇位来路不正，所以心里发虚，一直担心兄弟姐妹们会跟他抢皇位，所以他一上台，就开始对自己的兄弟姐妹大开杀戒，手段极其残忍。

那些有拥立之功的人，比如李斯，他的结局怎么样呢？李斯是个有抱负、有理想的人，还是想好好做一番事业的，但是，胡亥当上皇帝后，只管享乐，哪里管老百姓的死活，所以民怨沸腾，起义接连不断。作为丞相的李斯，便上书劝诫，但是每次上书都没结果，急得团团转。

有一天，他直接就冲进了皇宫，准备当面劝谏。结果他进来的时候，胡亥正在与宫女们饮酒作乐，不免觉得李斯搅了自己的酒兴，而且还要上书，说自己如何不好，所以胡亥憋了一肚子火，特别不舒服。

赵高一看，哎，机会来了。于是，他就在胡亥跟前添油加醋，说李斯的儿子手上有兵，现在盗贼四起，他只顾着守城池，从来不主动出击，一定是心里有想法。李斯又是丞相，如果他们父子里应外合，后果不堪设想。再说，当年我提议让陛下做皇帝，他还不愿意，咱们真得小心一点。

胡亥一听，心里咯噔一下：哎，还别说，这个李斯真有谋反的嫌疑，咱们还是把他抓起来得了。于是，李斯就被抓进了监狱。在监狱里面，李斯不断地上书。要知道李斯在做丞相的时候上书，人家都不看一眼，现在蹲监狱了，就更不想看了。再说，赵高也不可能给李斯翻身的机会啊。在监狱里，赵高对他刑讯逼供。李斯是个文人，哪里熬得住这么厉害的刑罚，干脆承认了自己谋反的罪名。这正是赵高想要的结果。

公元前208年，胡亥当皇帝不过两年，就把李斯这个为秦朝统一立下了无数功劳的宰相给杀了，而且下令灭李斯三族，他的儿子李由在为国征战中身亡。如果他当年坚持住了，让扶苏上位，应该不会有这样的结局。

李斯死后，赵高做了丞相，手握朝政大权。当时，天下已经大乱，章邯、王离都败了，刘邦也进了函谷关。胡亥虽然整天只顾着玩，但是他再傻，也知道这些事情的严重性。于是，他派使者去责问赵高："你不是说关东盗贼不成气候，现在怎么都搞成这个样子了？"

赵高一听，心想：你小子对我不满是吧？早干吗去了，现在想动我？不好意思，我先下手为强。于是，他命人假装起义军，让自己的女婿阎乐带着一千多士兵假装追杀这些起义军，那些人故意往胡亥的宫殿跑，见人就杀，一直杀到了胡亥的跟前。胡亥这才发现情况不妙，大喊："赵高要杀朕呀！"

他还有点不相信，问道："你们敢弑君？"

士兵们说："哼，啥叫弑君？哪有皇帝像你这个样子？你就一纨绔，对不对？"

见大势已去，二十三岁的败家子胡亥只好自杀，可谓罪有应得。

胡亥死后，赵高想当皇帝，于是他试探了一下，发现大臣们都不拥护他，于是他改变了主意：我再立一个，让他当挂名皇帝不就行了。那该立谁呢？秦始皇的儿子基本上都已经被祸害光了。最后，他想到了一个人，子婴。

这个子婴是谁呢？史书上没有详细的记载，有人说，他是秦始皇的侄子，也有人说他是扶苏的儿子，总之，他与皇帝有着比较近的血缘关系。于是，赵高便要立这个子婴为秦王，为什么是秦王，而不是皇帝呢？因为赵高知道，原来的六国故地已相继起事，秦朝如今也只剩下原来的一点地盘，没必要再称什么皇帝了，还是乖乖做秦王吧。

但是，这个子婴可不是胡亥，他早就想干掉赵高，只是一直没机会。现在，他听说赵高要立自己为秦王，觉得机会来了。于是，他跟两个儿子商量说："赵高立我为王，肯定会让我们去宗庙祭拜，如果我装病不去的话，他肯定要亲自来请我，那时咱们找机会干掉他。"

果不其然，赵高几次派人邀请，都不见子婴来，他只好亲自来到子婴的府上，对子婴说："祭祀宗庙这么大的事儿，你怎么能不去呢？赶紧跟我走啊。"子婴说："我，我，我生病了，没办法呀……"两个人正在说着话，子婴的两个儿子突然从屋里冲出来，一剑把赵高刺死了。不可一世的赵高，就这么轻轻松松地被干掉了。这个时候，离刘邦进咸阳城大约还有一个月的时间。

楚汉双雄：刘邦与项羽的恩恩怨怨

历史上有名的武将不少，有封狼居胥、饮马瀚海的霍去病，也有七战七捷的卫青，还有号称飞将的吕布。但要是论个人的勇武，项羽是当之无愧的天花板。“羽之神勇，千古无二”，从这一点上看，刘邦和项羽真是没办法比，可偏偏就是刘邦夺得了天下。他们曾一起反秦，以兄弟相称，甚至一度成为盟友，但最终反目，这其中产生了哪些恩恩怨怨呢？

咱们先从项羽这个人说起。

项羽其人

项羽是什么人呢？他是楚国的贵族，名将项燕的孙子，史书记载：此人身高八尺有余。八尺相当于现在一米八、一米九的样子。项羽“力拔山兮气盖世”，可见，他是个大力士。

项羽不爱读书。小的时候，他的叔叔项梁曾教他读书认字，学了一段时间，他就不想学了。他说他想学武，于是，项梁又开始教他剑术，学了一段时间，他又不想学了。用现在的话就是，干啥啥不行。

项梁生气地说：“文不能测字，武不能担水，你长大了能干什么？”

项羽说：“读书写字不过就是认识人的名字，学剑呢，也只能对付一个人，我要学就学万人敌。”项梁只好教他兵法，项羽学兵法也不过马马虎虎。

公元前209年，大泽乡起义的时候，会稽郡的郡守殷通也准备起

兵，并打算让项梁和桓楚做他的将军。其实，项梁并不是朝廷的人，也不是吴中本地人，他老家在宿迁，当年因为犯了事，所以逃到了吴中，也就是现在的苏州。项梁这个人很有才，再加上他是项燕的儿子，所以当地人特别服他。

殷通为什么要找项梁当将军呢？因为殷通也不是本地人。在秦朝时期，因为担心地方官员的势力不断坐大，实行的是异地为官的制度。想要造反，得有民众的支持才行，所以殷通想到了项梁。

而项梁也有自己的想法，他一听说郡守找他，就带着项羽来到了郡守府。当他们见到殷通时，项羽二话不说，拔剑就砍，直接杀官夺印。然后，项羽以一己之力，干翻了郡守府一百多名士兵，郡守府顿时人头滚滚。这种情况把郡守府剩余的人都吓傻了，他们趴倒在地，根本就不敢动弹。

这一年，项羽才二十三岁。然后项梁召集四方豪杰，组织了江东子弟八千人平定了江东。这个时候的项羽，只能算是项梁手下的实习生。

巨鹿之战

公元前207年，项羽因巨鹿之战而成名。在这次交战中，项羽率领楚军以少胜多，打败了章邯率领的秦军主力，赢得了这场关键性的胜利。

其实在这之前，章邯调集了王离的长城兵团二十万人，打败了项梁，项梁战死。然后，他们合兵进击赵国，赵国军队打不过章邯，一路逃到了巨鹿。王离率领二十万人围住了巨鹿，章邯保障王离军队的粮草供应。为了保证粮道的畅通，章邯在粮道上筑了甬道，也就是在粮道两边修筑围墙，这样便于防守。

当时，赵国有一位大将叫陈馀，他率军驻扎在巨鹿附近，加上各路诸侯的十几路援军，人数也应该不少。为了试探对方的实力，他派五千人来攻打秦军。结果，这五千人一眨眼的工夫就没了。陈馀一看，吓得不轻，这哪里是打仗，简直就是送死，前来支援的诸侯军也变得老实了，谁都不敢动，眼睁睁地看着王离来攻打巨鹿。

就在这个时候，项羽出现了。他在杀掉宋义之后，派英布等人先带两万人渡河，直奔章邯的甬道。断了甬道，王离军队的补给线也就被切断了。

然后，他又命士兵只带三天的干粮渡河，渡河之后，又把所有船只都沉入江底，把做饭的锅也都给砸了。也就是说，三天内必须打赢，否则全部都得死，这就是成语破釜沉舟的由来。然后，项羽命令军队以迅雷不及掩耳之势直奔王离，同时还要顶住章邯的反扑。史书是这样记载的：经过九次激烈战斗，终于活捉了王离。这个曾为秦朝立下赫赫战功的名将，最后究竟是怎么死的，史书上没有明确的记载。

这边项羽打得热火朝天，周围的诸侯援军居然没有一个前来助战，全部在看热闹。司马迁在《史记》中是这么说的："诸侯军救巨鹿，下者十余壁，莫敢纵兵。"当时，援军应该有十几路，没有一路敢出来。

所以，项羽打赢了这仗后，在召见诸侯时一点都不客气，虽然这时他还不是楚霸王。用召见这个词，说白了就是我看不起你，"都是些什么人啊，就你们这个㞞样，还出来打仗？诸侯的将军原来是这副德行。"司马迁在《史记》中记载，"入辕门，无不膝行而前，莫敢仰视。"什么意思？跪着往前挪，都不敢抬头看项羽。可见，当时项羽的威望有多高。也可以说，经此一战，他开始成为各路诸侯的上将军，大家都听他的号令。

这仗也让章邯见识了什么叫猛士，他率领二十万人不敢轻举妄动。就在这个时候，秦二世派人来了，不是慰问，而是责问，"你怎么回事，消极怠工吗？怎么不打呀？再不打朕就得办你了。"章邯心里害怕，便派手下司马欣去朝廷汇报工作，想说：我碰到了一个狠人，特别能打，不能硬杠，最好再给点援兵。结果司马欣到了咸阳，

没有见到皇帝，赵高也不接见他。他等了三天，谁也没见到，心想：完了，朝廷不相信我们，算了，赶紧往回跑吧。他没敢走来时的路，从小路溜了回去。

果不出司马欣所料，他刚离开，赵高就派人去追他，结果没追上。所以司马欣一回来就跟章邯讲："将军啊，这个事情不好办了，现在赵高大权在握，我想就算咱们打了胜仗，他也会因妒忌咱们的战功，想方设法害我们。如果打败了，那更是死，所以不管胜败，咱们都难逃一死。你说该怎么办？"

听司马欣这么一说，章邯心里就开始犯嘀咕。恰好在这个时候，他收到了赵国陈馀的一封信，陈馀在信中说："章邯，我劝你还是别打了，不要再给秦二世卖命了，你想想，白起厉害不，最终怎么样？还不是被赐死了；蒙恬厉害不，不也被杀了吗？你长期在外带兵，朝廷中有多少人想杀你啊，有功没功，最后都难逃一死，何苦呢？再说，秦朝快要完蛋了，靠你一个人能维持多久啊？将军，与其身受刑诛，妻儿被杀，还不如咱们联合起来共分秦地，你看怎么样？"

这个心理战还真起到了作用。于是，章邯便想跟项羽和谈，正好项羽的粮草不多了，于是，他接受了章邯的投降。巨鹿之战至此才算结束。

按说章邯率二十万秦军投降项羽，项羽让他们变成自己的力量不是更好吗，那为什么项羽后来又坑杀了这二十万秦军呢？其实，这都与章邯有关。章邯投降项羽后，项羽把章邯放在军中，却让他的手下司马欣做将军，率先头部队进军关中。

我们知道，秦国和六国之间打了多年的仗，六国的百姓官员对秦国人恨之入骨，双方是世仇。这个时候，好不容易看到秦国人失败了，他们能不报仇吗？所以，在进军关中的路上，军队遭遇了很多报复事件，这让秦军心里特别不安，越是临近关中，他们心里越害怕。他们担心：现在连自己都保不住，如果六国军队打进了关中，这些人烧杀抢掠，自己该怎么办？如果失败了，秦国一定会杀掉他们的妻儿父母。甚至还有人说，章邯是个卖国贼，他欺骗他们投降项羽。于是军心出现了动摇。

这个消息很快就传到了当时诸侯联军的指挥部，指挥部赶紧请来项羽，问现在该怎么办？项羽说，这个叫“将降而士卒未服”，什么意思呢？就是将军投降了，但下面的士兵还不服，没有和我们融合好，在这种情况下如果带他们去打他们的老家关中，很容易出意外。

于是，项羽找来两个人，一个叫英布，一个叫蒲将军，三个人一起商量怎么解决这个问题。这三个人都是出了名的猛将。猛将能商量出什么好结果？不服就杀了好了。在当天晚上，英布和蒲将军趁着夜色，杀入秦军的营寨，把这二十万人全部杀了。

双雄对峙

项羽打仗确实是个好手，但这个人有个大缺点，就是目光短浅。他没有想过自己做秦王，所以也不知道如何去管理这些秦人。能想到的招数就是杀了。

与项羽不同，刘邦在进军关中的路上，尽量少杀人，并且会安抚沿途百姓，招降一些秦军。所以，他快到咸阳的时候，军力不但没有受损，而且增强了，有了近十万兵力。当他过了函谷关的时候，子婴已经杀了赵高。

子婴当了秦王后，第一件事情就是派遣驻守在咸阳的一支卫戍部队去迎击刘邦。这支部队叫中卫军，是秦始皇留下来的一支精锐。

面对这个强劲的对手，刘邦是怎么做的呢？他有个手下，名叫张良，此人出了个主意：“主公不要急，既然如此，我们只能出大招。”他说的大招是什么？是用新式武器。什么新式武器？是炮弹，而且是带糖衣的炮弹。随后，他们派人游说对方的将领，说秦朝已经不行了，你没必要跟着卖命，如果你要钱，我可以给你很多钱，如果你要官职，也可以满足你，你不但可以继续驻守原来的地方，而且还会得到大量的土地。现在，只要让我们过去，一切都好好谈，怎

么样？

当时的秦军将领一想：哎，条件不错，可以谈一谈。于是秦军就放松了戒备，准备和刘邦谈。趁其不备，刘邦下令军队进攻，很快就把这支守军给消灭了。这样，咸阳无险可守，子婴手上无兵可派，怎么办？为了避免咸阳城被屠城，他捧着玉玺，披着绶带，然后打开城门，来到了刘邦的军前，迎接刘邦进入咸阳。

刘邦进入咸阳后，看到宫殿这么漂亮，而且要金子有金子，要美女有美女，所以他不想走了，打算在此好好享受一番。下面的士兵也是这种心理。

刘邦军中只有两个人比较清醒，一个是萧何，一个是张良。萧何跑到丞相府将所有的文书、图册、档案装车拉走。张良找到刘邦，说："沛公啊，你怎么还在这里？难道不知道项羽的部队马上就要打过来了吗？你能不能打得过项羽？如果打不过，那就赶紧撤出咸阳。"

刘邦早已沉迷于眼前的这一切，他原本不但想让大军进驻咸阳，自己还打算住在咸阳宫里。听张良这么一说，心里也没了底。由于忌惮项羽的实力，刘邦吩咐将士们封了秦朝的仓库，然后带着军队退回了灞上。

一个多月后，项羽率领四十万大军，浩浩荡荡直奔函谷关。当他到了函谷关，发现上面的旗帜上写着"楚"，于是赶紧叫人开门，"我是项羽，赶紧开门。"这个时候，守关的将领说："项将军，不好意思，这个地方现在是沛公的了，先入咸阳者为王啊，所以你们就别进来了。"

项羽这才知道刘邦已经进入了关中，而且接受了子婴的投降，还收编了秦军。于是，他气不打一处来，没想到自己拼死拼活，与秦军主力浴血奋战，最后竟让刘邦摘了桃子。一怒之下，便让英布强行夺取函谷关。进入函谷关后，为了震慑刘邦，项羽在鸿门这个地方驻兵，此地离灞上不到四十里。

这个时候，刘邦还没反应过来。他的左司马曹无伤见两军实力悬殊，便偷偷让密使来到项羽军营告密。密使对项羽说：“将军，刘邦想在关中称王，秦国有那么多财宝，那么多土地，他想独吞，而且刘邦要任用子婴做宰相，欲独霸秦国。”项羽一听，又是一肚子火。

这时，项羽身边的谋士范增说：“将军，这件事儿你干得对。你知道刘邦是什么人吗？他可是出了名的好色贪财之徒，但这次他进入咸阳后，居然分文不取，后宫有那么多美女，他也没有抢一个，看来这人野心很大，留不得啊。”

项羽说：“没事，我明天号令三军，一早就去攻打刘邦。”

鸿门宴

那这一仗到底有没有打起来呢？当然没有，打起来就没有了后来的鸿门宴。为什么没有打起来？项羽有一个长辈叫项伯，这个人早年曾被张良救过，所以跟张良的关系非同一般。听说项羽要灭刘邦，心想好朋友在那边，一定要救他。于是，项伯就带了几个随从跑到了刘邦那边，他见到张良后说：“兄弟啊，你赶紧跟我走吧，咱们去鸿门躲一躲，明天项羽就要打过来了，你不能留在这儿白白送死。”

虽然项伯出于好心，但是张良没有听他的，而是说：“大哥，非常感谢你，你简直是我的亲大哥，但是我现在不能走，我是奉韩王的命令来辅佐刘邦的。如果我不辞而别，那不就是不忠吗？你看这样好不好？我先进去和沛公商量一下。”

这么大的军情，要去找刘邦商量，这不就是泄露军情吗？但项伯居然同意了。因为他觉得刘邦根本不是项羽的对手，就算知道了，也照样会被灭。

刘邦听后大惊失色，这是什么情况，不是说好了先入关中者为王吗？虽然你项羽的功劳确实最大，没有你打败秦军的主力，我也不可能入关中，但是，我现在不是退出咸阳了吗？有事咱们可以友好协商嘛，总不能一句话不说就打我吧？哎，这可怎么办？

张良说："沛公，封关是不是你的主意？"

刘邦说："不是我的主意，是下面人的主意。"

张良说："坏了，如果没有封关，事情还好谈，现在可不好谈了，只有割肉的份儿，而且是割大片的肉。"

刘邦心有不甘，但又没有别的办法，打又打不过人家，于是问张良："你和项伯的关系怎样？"

张良说："当然好了。"

刘邦说："那就行，你把他请过来，我要亲自跟他说。"

刘邦为什么要亲自和项伯说呢？刘邦从小就混社会，随机应变以及对人性和感情的把控都相当到位。他想从项伯身上找到突破口。

张良把项伯请进大帐后，项伯一看，哇，酒席都摆好了。于是，刘邦很恭敬地请项伯上座，他自己坐在下首，并亲自为他斟酒，两个人边喝边聊，刘邦满嘴都是亲情友情。再加上张良在旁边穿针引线，两个人聊得开心极了，开心到什么程度？两个人竟然约为儿女亲家。

见时机成熟，刘邦端起酒杯，然后又把酒杯放下。项伯问："兄弟，你有什么事吗？"刘邦："大哥，自从我入关以来，对秦朝所有的财宝美女，不敢有丝毫的侵犯，你知道为什么吗？就是因为等着项将军来，只有项将军才有资格拥有这些，我也确实派人封锁了关隘，但不是为了阻拦项将军，而是为了阻止盗贼。你想，当年项梁曾借兵给我打丰邑，我和项将军也算是一个战壕里的患难兄弟啊，我难为谁也不可能去难为项将军，你说对不对？现在我也没别的想法，就请大哥帮我在将军面前说一两句好话，让我有一个机会跟将军当面解释清楚，你看行不行？"

项伯说："没事儿，这件事情就包在我身上了。"然后，他离开了军营，回到了鸿门。

第二天一大早，刘邦就带着五个亲信，还有一百多个骑兵来到项羽的大营。这五个人很不简单，他们是樊哙、夏侯婴、张良、纪信、靳强。樊哙是杀狗卖肉的，从一开始就跟随刘邦，是刘邦的铁杆粉丝。夏侯婴是刘邦的专职司机，也是刘邦的生死之交，深得刘邦的信任。张良自然是要去的，如果没有张良，刘邦可能早被灭了。纪信和靳强是刘邦的警卫队长。

但是，只有刘邦和张良被允许进入大帐。他们进去后，酒席早已摆好了，但从座次上就能看出当时的刘邦有多么尴尬。上首的位置已经坐了几个人，分别是项羽、项伯，还有范增。下首的两个位置，留给了刘邦和张良。

这个时候，刘邦也不敢问"我该坐在哪里啊"，有个机会说话已经不错了，他向项羽深施一礼，说："项将军，我对您的景仰如滔滔江水，绵绵不绝……"一通马屁过后，刘邦又说："臣下与将军协力攻秦，没想到战场风云突变，我一不小心就进了咸阳。这可是意料之外的事情，但是，咸阳城所有的金银财宝、后宫美女，我可一个都没敢动，别人没有资格享用这些，我就等着将军您来处理。也不知道是哪个小人居然从中挑拨，现在，我总算有幸向您当面解释。"

其实，项羽自从取消了攻击刘邦的命令，就没打算再去杀他。所以，看到刘邦姿态放得这么低，吓得不成样子，项羽也就没有了戒心，心一放下来，说话就随便了。他说："是你的手下曹无伤来我这儿告的密。"在座的人听后，都大吃一惊。

范增一看项羽把卧底都给出卖了，心里那个着急，不断用眼神示意：还不赶快动手？快动手啊。项羽视而不见。范增心想，是不是我眼睛太小了，看不见呢？于是，他拿了一块玉玦，玦是玉座的圆圈，不是玉环，它没有连在一块，中间有个小缺口，这个缺口在古代的寓意是两个人感情不和，不相来往的意思。

范增一直主张把刘邦干掉。但是，项羽在取消了攻击刘邦的命令时，没有再跟范增商量，所以范增也没辙。他想，现在刘邦送上门来，可以趁机杀了他。

于是，他拿起这个玉玦来回晃，示意项羽赶紧动手，项羽还是置若罔闻。这下把范增给急坏了，他出去找到项羽的堂弟项庄，对他

说："孩子，你过来，你现在赶紧进去，假装舞剑助兴，趁机把刘邦杀了。"

项庄说："这不好吧，老大没发话啊。"

范增说："这个时候还等什么，你必须把刘邦杀了，如果不杀了他，后患无穷啊。"

项庄进去后，对在场的人说："我给你们敬个酒，再给你们舞个剑。"

他边舞剑边跑向刘邦。项伯看到情况不妙，心想宴席是我组织的，客是我请来的，再说，我和刘邦已约好了要做儿女亲家，怎么能这样对待人家。于是，他站起来对项庄说："我陪你舞剑。"

项伯是项羽和项庄的长辈，两个人舞剑时，项伯就站在刘邦的跟前挡着。张良一看，可能要出大事儿，于是跑出去找樊哙，说："沛公危急，这可怎么办呀？"樊哙是个急性子，说："那可不行，要死我也得跟老大死在一块。"说完，他提着剑拿着盾闯进了大帐，气呼呼地看着项羽。

眼看一个怒发冲冠的大汉闯了进来，项羽也十分吃惊，问道："你是什么人？"

不等樊哙回答，身后的张良说："这是沛公的公车尉。"

项羽问："哦，壮士要不要喝酒？"

然后让人递给樊哙一大杯酒，足足有四升，樊哙自然不能说"我不喝"，谢过项羽后，他咕咚咕咚，一口气喝完了。喝完就行了吗？没那么简单。项羽一看，这人挺猛，便又问："你吃肉吗？"于是，递给他一只半生不熟的大猪腿。樊哙盘腿而坐，把盾放在腿上，用剑边割边吃，很快就把一只大猪腿吃完了。然后，他直盯着项羽看，意思说，吃也吃了，喝也喝了，你到底想怎么样？

项羽见樊哙没被唬住，便问："要不要再来一杯？"这时，樊哙说了一句很经典的话："臣死且不避，卮酒安足辞。"什么意思呢？是说我死都不怕，喝杯酒算什么！然后，又说："根据怀王之约，先入咸阳者为王，我们沛公先入咸阳，他本应该是王，但是他没想过当王，而且还把所有的好东西打了包，等着项将军您来接收，这么忠心耿耿的部下，您到哪里去找啊？再看看您，都在干些什么？有功不赏，反而还想杀我们，暴秦也不会这么干啊。”

樊哙的一番话怼得项羽哑口无言。

过了一会儿，刘邦站起来，对项羽说：“将军，真不好意思，我先去上个厕所。”刘邦借机离开宴席，刘邦前脚一出帐门，张良和樊哙后脚就跟了出来。他们对刘邦说，你赶紧跑吧，再不跑，命就没了。

史料记载，当时刘邦还虚情假意地说：“哎哟，酒席还没散，我要是走了，是不是不合礼呀？”樊哙说：“人为刀俎，我为鱼肉，你还讲什么礼呀？赶紧跑吧。”

刘邦说：“我倒是能跑，可谁为我善后呢？万一人家追过来，那可怎么办呢？”说话间，他瞟了一眼张良，顿了一下又说：“兄弟，要不你帮我善后吧？”张良没辙，只好答应了，并问刘邦：“你有没有带礼物？”

刘邦说：“我带了一双白璧，准备送给项将军，这一对玉斗是送给亚父范增的，但是刚才那个场面太吓人了，我没敢拿出来，你就帮我送过去吧。”

刘邦跑得到底有多匆忙呢？他只带了除了张良之外的四个人，连来时的一百多个骑兵和座驾都不要了，从小路连滚带爬地往回跑。

刘邦离开后，张良就一直在营外等着。如果他马上进去，说沛公走了，项羽有可能会派人去追。就在他在营外晃来晃去拖时间的时候，有人来找刘邦了，怎么回事呢？原来趁刘邦离开大帐的工夫，项羽开了个小会，范增说：“你不听我的话，放走了刘邦，后患无穷啊。”项羽说：“你放心吧，他只是上个厕所。”范增又说：“他这么久都没回来，肯定是跑了。”项羽说：“没事儿，我这就派人把他找回来。”

这个人是谁呢？陈平。看到这里，肯定有人会说，陈平不是刘邦的手下吗？其实，这个时候的陈平，还在项羽手下做事。

陈平刚一出门，就撞见张良。张良说："哎哟，这不是陈大人吗，您这是要上哪儿去？"

陈平说："我奉将军之命，去找沛公啊。"

张良不好说什么，支支吾吾。陈平是个聪明人，他看出了张良的心思，于是，他和张良闲聊了起来，帮着他拖时间。所以后来陈平投奔刘邦，刘邦对他非常好，一来就提拔重用他，就是因为在这儿欠了陈平一个人情。

看时间差不多了，张良进入大帐，对项羽说："将军，我们沛公喝高了，已经失态了，没有办法当面向您辞行。"

没想到听张良这么一说，项羽居然还关心起刘邦，问："他现在怎么样了？没事儿吧？不能喝就不要喝嘛。"

张良说："我们沛公看到将军有督查过失之意，心里有些害怕，加上喝了一点酒，所以就直接回去了，这会儿差不多已经到了军营。他临走的时候，特地向我交代，有礼物要奉献给将军。"随后，他把白璧送给了项羽，又把玉斗给了范增。范增当时就火冒三丈，"要这些东西干什么？"说着，就把玉斗扔到了地上，拔出宝剑，把玉斗砍了个粉碎，然后气呼呼地指着项羽骂道："唉，竖子不足与谋。你这小子真是烂泥扶不上墙啊，将来跟你夺天下的必定是刘邦，我们都等着做俘虏吧。"项羽被骂得有些下不来台。

刘邦回去之后，第一时间就把那告密的曹无伤杀了。然后，他把咸阳城里所有的金银珠宝、美女、文武百官，包括秦王子婴统统交给了项羽。项羽一看，这么多东西全部给我了，心想"他果然把我当好兄弟"。

楚汉争霸

项羽进入咸阳后，烧杀抢掠，还一把火把咸阳宫给烧了。史书上记载说，这场大火烧了三个多月。这么看来，咸阳的百姓肯定非常痛恨项羽。

刘邦到咸阳后，做事的方式与项羽截然不同，他和百姓约法三章，百姓可以安心过日子，而且他善待秦朝的百官。

当时有人劝项羽说："将军啊，你不能这么干，我们应该以咸阳为都城，然后吞并天下。"项羽头摇得像个拨浪鼓，说："我不干。富贵不还乡，如锦衣夜行啊。"由此可见，项羽没有战略眼光。后来，有个儒生讽刺项羽说："我听说，楚人暴躁，刚烈如火，就像猴子戴了帽子一样，看着像人，不干人事。""沐猴而冠"这个成语就是这么来的。

项羽做了咸阳之主后，没有践行怀王之约，让刘邦做关中王，而是重新分封了诸侯。他把秦国的地盘分为四份，其中三份分别给了章邯、司马欣、董翳，把汉中给了刘邦，封他为汉王，所以后来刘邦的部队叫汉军。与此同时，项羽把看不惯的那些王全都废了，并把这些王派来的将军封了王。这样一来，原来的王就不干了，因此，就埋下了诸侯之间相互攻伐的隐患。

由于项羽不喜欢齐国，在分封的时候，把齐王晾在了一边，并将土地给了齐王派来的武将。齐王肯定不乐意啊，我派人帮你打仗，你让他来当王，于是，双方就打起来了。

项羽亲自领兵来攻打齐国，无暇顾及自己的后方，这让刘邦看到机会，于是他调动兵马准备出川。可是，他边上的董翳、司马欣、章邯都在盯着他。怎么办？为了迷惑对方，刘邦大张旗鼓地修起了栈道，因为他刚进川的时候，将栈道都烧了。大家一看他要修栈道，也都放心了，毕竟修栈道耗时耗力，一时半会儿是修不好的。殊不知，刘邦早已带领一支大军，悄悄地翻越了秦岭，直奔一个叫陈仓的地方，上演了历史上非常著名的"明修栈道，暗度陈仓"的故事。

章邯虽然是名将，但因为失去了民心，很快就被刘邦给打败了。司马欣和董翳见汉军这么厉害，干脆投降了。这样一来，刘邦不费一

兵一卒，就得到了大片土地与大量士兵。于是，尝到了甜头的刘邦向天下宣布：欢迎大家积极来降，你们带的人越多，我给你的官职越大。一时间，秦国的很多小城池、小势力都投奔了刘邦。虽然刘邦的实力在不断壮大，但还是没有办法与项羽抗衡。

就在这个时候，项羽派英布把义帝，也就是原来的楚怀王杀了。这对刘邦来说，简直是天赐良机。听到这个消息后，刘邦立刻停止行军，当着很多人的面放声痛哭，伤心得不得了。然后全军举哀三天，向天下人宣告，接着又派人向所有诸侯通报，说项羽大逆不道，誓言要杀了这个楚王。诸侯们也想趁这个机会分一杯羹，于是，纷纷响应刘邦的号召。

按说响应了之后，是不是应该直接组团去打项羽呢？当然不是，他们不敢去齐国找项羽正面杠，而是直奔项羽的后方彭城。项羽一看，这帮人还真敢打我，于是带着三万兵马火速回援彭城，把刘邦的联军打得稀里哗啦。诸侯军们一看，项羽太强了，如果一直跟着刘邦混，恐怕没什么好日子过，于是又都投降了项羽。刘邦又成了孤家寡人。

刘邦联合那么多诸侯都没打过项羽，现在靠自己单打独斗，更不是项羽的对手。就在这个时候，张良给刘邦出了一个主意。这就是历史上有名的“下邑奇谋”。

张良看到，九江王英布是可以争取的。英布本是项羽的铁杆粉丝，项羽做了西楚霸王后，封他为九江王。但是，他做了九江王之后，开始变得厌战了，不想一辈子老是打仗，更喜欢享受生活。

项羽攻打齐国时，曾让他一起去，他不愿意去，一会儿这里不舒服，一会儿那里不舒服，只派了四千兵马给项羽。在刘邦攻打彭城的时候，他更是一兵一卒都没派。刘邦为了拉拢他，便立刻派了一个使臣前往九江，这个使臣名叫随何。

随何到了九江，一连几天，九江王都不见他。眼看任务无法完成，随何就对接见的官员说：“你能不能给大王带个话，我们一共才二十来个人，说白了，都是您砧板上的肉。如果见到大王后，他认为我说的对，那说明这是他需要的。他若觉得我说的不对，可以把我们都杀了，然后把人头送给楚王，还能立个功。这岂不是一举两得，而且对你们大王没有任何损失。”

那位官员把这些话转告了英布，英布想了想，觉得也有道理，于是就召见了随何。随何见到英布后，说：“哎呀，我们沛公向您问好，但是我私下有一点点好奇，就是您为什么跟楚王的关系走得那么近啊？”

英布：“我以臣子的身份侍奉楚王，他说什么，我就干什么。”

随何说：“不对吧？天下的诸侯都是平起平坐的，您既然以臣子的身份侍奉楚王，那您听楚王的话吗？楚王在攻打齐国的时候，让您去，您为什么不去，只派了四千兵马？我们汉王攻打彭城，楚王脱不开身，让您派兵支援彭城，您是一兵不派，难道这就是臣子所干的事情吗？真正的臣子，他一定会举全国之兵来帮着项羽攻打我们，可您没这么干，那就说明您想借楚国之名，而行独立自主之实。虽然楚国强大，但是楚王倒行逆施，我们的汉军现在虽然弱小，但所到之处，百姓无不称赞，这就叫民心所向。您两次都没有帮助楚王，这让楚王心里很不舒服，再说了，他手下猛将如云，您是可有可无的。如果您加入我们汉军的话，那可就不一样了，汉王会封您为大将军。而且我们汉王还说了，如果您同意的话，还会给您大片的良田，将来还会与您平分天下，您要认真考虑一下。”

英布仔细想了想，觉得有几分道理，于是说：“那行，我先考虑几天，你们先回去。”随何回到住处后，等了好几天，没有收到任何消息。后来一打听，才知道项羽居然也派来了使者。他有些按捺不住了，在得知楚国正在开会后，便直奔会议室。一进去，他就站在英布的身边，并指着楚国使者说：“九江王早就归顺我们汉王了，你凭什么让他出兵啊？”

楚国的使者听后，吓了一大跳。这时，英布也显得很惊讶，但他

没有做任何解释。楚国使者认为英布已经投靠汉王了，便想赶紧离开。见状，随何对英布说："你现在能让他走吗？他回去肯定会向楚王报告，那样你就完蛋了，所以你赶紧把他杀了。"

于是，英布拔剑就把楚国的使者杀了。事已至此，英布只能跟着汉王一起来攻打楚国，杀了不少项羽的人马。气急败坏的项羽便让龙且与项声攻击英布。龙且是个能力很强的武将，他与英布大战很多回合，打退了英布的军队。

公元前205年，刘邦偷袭项羽在彭城的根据地不成，被项羽痛扁一顿后，仓皇北逃。之后，双方的军队一直在荥阳城附近"互殴"，时间前后达三年之久。在这一旷日持久的拉锯战中，项羽和刘邦在鸿沟附近形成了对峙局面。

垓下之战

在双方对峙期间，刘邦从不和项羽正面交战，项羽一来，他就躲到城中不出来，项羽一走，他又出来嘚瑟。同时，刘邦还让彭越在后面不断骚扰项羽的粮道，这把项羽给气得不轻，就冲刘邦喊道："刘邦啊，你有没有胆子出来，咱们俩单挑？"

刘邦才没那么傻呢，他知道十个自己绑在一块儿也不是项羽的对手。论战斗力刘邦不行，但是论打嘴仗，刘邦好像从未输过。所以，他不想单挑的时候，就会骂项羽："你不配和我单挑，你杀害了楚王，倒行逆施，你是个罪人……"一口气罗列了项羽十大罪状，等说到楚王被杀的时候，他还痛哭流涕，把项羽给气得咬牙切齿。

于是，项羽就把刘邦的父亲刘太公给拎了出来，说："刘邦，你来看看这是谁呀？你要是不投降的话，我就把你父亲给煮了。"

项羽没想到刘邦回了一句："咱们当年共同反秦，是出生入死的好兄弟，既然是兄弟，那我的父亲就是你的父亲，那你既然要把咱们的父亲给煮了，可千万别忘了给哥哥我也留上一碗汤啊？"项羽听后，气得当场就要杀了刘邦的父亲。这时，项伯站了出来，劝说项羽千万不要冲动。

在楚汉对峙期间，项羽的粮道经常被彭越截断，导致粮草供应不济，刘邦又缩在城里面不出战。最后，项羽只好选择和谈。刘邦一想，行啊，反正我也打不过你。于是，双方就以鸿沟为界，西边归汉，东边归楚，这就是鸿沟协议的由来，也是楚河汉界的由来。

双方谈好后，都准备领军回撤。就在这时候，张良和陈平赶紧跑过来劝刘邦："汉王啊，千万别撤军。"刘邦说："我不撤军，待在这里干吗？"

于是张良开始巴拉巴拉起来，这都打下来半个江山了，为什么不趁着项羽撤兵之时，杀他个措手不及？不然，等他缓过来，咱们就很难对付他了。

刘邦一听，开始激起了他无赖的斗志：对，就这么干，在项羽撤军时，咱们从背后袭击他。项羽万万没有想到，在撤退的时候，刘邦要起无赖，竟然撕毁协议，从自己的背后发动了偷袭。项羽边打边退。

刘邦联合了英布等共四十万大军，兵分五路合围项羽。最后，项羽退到了垓下。当时刘邦的中军三十万人由韩信来指挥。这是韩信第一次正面和项羽交锋，韩信以优势兵力主动发起了进攻。项羽丝毫不惧，虽然正面打退了韩信，但是他被两侧的汉军趁机攻击，可谓双拳难敌四手，猛虎架不住群狼。最后，项羽陷入十面埋伏的境地。

这次楚军的失败，对项羽的打击非常大。晚上，汉军又唱起了楚地的歌谣，楚军的士兵以为自己的家乡已经被占领，士气低下，项羽也以为大势已去。

俗话说"将士军中胆"，如果项羽这个时候能够鼓舞士气，集中兵力突破一点，或许还有生机。刘邦当年不也经常被打得只身逃跑吗？但是，性格刚毅的项羽从未吃过败仗，第一次失败，内心就开始动摇了。与此同时，他还做出了一个错误的决定：抛弃自己的十万大军，率领八百个精锐趁夜突围。这样一来，楚军群龙无首，只能任人

宰割。史料记载，汉军斩杀了八万楚军，降左右司马各一人，死了一万两千多人。

项羽突围之后，居然迷路了，被汉军追上后他再次突围，一直跑到了现在的定远。当时身边只剩下二十八人，他怒责于天：“此天之亡我，非战之罪也。”随后，他冲入汉军，斩杀数百人，杀开一条血路。最后，逃到了乌江边。

有一个亭长划着小船要带项羽过江，此时，项羽已经心灰意冷。他回头看着身边的人，长叹一声，说：“我自江东领八千子弟兵，如今我一个人回去，我如何去面对他们的父母妻儿啊！我无颜再见江东父老。”然后，他把乌骓马送给了亭长，也叫士兵们都下马。他和士兵步行，拿着短兵器与刘邦的追兵战斗，斩杀了三百多人。最后项羽横剑自刎，年仅三十一岁。

其实在垓下之战中，项羽败给的不仅仅是刘邦，还有自己脆弱的内心。不管怎么说，他的一生虽然帝业未成，但也是轰轰烈烈，明知是死，绝不偷生，尤其霸王别姬的缠绵和乌江自刎的悲壮，足以气壮山河。所以说，项羽其实应该做一个侠客。

刘邦一生没少受项羽的欺负，按理说项羽死后，刘邦是最高兴的那个才对。那他为什么要亲自为项羽主持葬礼，并且痛哭了一场呢?或是表演，或是惺惺相惜，抑或是安抚民心，不论什么原因，都体现了刘邦成就霸业的高情商与谋略。

第二回
西汉帝王

汉高帝刘邦：西汉开国皇帝

刘邦，从一个沛县的小老百姓，是如何一步步成为一方诸侯，并最终做了开国皇帝呢？当然，机遇是一部分原因，更重要的是努力。

早年经历

刘邦的父亲叫刘太公，母亲叫刘媪，这都不是他们的真名。刘太公的意思就是刘大爷，刘媪的意思是刘大妈。有人说他父亲叫刘煓，其实，这应该也不是他的真名，因为司马迁在《史记》中并未记载。刘媪生有三子一女，其中老三叫刘季，也就是刘邦，他的出生出了点儿岔子。

根据《史记》记载，刘邦的出生十分传奇，这是怎么回事呢？

刘太公是一个生活在社会底层的普通百姓。在刘邦出生之前，刘媪有一次在大泽的岸边睡着了。当时，电闪雷鸣。遇到这样的天气，正常的人都赶紧回家收衣服了，而刘媪一直在睡觉。刘太公不放心自己的老婆，就出去找她，他远远地就看到自己的老婆躺在大泽的岸边。刘太公再仔细一瞅，刘媪的身上居然趴着个东西，是什么东西呢？一条蛟龙。等他跑过去，蛟龙早就不见了。

刘太公问刘媪："你刚才在干啥呢？"

刘媪说："我没干啥，在睡觉啊。"

刘太公又问："那你有没有感觉到有什么东西在你身上？"

"没有啊！"刘媪说，"哦，刚才我做了个梦，梦见有神仙过来和我聊天，具体聊了什么我想不起来了。"

刘邦的亲爹竟然是条龙！当然这是一种夸张的传说。

所以，他与他的两个兄弟的性格、长相都不一样。刘邦长着高鼻梁，胡须非常漂亮，可谓龙须龙颜。而且在他的左腿上，一共有七十二颗黑痣。

刘邦特别爱喝酒，而且好女色。他从不帮父母兄弟到地里干活，整天游手好闲，东逛西逛，还经常到酒馆赊酒喝。喝多了，他也不回家，直接躺在地上就睡。奇怪的是，他到哪个酒馆喝酒，哪个酒馆的生意就会变好，营业额和平时比要翻几倍。更奇怪的是，有时候刘邦喝醉了酒，躺在酒馆，当他翻身的时候，有人会隐隐约约在他的身上看到龙。这可把酒馆老板吓坏了，因此不但不敢向他要钱，还把记账的竹筒折断给烧了。

泗水亭长

秦统一六国后，时年三十四岁的刘邦终于做官了，职位是泗水亭长。在古代，十里为一亭，这个亭长相当于现在的村主任，但他又不管杂七杂八的事情，有点像派出所所长，但管理的地盘又没有派出所管理的大。虽然这时刘邦已经三十好几了，和秦始皇差不多大小，但还没有娶老婆。

有一次，一吕姓大户从山东搬到了沛县。因沛县县令与这户人家关系不错，又正值乔迁之喜，所以，沛县当地的很多人都来拍吕府的马屁。当时县衙的办事员萧何也在场，他帮着排宾客的座次，例如礼金在一千以下的要坐到堂下，礼金多的那就坐到内堂包厢里面。

刘邦打听到消息后，便到吕府骗吃骗喝，他不愿意坐在堂下，所以喊道：“我礼金一万。”实际上，他分文未出。吕公却偏偏看上了他，认为此人不凡，非得把女儿吕雉嫁给他。

他的老婆很生气，说：“县令要娶我女儿，你都不愿意，现在竟要把女儿嫁给一个二流子。”

吕公说：“老婆，你就放心吧，我会相面，听我的没错。”

当时，刘邦虽然单身，但他和一个寡妇偷偷生了一个儿子，叫刘肥。他与吕雉结婚后，还是三天两头到外面胡吃海喝，结交一些狐朋狗友，吕雉在家里耕织农桑，孝顺公婆，没有丝毫怨言。

有一次，刘邦押解囚犯的时候喝醉了，囚犯趁机跑了。为了脱罪，他跑到芒砀山躲藏。这时刘邦已经快五十岁了，到这个年纪了，他还没有成什么气候。

这时，虽然他手下已经有好几百人了，但大都是一些不安分的小吏、混混、地痞之类。在芒砀山躲藏期间，刘邦本来想做个山大王，有一天，他听说陈胜、吴广起义，心想："我都这把年纪了，有家不能回，干脆跟着造反算了。"刘邦想造反，又担心身边的人不听他的，这怎么办呢？很快，他生出一计。

举兵造反

一天，刘邦正在山里走，后面跟着一群人。走着走着，他看到一个老太太在路边哭，老太太说她的儿子是白帝之子，刚刚变回真身，就被挡在路上的赤帝一剑砍死了。就在大家疑惑这"赤帝"是谁时，刘邦说："我刚才杀了一条白蛇。"众人一听，原来大哥刘邦就是赤帝啊，怪不得他与众不同。

当时，沛县的县令看到天下大乱，也寻思着响应起义。这时候，办事员萧何对县令说："刘邦聚拢了一些人，咱们要不要把他叫回来，扩充咱们的实力。"县令同意了，于是就让屠夫樊哙去找刘邦，让刘邦过来跟着他干。

刘邦到了沛县后，县令一看他带了这么多人过来，心里犯起嘀咕：他人多势众，以后这沛县是听我的还是听他的？县令后悔邀刘邦来，便让人赶紧把城门关上。刘邦进不了城，怎么办？于是他开始玩起了心理战。

刘邦不断让人喊话，又用弓箭射书信到城内。他本来就是在沛县长大的，城里有不少他的朋友和死党。所以，他让这些人去煽动老百

姓，说："由于秦朝施暴政，天下人都反了，秦朝不行了，现在要是不给刘邦开门，等诸侯大军一到，咱们都得倒霉。"

这时，秦朝统一天下才十来年，民心不稳。老百姓怕受到牵连，再加上有人鼓动，于是有人带头冲进县衙，把县令杀了。

在沛县这个地方，最有威望的人肯定不是刘邦，那是谁呢？是萧何和曹参。他们都是当地的大族，而且又都是当官的，但他俩都是文官，不敢挑头，所以就让刘邦做了县令，称其为沛公。当然，造反总得有个旗帜，沛县当时属于楚国，陈胜和吴广号称大楚，于是，刘邦打出了"楚王"的旗号，并且在沛县实行了楚国的制度。

刘邦自从在沛县宣布起义后，一直在想办法扩充实力。但是，出去抢地盘时，总得有人看家吧，那该让谁看家呢？想来想去，他最后想到了沛县的豪强，自己曾经的老大，也是现在的小弟雍齿，让他来守城。

有一次，刘邦出去没多久，就得到了一个坏消息：雍齿叛变了，投靠了魏王。刘邦比谁都清楚，沛县那可是大本营啊，丢了这块根据地，那还造什么反？于是，他带着人马往回赶。可是，他的手下都是一些酒囊饭袋，打架还行，打仗就差远了，他们连续打了三次，每次都被雍齿打了回来。那可怎么办？刘邦急得团团转。

于是，有人出主意说："咱们借兵吧。"

刘邦问："那跟谁借呢？"

"陈胜不是咱们老大吗？跟他借呀！"

刘邦一听："嘿，这倒是个好主意。"

没过多久，一个报信的人回来说陈胜死了。刘邦的心拔凉拔凉的，叹道："你说我怎么就这么倒霉呢！"

这个报信的说："沛公，没事儿，我听说啊，现在又立了一个楚王，叫作景驹。"

刘邦说："那行，咱们就去找这个景驹，我不关心谁当楚王，但我要打楚王的旗号，自认是小弟，一旦我有事，就得他为我出头。"

于是，一伙人便去找新的老大。在他们去的路上，又传来消息说，景驹被项梁干掉了。这究竟是怎么一回事呢？

陈胜、吴广刚开始起义的时候，大家都尊陈胜为老大，但陈胜被章邯干掉了，群龙无首，怎么办？只能再找一个老大。于是，陈胜的手下就找到了一个叫景驹的楚国贵族，让他来做楚王。此时，项梁并不知道陈胜已经死了，认为景驹是个假楚王，于是把他给杀了。

后来他才知道，原来陈胜真的死了。那怎么办？于是，他召开了一个紧急会议，商议接下来要怎么做。在会上，一个叫范增的人说："陈胜的败亡，不是没有道理，他本来是一个农民，偏偏要自己称王，号召力肯定不行啊，能人义士谁愿意投靠他？再来看咱们项家，为什么有人愿意来投奔？因为项家世代在楚国为将，所以咱们得立一个自己的王，而且要有真正的楚国的皇室血统，要不然过几天再冒出来一个楚王怎么办，咱们打还是不打？"

于是，项梁就找到了原来楚怀王的孙子熊心，并立他为楚王。楚国被秦灭后，熊心流落乡间，以放羊为生。

刘邦听说这些事后，觉得还是项梁厉害，于是来投靠项梁。项梁也够意思，二话没说，就借给他五千兵马，十员战将，让他去收复沛县这个根据地。

见不断有人来投靠自己，加上之前连续击败秦军，还把秦国宰相李斯的儿子李由杀了，此时的项梁有点自大，觉得秦军不过如此。

其实，章邯真不是吃素的，他一面与项梁对峙，一面从其他地方悄悄调集援军，其中包括王翦的孙子王离。一天晚上，项梁正在大口吃肉、大碗喝酒的时候，被王离来了个突然袭击，项梁就这么死了。

据《史记》记载，当时有个人叫宋义，他曾提醒项梁要小心，项梁却认为这个人有意扰乱军心，把他赶走了。后来，宋义到了齐国，也算逃过了一劫。

项梁被杀后，楚军又变得群龙无首。楚怀王熊心趁机收回了兵权。他看刘邦这个人年纪挺大，成熟稳重，而且还挺老实，非但没有

收他的兵权，还给了他一个表现的机会，让他去攻打咸阳。因为当时没人愿意攻打咸阳，为了鼓励大家，楚怀王提出：先入汉中者为王。这即是怀王之约。

叔叔项梁死了，自己的兵权又被夺走，这让项羽有些郁闷。他一心想着报仇。一天，他找到楚怀王，说："我也要去攻打咸阳。"

楚怀王说："那可不行，你最好干点别的，赵国正在被秦国围困，你要不去救赵国吧。"

项羽同意了。但是，楚怀王没有让他做主将，而是给他个副将的位置。那主将是谁呢？就是上文提到的宋义。为什么会是他？因为项羽很能打，他需要项羽冲锋陷阵，但是，又怕项羽功劳过大，威胁到自己的地位与权力，所以，让宋义做主将，以达到分权和制衡的目的。

但是宋义到了边境就不走了，而且一停就是四十六天，救兵如救火，怎么能说停就停呢？于是项羽找到宋义，想问个明白。没想到宋义对他劈头盖脸就是一顿批评："小项啊，你要注意点身份，现在我是老大，一切我说了算，冲锋陷阵你厉害，论谋略你差多了，好了，别再啰唆了，服从命令就是了。"

随后，他下了一道军令：不服号令者斩。很明显，这道军令是针对项羽的。项羽非常憋屈，但又没有办法，毕竟对方是主将。

那在停留的这四十多天里宋义在做什么呢？是在谋划吗？没有，他在跟齐国套近乎，并且齐国答应让他的儿子到齐国做官。真是可怜天下父母心，在这么关键的时刻，他还不忘记给儿子谋前程。同时，为了显示气派，他还派兵护送儿子到齐国的边境。

要知道，项羽跟齐国有仇。项梁曾经救过齐国，在他被杀之前，曾经向齐国求救过，结果齐国不救。现在宋义却和齐国勾搭在一起。这下彻底把项羽给激怒了。

一天，他提剑进了大帐，把宋义杀了。然后，他对军营里的人说："宋义背叛楚国。我们来救赵，他按兵不动，为了一己之利，让大军滞留此地，我奉楚王的命令杀了他，所以现在所有人必须听我指挥。”然后，他率军驰援赵国，在巨鹿一战成名。

开国皇帝

这时，刘邦已进入了关中。按照之前的怀王之约，刘邦理应成为关中王，而后到咸阳者，应遵守约定辅助刘邦治理朝政。项羽得知刘邦入关的消息后，非常不服，他认为刘邦趁着自己牵制秦军主力之机，捡了一个大便宜。

刘邦进入咸阳后，考虑到自己羽翼尚未丰满，力量相对较弱，虽然想做“关中王”，但是稳妥起见，没有马上宣布“如约”为关中王。他接受张良、樊哙的建议，及时退出秦都，回师灞上。

这时，项羽的谋士范增劝说项羽，要找个机会杀掉刘邦，以绝后患。于是，项羽设下鸿门宴，想借饭局将刘邦除掉。可惜遇到猪队友，让刘邦成功逃脱。从此，双方成了不死不休的对手。

项羽率领楚军进入咸阳后，自封西楚霸王，并册封天下诸侯和有功劳的将领为王，刘邦被封为汉王，统治巴蜀和汉中。

刘邦采纳萧何的建议，拜韩信为大将军，韩信掌控汉军的兵权。公元前206年，韩信决定占领关中，打通前往中原的道路。至此，长达四年的楚汉相争全面爆发。偏偏在这个时候，项羽又做了一件“作死”的事情，杀死了“义帝”楚怀王。因此，项羽遭到了各种诸侯的讨伐。

接下来，刘邦开始逐渐在楚汉相争中占据上风。公元前203年，项羽与刘邦订下盟约：以鸿沟为界，平分天下，东面属于项羽，西面属于刘邦。公元前202年，刘邦率领七十万大军与项羽的十万大军战于垓下，并全歼了项羽的主力。从此，项羽一蹶不振，走向灭亡。

垓下之战后，刘邦认为自己的胜利已成定局。于是，他收回了韩信的兵权，并废除了他的齐王之位，改封楚王，定都下邳。与此同时，梁王彭越、燕王臧荼、长沙王吴芮、赵王张敖等人向刘邦上书，

请求刘邦称帝。

公元前202年2月28日，五十四岁的刘邦在山东定陶汜水一带举行登基大典，正式即位称帝，定国号为汉。他封吕雉为皇后，刘盈为太子。起初定都洛阳，一个月后迁都栎阳，不久正式定都长安，史称“西汉”。

公元前200年，各诸侯国占据了大汉江山的多半疆土，异姓诸侯王在封国内部军政独立，给中央集权的统治带来了极大的威胁。于是刘邦决定削除异姓诸侯王。刘邦经过五年的努力，大多封国都转入刘氏子孙手中。

公元前195年，六十一岁的刘邦杀白马为盟，与诸将定下誓约：非刘氏而王者，天下共击之。这就是历史上著名的“白马之盟”。此时刘邦年事已高，加上平定叛乱时又中了箭伤，回到长安后，他的身体一天不如一天。

公元前195年6月1日，刘邦驾崩于长安长乐宫。刘邦死后，汉惠帝刘盈即位，吕雉被尊为皇太后，实行无为而治，为接下来的文景之治打下了坚实的基础。

文景之治：为汉武帝打下雄厚的经济基础

文景之治是西汉汉文帝刘恒与汉景帝刘启统治时期出现的治世，也是中国历史上第一个盛世。没有文景之治的积累，就没有之后汉武大帝的丰功伟绩。

汉文帝刘恒，是刘邦的第四个儿子，他降生到这个世界，可谓机缘巧合。他的母亲薄姬原是魏王魏豹的宠妾。据说有次在筵席上，一个相士看到薄姬，说这个女人当生天子，这可把魏豹给乐坏了。他心想："我老婆生天子，我岂不就是皇帝吗？那样的话，还跟着刘邦干什么呀？"于是就起兵造反了，结果兵败被杀。

薄姬因此入了刘邦的后宫。刘邦后宫的女人太多了，谁还记得有这么一个人？一年后的一天，薄姬的好闺蜜在侍奉刘邦时，向刘邦推荐了薄姬。

有一次，薄姬侍寝的时候对刘邦说："陛下，说来真奇怪，昨天晚上我做了一个梦，梦见有一条龙盘在我的肚子上。"刘邦一听，乐了："这可是吉兆，就让我来圆你这个梦吧。"

后来，薄姬生了个儿子，取名刘恒。刘恒八岁时被封为代王。因为刘邦不太喜欢薄姬，所以，她没有成为吕后的眼中钉。在刘恒做了代王后，她向吕后提出请求，希望能随儿子到代国，吕后同意了。这样薄姬就成了名副其实的代国太后。

刘恒对母亲非常孝顺。《二十四孝》有一个"亲尝汤药"的故事，其中的主人公就是他。他做代王的时候，都说他是一个老实人，甚至有一点傻乎乎的，为什么？因为害怕。

公元前180年，吕后死了，周勃和陈平趁机铲除了吕后家族的势力。当时，后少帝刘弘在位不到四年，还是个未成年人，由于他是吕后所立，所以就被废掉了。那换谁更合适呢？在刘邦的孙子当中，朝中大臣普遍看好一个叫刘襄的长孙。在铲除吕后家族时，他率先发兵，有胆识，有能力，而且人也年轻。但是陈平和周勃不敢选他，因为他能力太强，怕他当皇帝后，自己的日子不好过。他们想物色一位人老实，脑子也不怎么灵光的皇子当皇帝，那样自己的日子才能过得更滋润。

当时，刘邦只剩两个儿子在世，一个是老四刘恒，一个是老七刘长。刘长从小是被吕后带大的，陈平和周勃可不敢让他当皇帝。刘恒看上去老实巴交，容易把控。于是，就让老四刘恒继位。

消息传到代国，刘恒开始不相信，怀疑其中有诈，于是派了好多人到京城打探。最后确认这是真事，才秘密赶往长安。到了长安后，大臣们尊奉他为皇帝。这就是汉文帝。

即位后，刘恒采取一系列措施来巩固皇位。他安排亲信掌控亲军卫队，负责守卫皇宫和京城，以保证自己的人身安全。对拥立的功臣封官晋爵，给曾经被吕后贬斥的刘姓王公恢复爵位和封地，还对西汉的开国功臣进行赏赐、分封。一时间，君臣皆大欢喜。

随着皇位逐渐稳固，刘恒的天子威仪也开始逐渐显露。在一次朝会上，他突然问右丞相周勃：“全国一年要判决多少案件？”

周勃被问蒙了，说：“臣，臣不知道。”

刘恒又问：“那全国一年的钱谷收入是多少？”

周勃说：“陛下，这，这个，我也不太清楚。”说话间，汗都顺着脸颊流了下来。

见状，边上的陈平说：“这些事务有专门负责的主管官员。陛下如果问刑狱之事，应该问廷尉；如果要了解钱谷收支，应该问治粟内史。”

刘恒颇为不悦，说：“既然各项事务都有主管官员，那么要丞相来做什么？”

后来，有人私下对周勃说：“丞相啊，您诛灭吕氏，扶立代王，名震天下。现在又担任宰相，月满则亏，水满则溢啊。”

周勃若有所悟，于是赶紧辞去了右丞相一职。陈平虽然没舍得辞左丞相，但再也不过问朝政。这样一来，汉文帝就收回了朝政大权。

刘恒在位二十三年。期间，他推行“与民休息，安定百姓”的政策，同时，削弱了地方的军权，将兵权收归中央，加强了中央集权。他的这些政策为“文景之治”打下了基础。

刘恒在当代王时，他的王后已经死了，而且她生的四个儿子也相继病死，这样刘启就成了老大，并被立为太子，母亲窦氏被立为皇后。刘恒去世后，刘启继承了皇位，即后来的汉景帝。

刘启即位不久，爆发了七国之乱。起因是刘启即位后重用御史大夫晁错，并采纳他的建议，开始削弱诸侯王势力，加强中央集权。结果引发了诸侯国的不满，于是吴王刘濞联合了楚王刘戊、赵王刘遂、济南王刘辟光、淄川王刘贤、胶西王刘卬、胶东王刘雄渠等刘姓宗室诸侯王，以“清君侧”为名发动叛乱。

吴王刘濞是刘邦二哥的儿子。刘邦年轻时，曾因偷老爹的养老钱去赌博而被赶出家门，没饭吃就跑到二哥那里。刘邦一直惦记着二哥的这点恩情，所以对侄子刘濞非常好。刘濞也跟着叔叔出生入死，受封吴王。

在刘姓诸侯王当中，刘濞势力最强，野心最大。刘邦活着的时候，他不敢轻举妄动，刘邦死后，吕后专权，重点对付刘氏诸侯王，他也不敢妄动。好不容易等到吕后死了，哪知周勃、陈平竟把刘恒拥上了帝位。这让刘濞有些恼火。

其实，刘恒也知道刘濞的野心，但他不愿刀兵相见，想通过温和的方式处理问题，于是把刘濞的儿子刘贤弄到宫中，一来增加小哥俩的感情，二来也可以当作人质。刘贤从小娇生惯养，嚣张跋扈。有一次，他和刘启下棋时，发生了点不愉快，吵了起来。刘启也是半点亏

不吃，一怒之下，他用棋盘把刘贤给拍死了。

于是，汉文帝就派人把刘贤的遗体送回吴国。吴王刘濞怀疑儿子是被杀害的，本来对刘恒继位就感到不满，这下彻底怒了，他说："天下同姓都是一家，孩子死在长安，那就葬在长安城吧，你们把他送回来，这是什么意思啊？"在那之后，刘濞开始告病，再也不来朝觐皇帝。其实，这时候他已经在精心准备叛乱，缺的只是一个合适的时机。

刘启继位后，他的老师晁错，一直建议削藩，并拟了份《削藩策》，连续削掉好几个诸侯王，诸王人人自危。刘濞可不想坐以待毙，再想到当年儿子被刘启给活活拍死，恨不得马上起兵反叛。但是，自己势单力薄，胜算不大，怎么办？只能联合一些对朝廷不满的诸侯王。于是，刘濞亲自出马，找到胶西王刘卬，给出一个诱人的条件：事成之后，分治天下。刘卬一听，真是太棒啦，赶紧跑去邀请他的一些好兄弟。

就在这个时候，刘启下诏要削夺刘濞的豫章郡和会稽郡。刘濞一看，果然动到我头上了，那还等什么，干就完了。

于是，刘濞杀了汉使，并联合串通好的楚王、赵王、济南王、淄川王、胶西王、胶东王等六国的诸侯王，打着诛杀晁错的旗号，举兵反叛。"七国联盟"正式形成。

面对"七国之乱"，汉景帝并没有做好充分的心理准备，看着联军气势如虹，他被吓得六神无主。听说只要杀了晁错，给诸侯们出气，七国联军就会退兵，汉景帝于是下令把晁错一家全杀了。

造反这种事，开弓没有回头箭，七国联军并没有因晁错的死亡而停止进攻。这时候，刘启才意识到自己错杀了晁错，他不把希望寄托于藩王会对自己手下留情，认为派兵镇压才是唯一办法，那谁来领兵作战呢？他想起刘恒说过："如果国家有难，可以找周亚夫。"于是，他让周亚夫率军平定叛乱。

周亚夫确实厉害，第一时间就给出了作战方案：占据要地，分兵阻击，不让七国合兵，正面战场要死扛吴楚，争取时间，只要自己带兵断了叛军的粮道，七国可平。

那谁能正面抗住吴楚联军呢？打虎亲兄弟，上阵父子兵，这个重担最终落在了梁王刘武的身上。刘武毕竟是刘启的亲兄弟，硬抗叛军主力三个多月，险象环生。最后实在扛不住了，便向周亚夫求救。结果周亚夫根本不搭理他，他只好写信给刘启，刘启一看形势危急，便命令周亚夫火速去救梁国。周亚夫怼了一句“将在外君命有所不受”。所以，梁王刘武恨死周亚夫了，没办法，只能自己死撑，结果竟又坚持了一段时间。

在这期间，周亚夫派出精锐骑兵南下，成功截断了叛军的粮道。一时间，叛军军心涣散，很快就被周亚夫击溃。声势浩大的七国之乱就此被平定，七个藩王最后不是战死，就是被生擒后处死，其各自的封地也被朝廷收回。

此后，刘启继续休养生息，国家政治稳定、经济繁荣，为后来的汉武帝攒下了充足的对付匈奴的资本。

汉武帝刘彻：千古一帝

汉景帝刘启共有十四个儿子，汉武帝刘彻是他的第十个儿子，按道理怎么也轮不到他做皇帝，那他又是怎么当上皇帝的呢？

继承皇位

当时的太子是汉景帝的长子刘荣。太子这个位子刚定下来，前来拍马屁、走亲戚的人一拨接着一拨，都希望借此拉点关系。汉景帝的姐姐馆陶公主刘嫖也想跟太子的母亲栗姬套近乎，毕竟那是未来的皇太后啊，于是她找到栗姬，说要把自己的女儿陈阿娇嫁给刘荣。可栗姬特别讨厌刘嫖，因为她老是给汉景帝介绍美女，所以直接回绝了刘嫖。刘嫖碰了一鼻子灰，心想：你儿子不就当了个太子吗，到时能不能当皇帝还不好说，瞧把你嘚瑟的。

于是，刘嫖找到汉景帝的另外一个宠妾王娡，说“把我的女儿嫁给你的儿子刘彻呗”，王娡一听，就说“好啊，好啊”。当时刘彻只有四五岁，小嘴跟抹了蜜似的。刘嫖问他：“你喜不喜欢阿娇啊？”他说：“我要是娶了阿娇，就给她造一个用金子做的房子。”这就是成语“金屋藏娇”的由来。

这门亲事定下来后，刘嫖就想着如何给未来的女婿谋划谋划。有一天，她跟弟弟刘启聊天时说：“栗姬老是在宫廷里面搞一些巫术，你怎么不管一管？你可能不知道，栗姬每次遇到你宠幸的妃子，都会让人在背后吐口水，这是‘媚道’。”汉代的皇帝很忌讳这些巫术，所以，宫廷里面不允许搞这些东西。当然，汉景帝对栗姬还是有感情的，况且又抓不到证据，就把这件事放下了。真正让他对栗姬心生恨意的是另一件事。

有一次，汉景帝病重，心情不太好，就把栗姬叫到床前，对她说：“我百年以后，希望你能够善待其他的妃子，还有他们的儿子。”这多少有一点托孤的味道，或者说有让栗姬做皇后的意思。

没想到这个女人竟干了一件蠢事，她以为汉景帝快要死了，便当场发飙了：“你这个老东西，你就是被那些狐狸精给掏空了，才成为现在这个样子，没想到你还护着她们。”汉景帝一听，气得半死，话都说不出来。没多久，汉景帝的病居然好了。

栗姬骂皇帝这件事，后来被刘嫖知道了。刘嫖真有两把刷子，她私下找了个大臣，让他上奏皇帝册封栗姬为皇后。汉景帝本来就一肚子气，看到奏折后，当场就火了：“这是你该说的话吗？你跟栗姬是一伙的，信不信我把你给斩了？这个女人要是当了皇后，我其他的妃子还有活路吗？我其他的儿子还有活路吗？”于是，他找了一个借口，把太子刘荣废掉了。

没过多久，栗姬郁郁而终，刘荣也自杀了。刘彻终于有了机会。他未来的丈母娘时不时在弟弟跟前说：“哎呀，刘彻多聪明啊，多优秀啊。”

有一次，汉景帝问刘彻：“你想不想当天子啊？”

刘彻说：“由天不由儿啊，我就想父亲您能每天在宫里陪我玩。”

汉景帝觉得这孩子既聪明又孝顺，于是册封王娡为皇后，刘彻为太子。

公元前141年，汉景帝刘启驾崩，十六岁的刘彻登基，是为汉武帝。他即位后，弃黄老无为而治，重用董仲舒，罢黜百家，独尊儒术，使儒家思想正式成为封建王朝的主流思想。他在位五十五年，打匈奴就打了四十四年，有人说他穷兵黩武，也有人说他是千古一帝。

击退汉匈

提到匈奴，它和汉朝也算是世仇了。

据司马迁的《史记·匈奴列传》记载，匈奴也属华夏的一部分，他们其实是大禹的后代。在战国时期，匈奴与中原打了很多年，比如，赵国的名将李牧就曾大败十万匈奴骑兵，自此匈奴十多年不敢南下。秦始皇的时候，大将蒙恬迫使匈奴后退七百里，然后修筑长城，匈奴十多年不敢南下牧马，当时，匈奴对中原王朝又恨又怕。

西汉刚建立时，匈奴出现了一位狠人，即冒顿单于。他在北方打败东胡和月氏，感觉自己无所不能，于是率军开始劫掠西汉的边境。他们抢的地盘刚好是韩王信（与楚王韩信同名，所以历史上称此韩信为韩王信）的封国。韩王信一看，匈奴来打他，就㞞了，说"别打我啊，我可以和你们一起去抢汉朝啊"，这把刘邦给气个半死，于是他决定御驾亲征。可没想到，冒顿单于四肢发达，头脑也不简单，他们诱敌深入，在白登山把刘邦围了七天七夜，要不是陈平使了个美人计，使冒顿单于答应讲和，刘邦很可能会葬身于白登山。这次经历让刘邦见识了匈奴的厉害，之后，他对匈奴的进犯是能忍则忍。再后来，汉朝开始不断地把公主嫁给匈奴，用和亲换和平。

由于欺负惯了汉朝，匈奴会隔三岔五来要钱，说公主跟娘家要钱，天经地义。再加上他们缺乏生意头脑，与汉朝人做生意经常赔钱，回去之后越想越不服气，于是就约一帮人过来抢。

汉武帝掌权之后，一看家里攒了这么多钱，便不想再忍了，要一雪前耻，彻底消除匈奴带来的威胁。偏偏在这个时候，老天又给汉武帝送来一份大礼：帝国双璧卫青和霍去病。可以说，这两尊大神简直是给汉武帝量身定做的匈奴克星。他们收复河套，占领了河西平原，在漠北一战中，卫青大破单于，斩获匈奴将近两万人。霍去病更是深入匈奴的腹地，封狼居胥，饮马瀚海，斩获匈奴七万余人。他们为西汉打下了二百三十五万多平方千米的土地，自此，匈奴远遁，漠南无王庭。一部分匈奴人归顺了汉朝，再也不敢龇牙，另一部分匈奴人向西方转移，祸害欧洲人去了。一举大败匈奴主力，是汉武帝刘彻最高光的时刻，因此他和秦始皇被并称为秦皇汉武。

与此同时，他也把老祖宗攒下来的家底儿掏了个底朝天，毕竟，开疆拓土是历代帝王的最高荣誉，所以他多少有一点儿飘飘然。

巫蛊之患祸

晚年的刘彻，性格变得多疑，总觉得有刁民要害他。再就是，他说一不二。宠臣江充正是利用了他的这些弱点成功制造了巫蛊之患祸。

事情的起因是这样的，当时汉武帝年过六十，有一次，他在宫中突然看到一个带剑的人进来。他有些奇怪：怎么会有人带武器进入宫廷呢？于是赶紧派人去捉拿。结果，这个人弃剑逃跑，没有抓到。汉武帝很生气，便杀了看门的守卫，关闭城门开始搜查，

可是一连找了十几天，连个人影都没看到。有人说："这个人可能是游侠朱安世。"当时，丞相公孙贺的儿子犯了法，被关在监狱。公孙贺的老婆是皇后卫子夫的姐姐，于是公孙贺就对汉武帝说："这件事就交给我吧，我来追捕这个朱安世，为我的儿子赎罪，陛下看行不行？"

汉武帝说："行，那就交给你吧。"

让汉武帝没想到的是，自己花了那么多时间与精力都没抓住的朱安世，竟被公孙贺一下子抓住了。朱安世被抓住之后，一点儿都不害怕，还笑呵呵地对公孙贺说："丞相大人啊，你马上就要祸及全家了。"

公孙贺心想，你不过是一个游侠，临死之前只想逞口舌之能而已，所以就没有在意。没想到朱安世确实手眼通天，他在监狱里面居然还可以上书朝廷，并且还能被送到汉武帝的跟前。他上书揭发公孙贺说，公孙贺的儿子公孙敬声和阳石公主私通，他知道陛下要前往甘

泉宫，所以故意让人在路上埋了木偶人，来诅咒陛下。当时，汉武帝年老体衰，一心想着长生不老，听说有人诅咒自己，所以定要查个水落石出。

这里特别交代一下，汉武帝共有五个儿子，他最喜爱的是钩弋夫人的儿子刘弗陵。据说，刘弗陵是钩弋夫人怀孕14个月才出生的，这月份和传说中的尧帝一样，所以汉武帝格外宠爱这个孩子。当时，汉武帝身边还有一个名叫江充的宠臣，他跟当时的太子刘据的关系不算好。

汉武帝派人到甘泉宫的路上寻找，果然找到了木偶人，这还得了！于是，公孙贺父子被关到了监狱，后全家被杀。公孙贺的老婆是皇后的姐姐，也是卫青的姐姐，因此卫家也受了牵连，其中汉武帝和卫子夫的女儿，也就是公主，还有卫青的儿子卫伉全部被杀。

后来，江充对汉武帝说："陛下身体不好，肯定与这件事情有关，我愿意带人挖地三尺，看看还有没有。"

汉武帝一听，就说："行，你就去办吧。"

江充带着人到处挖。这一天，江充带人来到了太子府，说是要搜查，太子也不敢阻拦。江充搜过之后，出来对太子说："我挖出了木偶人，你胆敢诅咒陛下？"

这可把太子刘据吓坏了，他知道自己被人陷害了，但是百口莫辩。这时，他甚至根本不知道是汉武帝要对自己下手，还是江充要害自己，而且当时汉武帝在甘泉宫，生死不明。由于情况紧急，太子的老师及皇后卫子夫劝他先杀了江充，铲除这个祸害，然后再调集长乐宫的卫士来保护太子府。

但是，消息传到汉武帝那里完全变了味儿，他听到的是"太子发动了叛乱"。于是，汉武帝立刻派丞相刘屈氂带兵去平叛。当时太子刘据只有少量护卫的兵马，没有多少胜算。于是派一个人拿着太子的符节去调集附近的胡人骑兵，也就是雇佣军，但是使节在半路上被汉武帝派的人给杀了。他只好去调动长安附近的一支北军，但北军根本就不听太子的调令。没有其他办法，刘据只好打开监狱，组织囚犯和城中的百姓与刘屈氂对抗，最后侥幸逃出京城。

当时，有人上书汉武帝说，不要再追杀太子了，他是被冤枉的。可是汉武帝余怒未消，就在他犹豫要不要继续追杀时，传来了一个消息，说太子自杀了。原来太子逃到河南后，躲在一户农户家中，后被追兵逼得自杀了。刘据毕竟是自己的亲儿子，他的死让汉武帝非常伤心。

随后，有大臣上书为太子鸣冤，这个时候的汉武帝才有点儿回过味儿：这到底是怎么一回事儿？经过调查才发现，太子压根儿就没有用什么巫蛊之术，全是江充一手炮制的阴谋。但是，一切为时已晚，大错已经酿成，太子被逼死，女儿被杀，皇后卫子夫自尽，自己的三个孙子也没了。这个时候，江充虽然也已经死了，但这并不能平复汉武帝的怒气，他直接灭了江充的三族，就连当初奉命捉拿太子的丞相刘屈氂也杀了，其他参与此事的大臣全被处死。

这一场巫蛊之祸可谓千古奇冤。后来，汉武帝怜刘据无辜，就派人在湖县修建了一座宫殿，叫作“思子宫”，又造了一座高台，叫“归来望思之台”，借以寄托他对太子刘据和三个孙子的思念。

在临死之前，刘彻有所悔悟，也算做了几件靠谱的事情，比如发布了历史上有名的《轮台诏》，也叫“轮台诏令”，以反思自己的过错，并从此结束了汉武时期的穷兵黩武。

公元前87年三月，大汉的第七位皇帝汉武帝刘彻驾崩，享年七十岁。他八岁的儿子刘弗陵继位，即汉昭帝，由顾命大臣霍光辅政。

昭宣中兴：西汉鼎盛之期

汉昭帝刘弗陵继位后，结束了西汉自汉武帝时期的对外战争，国家逐渐进入恢复性稳定及发展阶段。他在位十三年，励精图治，一度使国力衰退的西汉王朝又兴盛起来。在历史上，将他与之后的汉宣帝时代称为昭宣中兴。

一代明君

有人可能会问，汉武帝共有六个儿子，他为什么选择年龄最小的刘弗陵做皇帝呢？

刘弗陵的母亲姓赵，被汉武帝封为婕妤。据说，有一次汉武帝出去狩猎，身边的相士对他说："我夜观天象，发现此地有奇女子的气象。"汉武帝本来就信这玩意儿，便派人到处寻找。结果顺着相士所指的方向，人们很快找到了一位年轻漂亮的女孩儿，于是他们回来报告说："我们真的找到了一个奇怪的女子。"

汉武帝问："有多奇怪呢？"

"此女天生双手握成拳头，都已经十几岁了，就是无法伸开。"

不要说汉武帝，是个人就会感到奇怪：双手始终握成拳头，穿衣吃饭上厕所咋办？于是汉武帝说："把那个女人带来让朕瞅瞅吧。"

不看不知道，一看吓一跳。当女孩儿来到汉武帝面前，他把女孩儿的手拿过来轻轻一掰，哎，手竟然伸开了，而且手心还有一只小玉钩。惊不惊喜，意不意外？汉武帝觉得太神奇了，便果断把这个奇女子纳入后宫，人们都称她拳夫人，又因居住的宫殿叫钩弋宫，所以也叫她钩弋夫人。

公元前94年，据说钩弋夫人历经了14个月的超长孕期，才生下刘弗陵。这时，汉武帝已经立了太子。公元前91年，在巫蛊之祸中，皇后卫子夫自杀，太子刘据被逼自杀，此后汉武帝一直没有立太子。

因为老二早死，所以老三刘旦就有机会了，他给汉武帝上书说："我愿意进京来保卫皇宫安全。"汉武帝当时就怒了："朕还没死呢，你就想要朕的位子？"然后把刘旦派来的使者杀了。

老四刘胥据说力能扛鼎，空手搏熊，但他是个纨绔子弟，难当大任，根本入不了汉武帝的法眼。老五刘髆系李夫人所生，舅舅李广利和丞相刘屈氂谋划立他为太子。由于刘屈氂与逼杀前太子刘据脱不了干系，在事情败露后，汉武帝得知李广利是巫蛊之祸的幕后主使。李广利被逼无奈，投降了匈奴，刘屈氂被腰斩。

在汉武帝去世的前一年，刘髆也死了，那剩下的就只有刘弗陵了。刘弗陵不仅体格健壮，而且聪明伶俐。汉武帝眼看自己的时日越来越少了，就想传位给刘弗陵。因为刘弗陵年纪太小，汉武帝便让人画了一幅周公辅成王的画，赐给霍光，并任命霍光为大司马、大将军，辅佐未来的小皇帝。同时托孤金日磾、上官桀，还有桑弘羊共同辅政。

因为刘弗陵年纪太小，他登基之后，在宫中的生活起居由长姐鄂邑长公主照料。在四大辅臣中，权势最大的是匈奴人金日磾，但他在刘弗陵继位一年后就去世了，之后霍光成了权力最大的人。上官桀的儿子娶了霍光的儿女，两人是儿女亲家。

刘弗陵十二岁的时候，该找个皇后了，于是霍光的女婿上官安就对霍光说："要不让您外孙女做皇后？"霍光说："这怎么行，孩子太小。"其实，霍光是担心上官家的权势太大，为什么呢？从后来霍光发明宫女穿的"穷绔"，你就知道了。但是，上官家可没有放弃，最终通过长公主这层关系，将六岁的上官氏送到宫中，她也因此成为中国历史上最年轻的皇后。

作为回报，上官桀答应给长公主的情夫谋个侯爵，没想到霍光不给面子，他以“无功不得封侯”为由直接驳回了。这么一来，原本相好的亲家变成了仇家，长公主也对霍光心生怨恨。

这时候，刘弗陵的三哥燕王刘旦出手了。他找到上官桀、长公主，以及与霍光关系不太好的辅政大臣桑弘羊，对他们说：“你们如果支持我做皇帝，我保证你们……”他们都是刘弗陵最亲的人，但都打算干掉霍光，废掉刘弗陵。

有一天，燕王刘旦上书说：“霍光借检阅京城兵备为名，擅自调动兵马，打算自立为帝。为防止奸臣叛乱，我刘旦要入朝保卫京师。”在汉朝，奏章先经执政大臣批阅，才能转交皇帝批复。所以上官桀就等着霍光休假，在自己值班的时候把奏章送给了刘弗陵。但是，让他没有想到的是，刘弗陵虽然只有十几岁，但是聪明得不得了，他居然识破了这个阴谋，非但没有批复，还把它扣留了。第二天，他把奏章交给了霍光，说：“朕知道这个奏章在造谣，你并没有调动兵马。如果你在京师调动兵马，根本用不了几天时间。燕王刘旦远在外地，他怎么能这么快知道？况且，你要是真的想造反，也不用如此大动干戈。”

阴谋被揭穿，刘旦已经没有退路了，所以准备发动武装政变。霍光先发制人，把上官桀、桑弘羊全部抓了起来，并诛了他们的家族。长公主和燕王刘旦自知不得赦免，遂先后自杀。

当时只有八岁的上官皇后，因为是霍光的外孙女，没有被废黜。现在，四大辅臣只剩下霍光了，皇后又是自己的外孙女，霍光巴不得她赶紧怀上孩子。可是刘弗陵似乎不怎么喜欢上官氏，再说，后宫的美女那么多，这可怎么办？

于是，霍光安顿刘弗陵身边的人，让他们多提醒皇帝“只能宠幸皇后”，还下了一道命令：后宫女子都得穿裤子。什么意思呢？在汉朝，宫里的女人是不穿裤子的，外面穿一件很长的裙子。当然，掀开裙子也看不到裸露的纤纤细腿，因为小腿套着一种像长筒袜一样的叫

“胫衣”的东西。

霍光让后宫的美女都穿上裤子，并把裆部给缝起来。据说这就是内裤的原型。这种做法有用吗？其实，霍光的真实用意是，想借此告诉那些宫女，谁要是被皇帝宠幸，那就是挑战我霍光。可惜，这么聪明且体格健壮的皇帝，二十一岁时就在寝宫暴毙。历史上，关于他的死因有多种说法。

汉昭帝刘弗陵在位十三年，他沿袭了父亲汉武帝的政策，并在此基础上进行了改革，恢复了开始衰败的汉朝国力。

因为刘弗陵没有孩子，他死后，霍光便将刘贺召入宫中，封为太子，并且传授皇帝印玺，使之成了西汉的第九位皇帝。因为在位期间荒淫无道，刘贺只当了二十七天皇帝，就被废掉了，史称汉废帝。还有一种观点认为，刘贺是因为不想做霍光的傀儡，才被废掉的。

刘询继位

刘贺被废掉后，汉武帝刘彻的曾孙，刘据的孙子刘询继承皇位。他是中国历史上有名的贤君，同时，又是最能隐忍的皇帝之一。

刘询，原名刘病已，他出生后不久，爷爷刘据因巫蛊之祸被满门抄斩，当时还在襁褓里的他有幸逃过一死。当时，有个叫丙吉的廷尉，知道魏太子刘据被人陷害，于心不忍，就让两个女囚帮忙照顾刘病已。因为条件差，吃得又不好，刘病已经常生病，几次差点夭折，每次丙吉都是四处奔走，寻医问药，将他从死亡线上拉回来。所以，就给他取了一个名字叫“病已”。

刘病已五岁的时候，汉武帝病重，有一方士说“长安监狱有天子气”，而且还说，皇帝生病就是因为这个原因。汉武帝一听，这还得了，于是下令杀掉长安监狱的所有犯人。

很快，汉武帝的使节就来到了丙吉所在的监狱，丙吉一看不好，赶紧关闭大门，对使者说：“曾皇孙在此，即使是普通人，也不能够无故被杀，更何况是皇上的亲曾孙呢。”一直到天亮，他都没有开

门。使者没办法，只好回去报告汉武帝，汉武帝这才知道自己还有一个曾孙在世上。当时，他叹了一口气，说："看来这是上天的安排啊。"于是，他大赦天下。这样，五岁的刘病已才得以出狱。

因为刘病已身份敏感，自己又不能收养，于是丙吉只好给当时的京兆尹写信，同时将孩子也送了过去，意思是"你们看着办吧"。京兆尹不敢贸然接受，又把孩子给送了回来，怎么办？丙吉只好找到内廷的管家，想为刘病已要点工资补贴。内廷的人说，没有上面的诏令给不了，丙吉只好用自己的俸禄抚养孩子。这时，汉武帝已经死了，于是丙吉就把刘病已送到了他的祖母家。

刘病已的祖母叫史良娣，也就是原来的魏太子妃。史良娣的母亲看这孩子实在可怜，就亲自来照看他。好在汉武帝临死之前还算清醒，他留了一道遗旨，命人把刘病已收养在掖廷，也就是皇宫里的劳改场，而且还把他的名字写入了皇家的宗谱。

当时，管掖廷的人叫张贺，他曾经在魏太子刘据府中工作过。这人懂得感恩，也很同情刘病已，所以对他特别关照，而且还自掏腰包供刘病已读书。

有一次，张贺对弟弟张安世说："刘病已非常有才，我想把自己的孙女儿嫁给他。"其实，张安世的小儿子和刘病已是同学，关系还不错，但是张安世说："不行，刘病已可是罪犯魏太子的后人啊，他能够得到平民的衣食就已经很不错了，你还把女儿嫁给他，是怎么想的？"

张贺这个不是父亲的父亲，为刘病已的亲事可谓操碎了心。当时，宫廷里有一个打杂的，叫许广汉，他有个十五岁的女儿叫许平君，已经许配给了人家，快到出嫁的时候，那个男的突然死了。许平君的母亲赶紧带着女儿找人算命，想知道这孩子是不是命不好，会不会克夫。结果一算，人家告诉她："你这个女儿啊，将来一定大富大贵。"

张贺听到这个消息，第一时间邀请许广汉喝酒，并在酒桌上撮合刘病已和许平君的婚事，他对许广汉说："这个曾皇孙，他可是皇帝的近亲，你别看他现在没什么地位，将来说不定还能封侯呢，你把女儿嫁给他，后半辈子就有了依靠。"

几杯酒下肚，许广汉觉得这件事很靠谱，于是就同意了这门婚事。

回到家，许广汉把这件事告诉了老婆，她非常生气地说："娶我女儿就要来点实际的，你看，刘病已家里有什么呀？生活还得要靠别人接济，要娶可以，那就请媒人下聘礼，要不然我可不同意。"

张贺没办法，只好请人做媒，并置办聘礼，刘病已这才和许平君成婚。结婚后的第二年，许平君生了一男孩，取名刘奭，也就是后来的汉元帝。

我们知道，霍光是汉武帝之后的一个权臣，他在辅政期间，汉昭帝去世，刘贺被废，那在选皇位继承人时，他为什么偏偏会看中刘病已呢？

当时，汉武帝还是有儿子在世的，比如广陵王刘胥，汉武帝的孙子就更多了。按照道理来说，皇位的继承，要么是子承父业，要么是兄终弟及，即便是按辈分，也轮不到刘病已。所以，说到底，霍光选择刘病已继承皇位，还是为了把持朝政。

霍光立刘贺时曾吃过一次亏，所以他不愿意再选择诸侯王，因为他们有自己的势力，不好控制，而年龄太小的又容易夭折，那样就前功尽弃。思前想后，霍光觉得刘病已是最佳人选，一来年龄尚可，二来没有势力，在朝廷里面可以说是毫无根基。

当时的太仆叫杜延年，他的儿子跟刘病已关系不错，他向霍光建议立刘病已为帝。还有丙吉，就是当年一直偷偷照顾小刘病已的那个丙吉，也对霍光说："我听老百姓议论那些当官的宗室，大多没什么好名声，只有遵照武帝遗诏供养的那个叫刘病已的曾孙好像还不错，我以前见他的时候，他还很小，现在十八九岁了，您可以考虑一下。"

在霍光看来，像刘病已这样的人是翻不起浪花的。于是，刘病已就这么被立为帝，并改名刘询，史称汉宣帝。

重掌朝政

刘询登基不久，霍光就上书说："陛下，这些年，我为朝廷操碎了心，现在，我要把大权还给你。"

刘询是个聪明人，他没有说"好吧，快还给我"，而是说："您可别这样，朕真的太嫩了，啥也不懂，处理国家大事全得靠您，原来您怎么干还怎么干，要不朕再给您增加封赏行不？"

霍光心想：嘿，这小子还是识相的。

刘询知道，现在的自己就是一个傀儡，身边都是霍光的人，自己根本没法主政。既然是傀儡，就得有傀儡的觉悟。

霍光有一个小女儿，叫霍成君，当时还没有出嫁。霍光不好出面，就让一些大臣们当着皇帝的面说："陛下，霍大将军劳苦功高，你得娶霍大将军的女儿，并立为皇后，以示恩宠啊。"

刘询一听，那可不行，我有糟糠之妻，而且感情很好，让他女儿做皇后，那我还有一点喘息的空间吗？但又不便当面拒绝，那该怎么办呢？

他想了想，说："朕以前有一把剑丢在了民间，虽然朕现在做了皇帝，那把剑也不是什么名剑，但是它却陪伴朕度过了最困难的时候，故剑情深，不忍抛弃呀，诸君能不能帮朕找一找啊？"

此话一出，大臣们秒懂。一些与霍光素来不和的大臣赶紧上前说："陛下情深义重，对一把宝剑尚且不舍，那您赶紧得立糟糠之妻为后，这才是人君之典范啊。"就这样，许平君被立为了皇后。霍光能甘心吗？肯定不能。

没过两年，皇后许平君再次怀孕。宫中有一个负责接生或治疗妇科病的女医生叫淳于衍，她曾经找霍光的老婆霍显帮自己家人调动工作。霍显一看，机会来了，便问："你要调动工作吗？没问题，但是你得在给皇后熬药的时候，往里面加点东西，行不行啊？”

淳于衍知道，当人家跟你说这些话时，那你现在只剩下两条路可走，要么被灭口，要么照着去做。于是，她在给许平君的药中下了毒。就这样，许平君不明不白地死了。

刘询看到爱妻惨死，伤心欲绝，便让人去调查，刚列出个调查的名单，霍光便对他说：“陛下，生死有命，我看您就别查了。”这个时候的刘询什么都明白了，他想为妻子报仇，但觉得时机不成熟，所以只能忍。

后来，霍光又劝他说：“皇帝不能没有皇后啊，要不让霍成君做皇后，你看怎么样啊？”刘询点了点头，心想：平君一死，谁做皇后都无所谓了，就先按你说的办。那是不是说许平君被害死一事就这么过去了？当然不会。

公元前68年，一代权臣霍光死了。汉宣帝闻讯后长出了一口气，但是，还是高兴不起来，因为霍家的子弟已经掌管了朝廷所有重要的部门。那如何才能够铲除霍家的这些势力，重掌朝政呢？

有一个御史大夫叫魏相，为人刚直不阿，一直看不惯霍家人一手遮天，所以霍光一死，他便找汉宣帝商议如何架空霍家人的权力，并建议多争取一些人的帮助。汉宣帝一听，觉得靠谱，那该先争取谁呢？魏相说：“霍光的副手张安世啊。”

张安世的哥哥就是以前对刘询照顾有加，还让刘询娶了许平君的那个张贺。张安世做事比较严谨，为人忠厚，所以霍光才会让他做副手。

说干就干，魏相找到张安世，说：“哎呀，张大人，我想问您个事儿，您是朝廷的官，还是霍家的官呢？”

张安世说：“我肯定是朝廷的官啊。”

“哦，那您是忠于霍家，还是忠于朝廷啊？”

张安世一听就明白了，皇帝要动霍家了，他为人忠厚，可是人不傻啊，于是说：“我是朝廷的人，当然要忠于皇上了。”

“既然如此，那您应该知道该怎么做了吧？皇上很快就会有任命的。”

第二天，汉宣帝任命张安世为大司马、大将军，将军政大权集于他一身。这一招确实厉害，可谓一箭三雕。首先，他是副职兼任正职，霍家也拿他当自己人；其次，他堵死了霍家人上升的通道；更重要的是，他即使身居要职，也不会跟皇帝抢权。

紧接着，刘询立自己与许平君的儿子刘奭为太子，断了现任皇后霍成君的儿子做太子的念想。虽然都是皇帝的儿子，但是在权力斗争面前，往往没有亲情可言。霍成君被气得够呛，她准备学习当年的吕后，想要毒杀太子刘奭，结果没能如愿。

另外，刘询封许广汉为平恩侯。为了方便传递消息，准许他出入内廷。自己的祖母家，就是原来魏太子妃梁家，也是要封赏的，张安世人很聪明，立刻把他们安排到羽林军来掌权。

当然，皇帝也没有忘记霍光的长子，让他做了大司马，但是没有兵权。霍家的亲戚，比如霍光的女婿、姐夫等，全部明升暗降，被夺了兵权。霍家在其他要害部门的子弟也都被封侯封爵，看似都升了官，其实都是虚职。这样一来，不知不觉刘询就把霍家给架空了。

在这个时候，民间传出一条流言，说“霍显毒死了许皇后”。霍家的子弟知道，流言不会无缘无故传出来，其中一定有阴谋。所以他们就去询问霍显：“这到底是怎么回事儿啊？”霍显把真相说了出来。

霍家人知道大事不妙，皇帝肯定会对他们动手，怎么办？总不能坐以待毙吧。于是，他们召集心腹商量：要不杀了这个魏相与许广汉，让汉宣帝变成聋子和瞎子，然后再废了他，自己当皇帝。

其实，他们在商量的时候，汉宣帝已经得到了消息，所以还没等霍家动手，汉宣帝就派人包围了霍家。一时之间，霍家的子弟自杀的自杀，被杀的被杀。一场大乱就这样被平息了。消灭了霍家的势力后，霍成君也被贬为庶人，后来她选择了自杀。

在清除霍家势力上，汉宣帝可以说是菩萨心肠，雷霆手段。他的聪明之处在于，霍光虽然死了，但是没有贬低霍光，因为霍光还是忠臣，如果霍光不是忠臣的话，那自己这个皇位就来得名不正言不顺。为了表彰霍光的拥立之功，他还特意让人为霍光画像，并尊其为“麒麟阁十一功臣”之首。在表彰霍光的同时，却诛杀了霍光的全部子孙，这一波操作简直让人目瞪口呆。后来，东汉时期的汉章帝曾想给霍光的后代封侯，却发现根本就找不到霍光的直系子孙。

就在刘询理顺内部之时，外部又出了问题。原来，匈奴虽然逃到了漠北，但是他们贼心不死，于是联合车师国进攻汉朝的盟友乌孙，要把汉朝在西域的盟友干掉，还要把嫁到乌孙的汉朝公主抢走。于是，乌孙紧急向汉朝求援。汉宣帝二话不说，就出动了十六万铁骑，兵分五路抗击匈奴，这也是汉朝规模最大的一次骑兵出征。

这一仗打了三年，直至将匈奴打得分崩离析。当时有个将军叫郑吉，攻打车师国时，降伏了日逐王，他的作战方式很像霍去病，匈奴人一度以为霍去病还没死，被吓得四散逃窜。汉宣帝下令乘胜追击，公元前51年，匈奴被打得一分为二，南匈奴呼韩邪单于亲自到长安投降这一时期，汉朝正式在西域设立了西域都护府。至此，刘询完成了汉武帝一生都没有完成的心愿。

断袖之癖汉哀帝

你知道强大的西汉是怎么灭亡的吗？断袖之癖这个成语又是怎么来的呢？为什么陈汤“明犯强汉者，虽远必诛”的豪言壮语，才过了几十年，西汉就灭亡了呢？

汉成帝刘骜在位二十六年，终年四十六岁。据史书记载，在晚年，由于没有子嗣继承皇位，刘骜整天沉迷于酒色，纵情享乐，身体状况一天不如一天。公元前7年，刘骜因纵欲过度而中风，最后死在宠妃赵合德的怀中。

刘骜死后，没有留下一个儿子，于是皇位就让给了他十九岁的堂弟刘欣，也就是后来的汉哀帝。他刚继位时，朝中各种势力盘根错节，而且政权完全被外戚集团把控。其实，早在汉平帝时期，太后王政君及梁家的外戚就已把持朝政，太后的侄子王莽接替了叔父王根做了大司马，成了百官之首。

刘欣也想在一些重要职位，如大司马等位置安插自己的亲戚，但是你的亲戚上来，别人的亲戚就得下去，自己又没有汉宣帝那样的雄才大略，最后很可能会把局面搞得不可收拾。刘欣思来想去，还是算了，怎么潇洒怎么来。

有一天，刘欣从外面回到宫中，无意中发现自己的侍卫中有个人酷似女人，长得特别漂亮，简直让后宫三千粉黛无颜色啊。

于是问对方：“姑娘，你是谁呀？”

对方说：“陛下，我是您的侍卫董贤呀！”

“哦，这么说，你是男的呀？”

“是啊，陛下，我是男的呀。”

刘欣一脸的疑惑，左看右看，上看下看。

随后，他说了一句：“行，你以后就跟在我身边吧，哪儿也别去了。”

从此，他和董贤两个人同进同出，同榻而眠，而且对董贤特别关照，让身边的人都惊掉了下巴。

有一次午休，两个人睡在一块儿，刘欣醒来后准备起床，发现自己的衣袖被董贤的头压住了。董贤睡得正香，刘欣担心抽出衣袖会惊醒“美人”，于是，他用剑轻轻地把袖袍割断。这就是成语“断袖之癖”的由来。

刘欣为了能和董贤长相厮守，不但让他住到宫里，还让人在自己的陵墓旁边为董贤修了一个墓，生则同床，死则同穴。这还不算什么，更离谱的还在后面。

由于纵欲过度，二十五岁时，刘欣的身体就不太好了。有一次，他大宴群臣，喝得有点高，就对大臣们说：“我身体不太好，也想学尧禅位舜，把皇位让给董贤，你们觉得如何呀？”所有人都被惊得目瞪口呆：什么？你要把江山让给“男宠”！皇帝呀，你如此宠幸一个男人，这可让后宫的女人们怎么有脸活下去啊？

就在这一年，他因病去世。刘欣留给后人的，除了“断袖之癖”这个成语外，就是这个禅让的笑话。当然，董贤也知道自己肯定是当不了皇帝的，所以刘欣一死，他就跟着自杀了。

汉哀帝死后，王政君全面主持工作，她是汉元帝刘奭的皇后，也是汉宣帝刘询的儿媳妇。她认为只有自己的侄儿王莽能够收拾眼前的烂摊子。于是，她调王莽出任大司马，掌控全部的军事及兵马。

王莽掌权后，首先要解决的问题是立谁为皇帝，那找谁呢？按照老规矩，肯定要找一个听话的。经过一番利弊权衡，王莽最后看上了当时才九岁的中山王刘衎（原名刘箕子）。公元前1年，刘箕子正式即位，是为汉平帝。第二年改年号为“元始”。

王莽非常崇尚周礼，他想以周礼治天下。汉平帝刚登基时，王莽让他下诏说："以前朝廷有赦免令，为了让犯罪的百姓洗心革面，过去的罪就不算了，但有些官员会重提赦免之前的罪过，把它们和现在犯的罪过相提并论，这违背了朝廷给这些人悔过自新的宗旨。"

同时，诏令又说，有些被举荐的人才，因为以前犯过错，所以就弃之不用，这也是不对的。孔子说"赦小过，举贤才"，这样才能够使人进步啊。从现在起，官员们以前犯的错就别再提了。因此王莽获得官员与百姓一致的好评，大家都说"王莽真是堪比周公"。

当然了，也有人说王莽是伪君子，是"乱臣贼子"。这是为什么呢？因为这个人的手段够狠。汉平帝的母亲卫姬，非常想念在京城做皇帝的儿子，每天以泪洗面，但是王莽不许她到京城见儿子，更别提让他们母子在一起生活了。

王莽的长子王宇担心这样下去，汉平帝长大后肯定会报复王家，于是就劝父亲，还是让他们母子见上一面。王莽根本听不进去。王宇知道劝不动父亲，所以只好私底下与卫氏来往，希望以此缓和两家的关系。

由于王莽多次借"祥瑞"说事，王宇的老师吴章认为，王莽是很相信神鬼的，于是想出一个馊主意先吓唬吓唬王莽，然后再出面劝说王莽。

王宇让妻子的兄长吕宽准备了一些狗血，趁着夜深人静的时候，把狗血泼到了王莽府邸门口。如此一来，异兆便有了，到时候吴章借此上书，以"有悖人伦，天降灾异"之类的言论，劝说王莽同意卫姬入京。

计划看上去很完美，不承想，吕宽半夜带着狗血去泼洒的时候，竟被人发现了，他只好落荒而逃。很快，王莽就查清了真相。他没想到自己的儿子竟然处心积虑地帮着外人对付自己，于是，王莽一怒之下将王宇关入大牢，不久将其赐死。当时，儿媳妇有了身孕，也没逃过此劫，在她生下孩子后被处死；吕宽被杀，而且被诛了三族；吴章被腰斩。

之后，王莽为了清除朝中的反对势力，大搞株连，先后杀了数百人。卫氏一族更是被灭门。一时间，朝野上下人心惶惶。为了树立一个正面形象，王莽让人上书，声称他的做法是“大义灭亲、奉公忘私”的壮举，甚至还将此案写成赞美的文章，并登记入册，供官员们学习。

通过这个事件，王莽进一步掌控了朝政大权，并为篡汉做好了铺垫。

第三回

王莽的新朝

刘邦斩的白蛇是王莽吗

你听说过楚汉时期的三大未解之谜吗？它们可能颠覆了你的认知。一个是项羽的坐骑乌骓马，它看到主人拔剑自刎，于是投江殉主。一个是秦始皇在东巡的途中，突遇天降陨石，而且还有七个大字，“始皇帝死而地分”，结果没多久，秦始皇真的在沙丘死了，秦朝也四分五裂。

那第三个未解之谜是什么呢？这是一个在史料中有明确记载的神奇事件，即刘邦斩白蛇。那么这个故事的神奇之处在哪儿呢？

据史书记载，刘邦带着一帮人躲在芒砀山，一天喝完酒后，前面探路的人汇报说，有一条大蛇拦道。刘邦当时就火了：“一条蛇？那有什么可怕的！看我不过去砍了它。”于是，他趁着酒劲儿，一个人拿剑冲到前面，把那条蛇砍死了。然后，在路边倒头呼呼大睡。

本来这是一个很平常的事儿，可是，那帮兄弟在原地等了老半天，不见刘邦回来，便小心翼翼地摸上前去。不一会儿，他们看到路边有一位老婆婆在哭泣，有些纳闷：这大晚上的，一个人在这儿哭啥？

关于这件事，《史记》是这么记载的：老婆婆说她的儿子被人杀了，所以她很伤心。有人问：“那你儿子为什么被杀呀？”老婆婆说：“我儿子是白帝，变成了一条蛇，结果在路上被赤帝杀了。”那赤帝是谁呢？炎帝神农氏有一个女儿，名字叫女娃。有一天女娃到东海游玩，不小心溺亡于水中。死后的女娃化作花脑袋、白嘴壳、红色爪子的一种神鸟，每天从山上衔来石头和草木，投入东海，然

后发出“精卫、精卫”的悲鸣，好像在呼唤着自己。这就是大家听过的精卫填海的故事。白帝即少昊金天氏，神话中地位最高、最神秘的天神，他的父亲是太白金星，也不知道怎么回事，白帝竟变成了一条蛇。

刘邦杀了白帝？这个疯婆子是不是在说瞎话呀？就在他们刚要开口大骂时，神奇的一幕出现了：突然眼前一花，老太婆不见了。这可把大伙儿吓坏了，看来真的遇到了神仙。刘邦酒醒后他们就将这件事告诉了刘邦，刘邦很是得意。

秦始皇说过：“东南方向有天子气。”并且亲自前往东方验证。刘邦一度怀疑自己就是那个“天子”，便躲进了山中。但他每次躲到人迹罕至的地方，虽然敌人死活找不到，但总有一人能够找到他，此人就是吕雉。

刘邦也很纳闷，我明明藏得好好的，没有告诉别人，吕雉是怎么找到我的？于是便问了吕雉原因，她说：“你的头顶上总有一块祥云，你去哪里它都跟着，我是根据这一点找到你的。”刘邦一听，高兴坏了，加上之前斩蛇一说，他更加肯定秦始皇口中所说的“天子”就是自己。不久，这件事在沛县的百姓中传开了，所以许多人都来投奔刘邦。

就在刘邦斩蛇的当天夜里，他梦见了白蛇，白蛇对他说：“还我命来，还我命来。”刘邦一看，自己在深山老林中，要是现在还命给他，那自己就真的没命了。所以他说：“等到了平地再还吧。”说来也奇怪，二百年以后，汉平帝登基，白蛇果然出现。原来刘邦曾说过的“平地”指的是“平帝”，不知这是不是一个巧合。

当年，刘邦斩白蛇的时候，白蛇还和他说了一句：“你要是斩我的头，我就篡你的头，你要是斩我的尾，我就篡你的位。”刘邦听后，既不斩头也不斩尾，而是中间斩断。结果，汉室江山在汉平帝时被王莽篡权，关键是，王莽改新朝的这一年是公元9年。不查不知道，一查吓一跳，公元9年正是己巳年，也就是蛇年。

汉朝享国近四百年，刚好从中间一分为二。这种巧合不禁让人想起了蛇与王莽的关联。有的人认为这是天道轮回，因果报应，也有人说这完全是巧合。无论真相如何，汉朝的这段历史无疑充满了神秘和传奇色彩。

王莽是穿越者还是伪君子

王莽篡取了西汉政权，建立了新朝。贴在他身上的标签很多，有圣王、篡位者、骗子、伪君子、政治家、改革家等，当然，也有人认为他是一个“穿越者”。

之所以有人说王莽是个伪君子，是因为王莽这个人，为了自己的名声权力，连自己的儿子都照杀不误。他立了九岁的汉平帝，却不允许皇帝的母亲进京，还借机杀掉了皇帝母亲一族，连带干掉了汉朝宗室的一百多人。虽然王莽做了一些对百姓有利的改革，但是只要改革遇到阻碍，他就会立刻停止，朝令夕改。

后来，有学者为王莽“翻案”，并列举了一大堆证据，证明王莽篡权具有进步意义，认为他是一个很有远见的改革家。通过这次“翻案”，人们看到了一个不同于正史描写的王莽形象，甚至有人开玩笑说他可能是一个时空穿越者。

关于穿越这种说法，还真不是完全的无稽之谈。那他做了哪些事儿让大家觉得他是从现代穿越过去的呢?

首先，他实行了土地国有化，不允许百姓私自买卖土地。有人会说：“欸，这不是现代才有的政策吗？”其实，王莽是仿照周礼推行的新政。早在夏商周时期，土地被道路和沟渠分割成方块，形似井字，所以被称为“井田”。那个时候井田都属于周天子，也就是国有的，周天子再把这些地分配给老百姓耕种。但是他立了一条规矩：土地不能买卖，必须交税。

王莽仿效了这一制度，将天下的田称为“王田”，不允许买卖，所有的田都是朝廷的，并且规定：一家有八口男丁的，可以拥有一井田，也就是九百亩，超出一井田的部分，就要分给宗族或者邻居，如果田地不够九百亩的，就要补足。

这样的政策其实也没什么错，可以实现人人有田耕，人人有饭吃。但是，他脱离了当时的现实。为什么这么说呢？试想，地主们几代人攒下来的土地，凭什么就给别人呢？给别人他们能甘心吗？所以，诏令刚刚发布时，大小地主们就表示强烈反对，甚至有人举兵造反。到了第三年，王莽只好取消了这个王田制度。

另外，王莽还建立了赊贷制度，允许老百姓向朝廷借钱。这样既可以避免发生民间高利贷的问题，又可以通过朝廷的宏观调控来稳定物价，可谓一举两得。这些措施不止现在还在沿用，其实在周礼中也是有迹可循的。也就是说，它不是现代才出现的，早在周朝的时候就已经有了。

当然，还有些事情更为神奇，可能只是巧合，也可能有更深层次的原因。比如说游标卡尺，这是英国人在1693年发明的，当时叫卡前尺。清朝时期卡前尺被引入中国。但是在1992年，扬州发现了一座汉墓，这座汉墓里居然有一把青铜做的卡尺。据专家鉴定，这是公元9年，也就是王莽新政时期的器物。还有传言说，这种卡尺是王莽亲自发明的。这种铜卡尺除了材质和现代的不一样，精确度差一点点，其他的组件和现代的游标卡尺几乎没什么区别。现在，它被收藏在北京的国家博物馆，是不是很神奇？

还有一件有趣的事情，我们知道女孩子都爱美，喜欢穿裙子。但是，古代的女人穿的裙子都是长裙，特别是公侯的家眷，裙摆都会拖到地上。但是在两千多年前，王莽的老婆就开始穿短裙了。《汉书·王莽传》是这么记载的："母病，公卿列侯遣夫人问疾，莽妻迎之，衣不曳地，布蔽膝。见之者以为僮使，问知其夫人，皆惊。"

什么意思？用现在的话说就是，王莽的母亲生病了，公卿大臣们派人去问候。王莽的妻子出来迎接的时候，穿的衣服很短。看见的人

都以为她是仆人，一问才知道，竟是王莽的老婆，众人都非常吃惊。

当然，也有人说这是误解，说古人的短裙外面还套了一件长裙。这些还好理解，不过，有些事情着实让人难以置信。

据说，王莽做过解剖试验，那可是在两千年前。当时能有这么先进的思想，确实超出了很多人的想象。据《汉书》记载，王莽曾逮到一个叛军的首领，叫王孙庆。他让一群太医和一个屠夫将王孙庆开膛破肚，研究他的五脏六腑，了解人体脉络的走向。他说了解人体内部的构造和脉络，有助于治病，对医学是一大贡献。有专家说，这是因为王莽痛恨反叛行为，为了泄愤才这么干的。

除了上面谈到的那些，他还特别喜欢创新，比如最早的飞行员就出现在王莽时期。据《汉书》记载，当时人们发明了一种类似今天滑翔机一样的飞行器，使用大鸟的羽毛制作了两翼，头部和身体相连，并使用了环纽作为控制方向的拉索。而且王莽还亲自参加试飞仪式，试飞成功后，王莽力排众议，封那个飞行员为理军，也就是"三军技术官"的意思。由此可见，当时王莽的军队中已经有了专门从事军事科技研发的队伍，你说神不神奇？

王莽为什么会有这么多超越当时社会，又与现代社会相近的思想呢？这着实让人困惑：王莽到底是不是穿越者呢？当然了，在今天看来，这种说法是经不起详细推敲的。但不可否认的是，王莽在位期间推行了许多新政，进行了一些大刀阔斧的改革，其中的一些举措十分超前，或许这是他被人们认为是穿越者的一个重要原因吧。

王莽篡汉

班固是东汉时期的一位史学家，他曾经写过一部作品，就是我们常听说的《汉书》。在《汉书》中，班固评价王莽是一个奸恶之徒，因为他篡夺了汉室的皇位。白居易的《放言五首》中有一首《放言五首·其三》。在这首诗中，白居易提到了周公和王莽，即“周公恐惧流言日，王莽谦恭未篡时”。他认为王莽这个人很能装，是一个大奸臣。他的这种说法不是没有道理。

王政君是汉元帝刘奭的皇后，活了八十多岁，执掌朝政六十一年，最终还是被亲侄王莽给坑了。汉宣帝刘病已在位的时候，其儿子刘奭的一个宠妃死了，由于刘奭太过伤心，对后宫的事务不太上心。汉宣帝一看，急了，毕竟传宗接代那可是大事儿，所以就亲自选了五个宫女让儿子挑选。

刘奭心里一直想着去世的宠妃，没心思关注后宫的美女，但是又不能不给老爹面子，于是随手一指：“就这个吧。”他可能没有特别注意指的是哪个宫女，于是宦官们就把离刘奭最近的那个宫女安排给了他，这就是王政君。刘奭做了皇帝后，王政君自然就成了皇后。

刘奭去世后，王政君的儿子刘骜继承了皇位，但这个儿子并不争气，被赵飞燕、赵合德姐妹两个迷得神魂颠倒。最后刘骜竟然死在赵合德的肚皮上，真是“牡丹花下死，做鬼也风流”啊。随后，汉哀帝继位，但只做了几年皇帝就驾崩了。王政君作为太后，当然要支持自己的娘家人。

当时，大司马王根准备退休，接替他的人肯定是王家人。其中，

只有两个人够资格，一个是王政君的外甥淳于长，另一个就是王莽。

一开始，淳于长的胜算比较大，因为他曾为赵飞燕当皇后立下汗马功劳，所以，早就在朝中做了大官。

王莽的父亲和哥哥死得早，他与叔叔一起生活。他的姑妈王政君在汉元帝时期曾是皇后，享年八十多岁，她的长寿使得王家人在朝廷中的地位日益显赫。王家人共有九人被封为侯爵，五人担任过大司马，可见其家族势力之强大。

按说这样的家族生活应该是很奢侈的，但是，王莽却生活得很俭朴，而且谦恭好学。对内，他孝顺自己的母亲和寡嫂，抚育侄子，对众位叔伯也侍奉到位；对外，他接纳贤士，甚至卖掉自己的马车来接济穷人，这些行为为王莽赢得了良好的名声。

在争做大司马这件事上，王莽知道自己争不过表哥，但是他知道“人无完人”的道理。所以，他等着对方犯错误。

淳于长也认为自己一定能够成功，于是向别人夸下海口：“如果你们支持我当大司马，日后我一定给你们加官封爵。”

有一次，他跟人喝酒时，因为得意忘形，无意中透露了一件大事儿，什么事儿呢？他说自己曾与被废掉的那个许皇后有私情。这还得了！不久，这件事情就传到了王莽的耳朵，他第一时间跑去探望叔叔王根，然后慢条斯理地就把这个事情和叔叔说了。王根当时气得肺都快炸了：“王莽啊王莽，这么大的事儿，你竟然把它当成闲聊，还不赶快去报告太后。”

于是，淳于长被抓。之后，王莽顺理成章做了大司马，执掌朝政。后来，那个断袖之癖的汉哀帝当了皇帝，王莽就辞官在家，但是他并未闲着，一直在邀买人心。

有一次，王莽的儿子王获因为一点小事儿杀了自己的家奴。在当时，这本来不算个事儿，但是王莽不行，他要给世人一个交代，说“我王莽的儿子不能干这种事”，并逼着王获自杀。这让老百姓觉得王莽这个人太无私、太高尚了，像这样的人怎么能够一直闲居在家呢？于是，有人就上书朝廷要求恢复王莽的官职。

篡权夺位

汉哀帝死后，汉平帝还是个孩子，王莽担任大司马。因得到了朝野上下的一致拥护，王莽当时别提多得意了，心想这是众望所归。为了摆脱老太后的影响与控制，他以老太后的名义逼迫孔子的后人孔光为自己造势，为自己宣传。当然，不听王莽话的人，肯定会被赶出朝堂，哪怕你是王家人也不行。

王莽从来不为自己主动表功，而是让大臣上奏，并且还要跪在太后面前磕头，哭着说："不要不要，我真的不要啊。"大臣们说："你一定要啊，一定要，不要不行啊。"见状，老太后只能说："哎哟，大侄子，既然大家都说你要，那你就收了吧。"

当时，王莽被称为周公在世。后来，又有人上书给老太后，说"老太后啊，您这么大的年纪了，为了汉室江山真是操碎了心啊，也该是时候享享清福了，朝中大事，有您的亲侄子王莽管着就行了，您好好享受退休生活，有空跳跳舞不也挺好吗？"老太后一想，既然你们都希望我休息，且管事的又是我的亲侄子，那好吧，我就不管了。

王莽为了控制皇帝，竟然将现任皇帝汉平帝的母亲家族灭门，还杀了汉元帝的妹妹和皇族的近亲王侯。但是，孩子也会长大。汉平帝十四岁时，已经不太好控制了。

有一次，汉平帝生病了，作为岳父的王莽，赶紧跑去看望女婿，而且还带了一样礼物，什么礼物呢？千年的人参酒。老丈人让女婿喝酒，女婿多少得喝点，结果喝完就死了。王莽一看女婿死了，一边抹着眼泪，一边开始寻找新的皇帝人选，因为国不可一日无君。于是，他找到了一个两岁的孩子，名叫刘婴，让他来当皇帝。因王莽叫他"孺子"，所以后来人们称其"孺子婴"。

这个时候，王莽已经迫不及待地想掌握大权，毕竟在那个年代，君权是神授的，有上天的旨意才好办事。所以，没过多久，也就是在

刘婴即位的同一个月，有人发现一块白色的大石头上面刻着八个血红的大字：告安汉宫莽为皇帝。

大臣们看到这个东西后，赶紧跑去报告太后。太后是个明白人，她知道这是怎么回事—这个侄子居然要篡位！她气得破口大骂，但是为时已晚，王莽的兄弟们对老太后说："事已至此，没办法了，再说王莽他也不是真的要做皇帝，他只想要个名头，做个假皇帝而已。"太后实在没办法，只好同意王莽做个"假皇帝"。

之后，王莽干了一件很有意思的事儿，首先改元祭天，不过这时还是汉朝。他将自己十七岁的女儿尊为皇太后，并立年幼的现任皇帝刘婴为太子。这么一来，女儿是太后，爹是皇帝，这和假皇帝真太子的设定完全不同族，也不同姓。这么一来，姓刘的宗室肯定不干了，于是开始举兵反叛，那些忠于刘家的人也开始纷纷响应。

王莽有点害怕了，他一边派兵镇压，一边抱着刘婴在那哭，然后又跟大臣们讲："等刘婴长大了，我就主动辞职回家。"很快，反叛就被平息了，这让王莽又找回了自信："我原来竟是个军事天才，这是不是传说中的天命所归啊？这样的话，我得把这个'假'字去掉，换成'真'才行。"

就在这个时候，有人送来一个铜匣，说他们无意中发现了上天赐予的金册，里面写着天帝和汉高帝刘邦商量的结果，说要把江山赐给王莽。有了这个"铁证"，事情就好办多了。于是，王莽决定不再搞一些虚头巴脑的东西，他决定正式篡位做真皇帝，改国号为"新"，建元"始建国"。

同时，他让人去向王政君要玉玺，这可把王政君气坏了："你既然要篡位，改国号为新，那还要这个玉玺做什么？"一怒之下，她将玉玺砸在地上，结果玉玺摔坏了一个角。但是，事已至此，无可挽回了。立国二百一十年的西汉帝国就这样灭亡了。

同时，王莽还剥夺了刘婴的太子身份，封他为定安公，并把他囚禁在府中，不允许和他人说话。刘婴从五岁开始与外界隔绝，到最后连六畜都不认。后来，他被更始帝刘玄所杀。

王莽做了皇帝后，虽然实行了一些新政，但是朝令夕改，再加上连年的灾荒，让老百姓苦不堪言。刘秀和他的大哥刘縯趁机起义，想要夺回刘氏江山。他们在昆阳这个地方用不到一万人就打败了王莽的四十二万大军。据说在这仗中，连老天都来帮忙。于是，绿林军一路高歌猛进，杀入了长安。历时十五年的王莽政权就这么被推翻了。

王莽为什么只统治了十五年就灭亡了呢？这就不得不提到一个人，他就是刘秀，王莽政权的终结者。

刘秀逆袭

有人会说，王莽不是穿越来的吗，怎么会打不过刘秀呢？也有人说，刘秀也是穿越的天选之子。当然，这都是坊间传言，而他们之间的斗争是历史上真实的事件。

王莽刚登基时，民间流传着一则奇怪的谶语，“刘秀发兵捕不道，四夷云集龙斗野，四七之际火为主”。这个谶语什么意思呢？大概意思是说，一个名叫刘秀的将成为天子。当时，很多人都知道这个传言。

有一次，刘秀到朋友家玩，有人谈起了这个谶语，于是大家猜测，这里的“刘秀”应该是指国师刘秀。刘秀当时开了一句玩笑：“你们怎么知道不是在说我啊，别看我是一介农夫，我也是有梦想的人。”那个国师刘秀是谁呢？他的本名叫刘歆，是历史上有名的大学问家，他推算出圆周率的近似值为3.1547，还是有两把刷子的。

刘歆是刘邦的弟弟刘交的后代，与王莽的关系不错。他认为，当时的社会风气存在问题，所以希望推广古文经学，包括《尚书》《诗》《礼记》等，但是人微言轻，朝廷压根儿就不搭理他。王莽掌权之后，也想到了这位好兄弟，并把他推广的这些立为官学。当王莽想篡汉的时候，他需要这位好兄弟的支持。为了报答王莽的知遇之恩，刘歆开始大造舆论，大肆宣扬祥瑞与谶语，帮助王莽篡汉成功。

所以，他也算是王莽的忠实粉丝。

公元23年，各地纷纷造反，但是，令人万万没有想到的是，王莽的好兄弟刘歆此时已经七十岁的高龄了，居然也要造反。这又是为什么呢？有人说，因为刘歆认为王莽的作为与自己之前的期望相悖，所以要造反。也有人说，是因为那句谶语“刘秀当为天子”。因为刘歆为了避汉哀帝刘欣之名讳，早把名字改为“刘秀”。他看到王莽的新朝已岌岌可危，再想到那句谶语，觉得上天在赐给他这个机会。于是，他开始趁机反叛。

王莽也听说了这个谶语，私下早已秘密派人寻找名叫刘秀的人。对于国师刘秀，他能掉以轻心吗？当然不会，可能早就盯上他了。就在刘歆谋划如何除掉王莽时，便有人告密，事情败露，刘歆只好自杀。

当然，此刘秀非彼刘秀，真正终结王莽政权的刘秀另有其人。

刘秀还在蛰伏的时候，王莽在长安就已寝食难安，为什么呢？因为绿林军已经逼近长安了。有人给他出主意说，咱们老打败仗，是因为老天没帮咱，为啥不帮咱呢？因为老天这会儿睡着了。听说只要有人哭，老天听到后就会睁开眼睛，要不咱们哭一哭吧。王莽实在想不出别的办法，只能病急乱投医，于是召集长安周边的百姓参加哭天大典，谁哭得好，就给谁封官。

与此同时，他从军官中选出九个人，全部以虎来命名，号称九虎将，让他们带着长安仅有的军队去抵御叛军。为了激励九虎将，王莽给他们每人发四千钱奖金。四千钱是多少？在当时的长安，通货膨胀很厉害，四千钱大概只能买到半袋米或者一只烧鸡。是朝廷没钱了吗？当然不是，当时的国库还有六十多万斤黄金，王莽为了冲喜，娶个妃子，光聘礼就花了三万金。

那他为什么只给九虎将每人发四千钱？要知道王莽是一个相当吝啬的人。拿到这点奖金，九虎将你瞅我，我瞅你，虽心有不甘，但也说不出什么，毕竟他们的妻儿老小已经被王莽接入宫中作为人质。也许是因为心寒了，战斗刚一打响，九虎就败了三虎，剩下的六虎溜之大吉。

此时的长安城已经无兵可派，怎么办？王莽想起了秦二世赦免骊山囚徒，灭了陈胜、吴广的往事。这一次，他也要试一试，于是释放了长安的所有囚犯，让他们参与长安保卫战。吸取了九虎的前车之鉴，他这回不给钱了，因为给少了囚徒不干，给多了自己也心疼啊。

思来想去，王莽大胆创新，决定给每个囚徒发一碗猪血。当然，猪血不免费，是要收成本的，不是要钱，而是要誓言。喝完猪血，这些囚徒拍着胸脯发誓，“喝了这碗猪血呀，誓死效之！”“有不为新室者呀，社鬼记之！”王莽看着他们信心十足的样子，点了点头，脸上满是自信。

一群人雄赳赳气昂昂，刚走过渭桥，便一个个脚底抹了油一样，争先恐后地逃跑，拦都拦不住。任凭将军们在那喊：“别跑啊，你们都是喝过猪血的啊。”王莽仰天长叹：“天亡我也，天不助我也。”

王莽之死

公元23年，绿林军举荐同为刘氏子孙的刘玄做皇帝，年号更始，这就是历史上著名的更始帝。之后，绿林军就攻入了长安，守军全部缴械投降，皇宫大殿一片混乱。这里，有必要提一下王莽的女儿，也就是嫁给汉平帝的皇后。她亲眼看到父亲用毒酒毒死了自己十四岁的丈夫，那时她的心就已经死了。当时，王莽要带着她逃跑，她冷静地看着父亲，然后慢慢关上了殿门，任凭大火把自己烧成灰烬。她要去找汉平帝那个可怜的男孩。

王莽带着一帮人一直跑到了观象台，观象台就是当时研究天文星象的地方，位置很高，四周有水。当时他的堂弟，也就是在昆阳之战中被刘秀打败的王邑一直护卫在他身边，直至战死。

在进攻的义军中，有一位商人叫杜吴，他首先一刀砍死了王莽。紧接着，众人你一刀我一剑，直接把王莽给肢解了。六十八岁的王

莽，其十五年的统治就此落下帷幕。

据说，王莽的头后来被刘秀刷上了油漆，一直保存在皇宫内。刘秀之所以这么做，主要是为了警示后人，让他们记住，不要让外戚专权，同时也是为了告诫那些有谋朝篡位想法的人，让他们看看王莽的头颅，想想自己的下场。这个头颅一直被汉朝、曹魏和西晋的司马氏家族收藏了三代，直到公元295年晋惠帝时期。当时，因为仓库失火，王莽的头和另外两件国宝—孔子穿过的木屐和刘邦斩白蛇的斩蛇剑全部被毁。

王莽死后不久，起义军攻占了洛阳，刘玄就打算要迁都洛阳。他看刘秀挺乖巧，便让他做了包工头，专门装修洛阳的宫殿。当宫殿修缮完毕，准备迁都的时候，很多人跑到洛阳来，想一睹新皇帝的风采。其中不少人是因为思念汉朝。这些义军的将领毕竟草莽出身，加上太过兴奋，没有戴官帽，而是用巾帕包着头，有的人还穿着女人的衣服，对着围观的人群搔首弄姿。在汉代，只有地位低下的人才会用巾帕包头，而且古人认为，穿古里古怪的衣服会导致天下大乱。此时，只有刘秀这一队人马按照汉室的制度穿戴衣帽，不少人看到后，激动地流下了眼泪，时隔这么久，总算看到了大汉朝的威仪。

绿林军虽然攻占了长安，但还有很多地方没有归顺。此时，北方还有赤眉军，那该怎么办？总不能一直打仗，刘玄就想到了招抚。那该让谁去呢？虽然刘秀是比较合适的人选，但是绿林军防着他，不让他前往。

这个时候，刘秀的手下冯异出了一个主意—花重金收买了刘玄的左丞相，通过他的美言，刘秀终于得到了这份差事。刘玄让刘秀以代理大司马的身份去招抚河北，但他既不给刘秀兵马，也不给他辎重，只给了他一辆单车。

刘秀在招抚河北的过程中，凭着三寸不烂之舌，成功地说服了当地的官员与百姓，完成了招抚河北的任务，不但为绿林军立下了大功，也为东汉王朝奠定了根基。

第四回 东汉帝王

光武中兴：光武帝刘秀

刘秀的身世

刘秀确确实实是皇族的宗亲，他的先祖是汉景帝的第六个儿子，也就是长沙王刘发。据说，刘发的出生是一个巧合。当时，汉景帝后宫中有一个叫程姬的宫女。有一次，汉景帝喝多了，想要临幸程姬。宦官赶紧跑去告诉程姬，让她焚香沐浴，做好准备。对于后宫来说，这可是求之不得的好事儿，但程姬却发起愁来，为啥呀？因为女人每个月都有那么几天，没法侍奉皇上。但是，这是在宫廷，做事要有规矩，如果实在不方便，必须提前几天递个奏折，说我这几天不方便，要么就戴上戒指，或者脸上涂点红。等皇帝来了，才说我得请假，那可不行。

程姬估计也不太受宠，也想不到皇帝会找她。所以她既没有写奏折，也没有戴戒指、涂红，甚至没有临时请假，那怎么办呢？于是，等汉景帝来到时，她居然让身边一个姓唐的宫女替自己去陪皇帝。这时的汉景帝已醉得不像样子，根本不知道床上是谁。第二天早上醒来一看，原来不是程姬，汉景帝都觉得这事儿办得有点荒唐。但事情既然都做了，那怎么也得给个封号吧，于是就把这个宫女封为唐姬。

没想到仅仅是那一夜，唐氏居然怀孕了。第二年，唐姬生下了一个大胖小子。由于这孩子出身不好，不受汉景帝的待见。也可能是一看到他，汉景帝就想起那件荒唐事儿，心里不爽，于是想赶紧打发他走，所以给他取名刘发。当然，这是玩笑话。

等他长大一点，汉景帝封他为长沙王，这是刘姓的第一代长沙王。虽然被封为“王”，但是给他的封地又小又穷，比其他的诸侯王差远了。

有一次，汉景帝过生日，诸侯王都回到京城祝寿。在宴席上，每个孩子都表演了一段当地的舞蹈。轮到刘发的时候，他只是甩甩袖子，举举手，动作很局促，显得又笨拙又搞笑，引得大伙儿哈哈大笑。汉景帝问他：“你这是怎么回事啊？”刘发回答说：“陛下，臣国小地小，没地方回旋啊。”可见，他这人不仅一点儿都不笨，而且还很聪明。汉景帝想了想，觉得他说得有道理，于是又给他增加了几个郡的封地。

到了汉武帝时期，朝廷推出一个叫“推恩令”的政策，这被称为天下第一阳谋。在推恩令实行之前，诸侯王只能让嫡长子继承封国，庶子是不能继承的，所以封国始终是那么大。当然，封国越大，对朝廷的威胁也就越大。推恩令推出后，诸侯王所有的儿子都有机会继承封国，比如长沙王有三个儿子，就可以把封国一分为三，儿子再有三个儿子，就把原来三分之一的封国再分为三份，这样就把原来的封国完全肢解了。如此，也就无须担心藩王叛乱了，因为还没等他们叛乱，就已经被分得差不多了。所以推恩令被称为天下第一阳谋。由于推恩令的实行，到了刘秀父亲这一辈时，长沙王的地位已经和县令差不多了。

刘秀九岁的时候，父亲去世，他和兄妹们被叔叔抚养大。这时，他除了有个皇族的身份，生活上跟其他的平民相差无几。后来，王莽篡汉，他连皇族的身份都没有了。

刘秀长得很帅，一表人才，性格温和又慷慨，而且爱读书。和他的大哥刘縯的行侠仗义相比，此时的刘秀只是一个很顾家的大暖男，一心做自己的庄稼汉，哪里想过将来要当皇帝？他有两句名言：“仕宦当作执金吾”和“娶妻当得阴丽华”。前者的意思是，做官就要做执金吾，执法严格，公正无私；后者的意思是娶妻子就要娶像阴丽华一样美丽的女子。这个阴丽华是个既美丽又贤惠，而且对父母非常孝顺的女孩子，当刘秀第一次见她的时候，她才十岁。

阴丽华身为绝世美女，上门提亲的人自然络绎不绝，都快把门槛给踩破了。但阴丽华找老公有两个硬性指标：非汉室宗亲不嫁，非将军侯爵不嫁。同时能满足这两个条件的人可谓凤毛麟角，刘秀刚好符合这两个条件，这一切就好像两个人事先商量好的一样。

兄弟起兵

都说刘秀是天选之子，他一路走来真的有那么神奇吗？那刘秀到底是怎么样的一个人呢？他又是如何走上造反之路的呢？

在王莽新政的后期，天灾不断，王莽又推行理想化的改革，改革又不彻底。可以说，上至豪强，下至平民百姓，无不怨声载道，中原大地哀鸿遍野，饿殍满地，活着的人到处找野菜吃。

一次，有人发现了一片沼泽，里面长满了各种野荸荠，老百姓纷纷跑去抢，他们抢的可不是野荸荠，而是命，许多人在争抢中丧命。当时，当地有两个有些名望的人，一个叫王凤，一个叫王匡。为了维持秩序，避免哄抢，他们成立了一个类似野荸荠协会的组织。起初，只有几百人加入，后来加入的人越来越多，眼看野荸荠就不够吃了，那怎么办呢？

于是，他们开始抢劫，先是从周围的一些乡村、州县下手，得手后就跑到一座大山里，那座山叫绿林山，也就是现在湖北的大洪山。没多长时间，就聚集了七八千人。王莽听闻消息后，赶紧派了两万兵马前去围剿，结果大败而回。这些人乘胜追击，攻下了县城，释放了囚犯，打开了官府的粮仓，将一部分粮食分给百姓，另一部分带回山中。所以老百姓称他们为“绿林好汉”，这个词就是这么来的。

刘秀的哥哥刘縯为人仗义，喜欢结交天下的豪杰。公元22年，当地遭遇了饥荒，刘縯的一个宾客，不顾礼义廉耻，竟抢了别人的东西。所以，官府要捉拿刘縯，刘秀也不敢待在家里，就跑到河南的新

野，到二姐夫邓晨家中躲藏。

躲了一段时间，刘縯和刘秀回到家中，哥儿俩商量说："现在天下大乱，咱们干脆趁机起兵得了。"于是刘縯打出"复高祖之业，定万世之秋"的口号，准备联络各地的豪强与农民军起义，恢复汉室。

在宗族大会上，刘縯把这事一说，很多宗族都不干了，他们非常害怕，造反那可是要杀头的。就在大家害怕、迟疑的时候，刘秀站了出来。他穿着汉代武将的服饰，问大家："你们还是不是老刘家的子孙啊？这有什么好怕的？江山本来就是我们刘家的，我们不是造反，王莽才是造反，我们只不过是拿回自己家的东西而已。"

大伙儿一看，刘秀怎么也跟着干这种事情啊？刘秀接着说："天下为什么大乱？为什么有这么多的天灾啊？这说明老天爷在惩罚王莽，他抢了我们老刘家的江山，老天爷生气了，如果我们不起兵反抗，那就是违背天意，所以我们要拿出老刘家的血性与勇气，把失去的江山夺回来。"大家心想，连刘秀这么一个老实本分并且谨小慎微的人都敢干，咱们还有什么犹豫的？一时间，众人士气高涨，都表示要打倒王莽这个家伙，拿回刘家的江山。

不久，刘秀的二姐夫邓晨带着宗族几百人赶来会合，准备参加起义。经过七拼八凑，没过多久就集结了好几千人。对于造反大业来说，这些人还是少了点，那该怎么办？刘縯就打算联合绿林军。绿林军是农民军，人多势众，可是他们没有明确的方向和目标，造反只不过是为了有口饭吃，能活下去。

这样一来，刘縯和刘秀的加入，让绿林军有了更高的追求，也有了恢复汉室的希望。在第一次战斗时，绿林军的头领们都感到害怕，不敢杀官员。根据《东观汉记》的记载，刘秀一马当先，持剑斩杀了新野县尉，并夺取了他的战马。虽然当时他们的物资非常匮乏，甚至需要骑着牛出去打仗，但最终还是打赢了。在胜利的鼓舞下，他们连战连捷。

起义军乘胜追击，一路向北。一天，到达了一个叫小长安的地方。这个地方山高路险，地势险要，空中还弥漫着大雾，白茫茫一片，能见度很低。刘縯有点担心，慎重起见，他让绿林军的王凤为先锋，自己带着一家老小走在队伍中间，并派人殿后。大家可能有疑问，打仗为什么还要带着家小？因为不带的话，很可能会被官府捉拿，更何况刘姓宗室是举族起义。

他们在大雾中摸索着前行，但是刚走没多久，突然听到一阵梆子声。原来他们中了敌人的埋伏，想反击却不知道往哪里砍，想逃跑不知道路在何方，被杀得落花流水，死伤惨重。刘秀骑着马好不容易才冲出了包围圈，一路逃亡。半道上，他居然遇到了自己的妹妹刘伯姬，两个人赶紧共骑一匹马逃跑。从这一点来看，他的人品可比老祖先刘邦强多了。当年刘邦逃跑的时候，嫌马车跑得慢，竟多次把自己的亲生儿女踹下车。

刘秀兄妹两个人在路上又遇到了几个人，原来是刘秀的二姐带着三个女儿跌跌撞撞地往前跑，估计和姐夫失散了。

现在只有一匹马，怎么办呢？逃命要紧，刘秀只好让二姐带着三个外甥女也骑到马背上。六个人骑一匹马，那是怎么个骑法？二姐对弟弟说："行矣，不能相救，无为两没也。"意思是你们赶紧跑吧，一匹马救不了那么多人，就别再同归于尽了。然后，她重重地拍了一下马屁股。刘秀和妹妹泪眼模糊，因为他们回头眼睁睁地看着自己的二姐和三个外甥女被追兵所杀。

这一次失败，刘秀不仅失去了他的二姐和三个外甥女，他的二哥，还有好几十个宗族的叔伯兄弟都被杀，起义军损失惨重。

在逃亡的过程中，刘縯、刘秀两兄弟好不容易又聚集了一些人马，准备重整旗鼓，不承想他们被王莽的军队包围。另外两支起义军本可以来救援的，但看到这边被打败，就打算逃跑。就在这个时候，来了一个人，名叫李通。他和刘縯、刘秀兄弟很熟，原来约定一块儿起义，但因有人走漏了风声，导致李通全家被杀，只有他一个人逃了出来。然后他就加入了绿林军，也就是王常的部队。

于是，李通带着刘縯、刘秀两兄弟找王常，想和他联手来对抗王莽。刘縯说："事成之后，我不会独享胜利成果。"就这样，他们再次联合了其他起义军，最终打败了王莽的军队，绿林军的势力也越来越大。

到了第二年，也就是公元23年，绿林军拥立宗室子弟刘玄为皇帝。这可把王莽给吓坏了，于是，他集结了四十二万大军，直扑昆阳、宛城一带。当时的昆阳只有几千兵马，加上一些退入昆阳的零星部队，也不足万人，怎么能抵挡住四十二万大军？然而，就在这场战争中，发生了一些诡异的事情，让王莽的四十二万大军土崩瓦解。

昆阳之战

在王莽时期，起义军最大的两股势力，分别是北方的赤眉军和南方的绿林军。赤眉军的势力比绿林军大，所以王莽一开始的重点是对付赤眉军。可是，绿林军拥立了刘玄做皇帝，这让王莽坐不住了，他想赶紧把这个皇帝灭了。于是，他集结了四十二万兵马，并且还组建了军事智囊团，征调了精通六十三家兵法的人做参谋，准备一举灭掉绿林军。

在这支军队中，还有一支相当可怕的小部队，它们不是由人组成的，而是由动物组成的，这是怎么回事儿呢？在出征之前，王莽也不知从哪里找来一个巨人，叫巨毋霸，此人身高有两米三，比姚明还高。这个人有一项特殊技能，就是驯养猛兽，比如豹子、老虎、犀牛等。王莽让巨毋霸把这些猛兽带上战场，心想："我王莽不但可以调动军队，现在连猛兽都得听我的。"

驻守昆阳的绿林军只有八九千人，首领是王凤，刘秀只是一个偏将。因为绿林军势力较大，他们在立刘玄为皇帝之后，便刻意打压刘縯和刘秀兄弟。当时，刘縯正率领主力在攻打宛城，王凤听说王莽派来四十二万大军，害怕得不得了。大伙一商量，都认为只有逃跑一条路了。但是刘秀认为，如果大家一跑，攻打宛城的大军就会腹背受敌，很可能不到一天就会全军覆没，然后王莽的军队会逐个围剿分散的起义军，到那时大家就真的只有死路一条了。现在只有同心协力，守住昆阳，才是活路。他的话还没有说完，就有人开始骂骂咧咧了："你谁呀？一个小小的偏将，有你说话的份儿吗？快给我滚出去。"刘秀没办法，只好退了出去。

这时，探马回来报告说，王莽的十万先头部队已经到达，咱们跑不了了。这可怎么办？众人又想起了刘秀，觉得那小子好像有办法。于是让人把他喊了进来。刘秀进了大帐后，把刚才的话重复了一遍，建议联合定陵、郾城的两支绿林军共同守卫昆阳。众人听后觉得有理，于是决定派人去郾城搬救兵，以解昆阳之围。

说起来容易，外面有十万大军，谁敢去搬救兵？出去就是送死。一时间，众人又没了主意。这时刘秀说："那就让我去吧。"当天晚上，刘秀带领一支十三人的敢死队突围，成功突围后，来到了定陵、郾城搬救兵。

王莽大军的统帅是谁？一个是王邑，也就是王莽的堂弟，另一个是王寻。当时，有人建议王邑说："昆阳城虽然不大，但是很坚固，而且拿不拿下这座城无所谓，咱们应该直取宛城，只要打败宛城的军队，昆阳城就会不攻自破。"其实，这是一个不错的策略，王邑要是真的这么干，绿林军可就危险了。

但王邑听后说："那可不行，上一次我和叛军交战，斩杀了叛军的首领，但我回去之后，不但没有得到奖赏，还被皇帝骂了一顿，说我怎么没有活捉首领，一点技术含量都没有。这一次，咱们有四十二万大军，遇到敌人的一个城池就想绕道，这怎么行呢？必须攻打昆阳。"

于是，王邑的军队开始疯狂攻城，弩箭一波接一波，如倾盆大雨。如果当时有天气预报，可能会这么描述：昆阳城从今天上午开始有中雨，中午时分逐渐转大雨，傍晚时分大雨转暴雨，请注意防护。

据史料记载，城里的人出去打水都要背一块门板，防止被箭射

中。王凤哪打过这么硬的仗，后来实在顶不住，便派人过去说："别打了，我投降。"

王邑一听说对面要投降，立马拒绝了，他认为这样的胜利没什么价值，命令军队继续进攻。这时，王凤不想打都不行，只能咬牙坚持。

刘秀一行十三人来到定陵和郾城后，找到了当地的起义军首领，建议他们："赶紧去救昆阳吧。"但是，这些首领不愿意，为什么？因为他们觉得自己现在过得挺滋润，有吃有喝，还有金银财宝，哪舍得走啊，因此对刘秀说："我们还是各自管各自的吧。"

刘秀说："你们这帮人太没出息了，这点财宝就让你们满足了，我告诉你们，如果跟着我们打败了敌军，到时可以得到比这多万倍的财宝。而且我们的势力很大，如果你们不去，我们必败，我们一旦失败了，你们这些财宝还能保住吗？恐怕到时命都难保。你现在还觉得这点财宝重要吗？"被刘秀这么一通忽悠，这些首领无言以对，于是决定跟随刘秀向昆阳进发。

到了昆阳，刘秀先带了一千人，在离王莽军队四五里的地方摆开阵势，王邑和王寻一看，嗨，就这点人马也算援军，简直是笑话。于是派出三千人去消灭这支援军。刘秀亲自带着这一千人马一路冲杀，斩杀王莽军数十人。跟随的将士们一看，这刘将军可以啊，平时看似胆儿小，在大敌面前竟如此神勇，佩服佩服。于是，他们同心协力，共同破敌，最终斩杀了王莽军近千人，士气大振。

这时，刘秀又放出流言，说"已经攻破了宛城"。其实宛城真的被攻破了，只不过刘秀还不知道，他声称主力马上就到，昆阳城里的士兵士气高涨。接着，刘秀挑选了三千个敢死队员，准备夜袭王莽的军队。碰巧的是，他遇到王寻带着一万人正在巡视各营。看到刘秀只带了三千人，王寻心想，你小子胆挺肥呀。不知他是想夺头功，还是为了鼓舞士气，于是命令各营管束自己的军队，没有命令绝不允许擅自出营，违令者斩。然后居然带着一万人来消灭刘秀。

俗话说得好，“一人必死，十人不能当；百人必死，千人不能当；千人必死，万人不能当；万人必死，横行天下”。结果，三千敢死队把对方一万人杀得丢盔弃甲，哭爹喊娘，甚至还把王寻都斩杀了。各营的士兵没有命令不敢出来，眼睁睁地看着王寻被杀。

等到王邑反应过来，昆阳城里的军队也杀了出来。就在这个时候，天空突然刮起一阵狂风，飞沙走石，屋瓦乱飞，电闪雷鸣，大雨倾盆。王莽的军队四处逃窜，尤其是巨毋霸的虎豹军，根本不敢上前，吓得瑟瑟发抖，在军中乱闯。史料记载：“走者相腾践，伏尸百余里。”四十二万大军就这么稀里糊涂地败了。

明代思想家顾炎武称此战为“一战摧大敌，顿使海宇平”。至于为什么会出现如此神秘的天象，我们无从而知。

刘縯被杀

刘秀在昆阳大破王莽四十二万大军，大哥刘縯又攻破了宛城，一时间，兄弟二人威名远扬。消息很快就传到了王莽的耳中，史书上说，王莽听到这个消息后，反应就是三个字：大震惧。他又震惊又害怕，不知所措。

为了发泄自己的愤怒，王莽做了一个惊人的决定，他将刘縯列为天子第一号的通缉犯，并开出了有史以来最高的赏金。不管什么人，只要能抓到刘縯，就可食邑五万户，赏黄金十万斤，并且还能位列三公。

这是什么概念呢?

五万户差不多就是一个郡的人口，十万斤黄金相当于当时国家一年四分之一的财政收入，“三公”又是当时最高的爵位，除了皇位，那可是最有诱惑力的职位。相比之下，当年楚霸王项羽的悬赏也只不过是封万户和千金。

同时，王莽下令所有的官署衙门都要挂上刘縯的画像。官员们上班的第一件事儿不是办公，而是对着刘縯的画像射箭，射箭的时候还

要念口诀："射死你，射死你。"王莽的这种做法是否有用不得而知，却让刘縯一夜爆红，成为当之无愧的大网红，一时间，很多人慕名投靠绿林军，绿林军一夜之间增加了十多万人。

与弟弟刘秀的性格不同，刘縯为人豪气，威望很高，特别是在大破宛城之后，很多人都建议把宛城的守将岑彭杀了。刘縯说："人家身为郡守，拼死守城，这是他的职责，也是他的忠诚，咱们要做大事儿，就要重用这样的人，我反对杀他。"这就是所谓的惺惺相惜。

刘縯可能不知道，因为他的威望太高，刘玄和绿林军都在计划除掉他。现在，宛城已经被攻下，更始帝也将都城设在这里。于是刘玄下诏，让诸将在宛城集合。

刘秀感觉到不对劲儿，便对哥哥说："咱们得防备着点儿。"刘縯却表现出一副无所谓的态度："没事儿，这也就是例行公事，大家一起开个会。"在那一天的大会上，刘玄看到刘縯带着一把宝剑，就说："哎哟，你这把剑不错呀，借给我看看吧。"原来的剧本是这样安排的：有人献上玉佩，刘玄摔碎玉佩后，武士们冲出来杀掉刘縯。但不知怎么回事儿，刘玄没有摔玉佩，却把刘縯的舅舅吓出一身冷汗。他已经看出这次会议上的杀机，所以他提醒刘縯："以后可要小心点儿。"刘縯听后，一笑置之。

这个时候，曾经与刘縯一同起兵的李轶，看到绿林军的势力越来越大，而刘縯没有当上皇帝，便开始倒向了刘玄。刘秀不止一次提醒哥哥要注意李轶，这个家伙的行为有些可疑，每次刘縯都不以为然，还批评刘秀道："你怎么变得疑神疑鬼，他和我们共同起兵，不会干对不起我的事儿。"

李轶为了向绿林军表示忠心，不断地在皇帝面前打小报告，刘玄本来对除掉刘縯犹豫不决，这样一来，他更加觉得刘縯是个潜在的威胁。既然不能留，那该找个什么借口下手呢？

刘縯手下有一员猛将，叫刘稷，也算宗室子弟。他一直认为刘縯才是皇帝的合适人选，却让刘玄捡了便宜，他想为刘縯鸣不平：最先起兵的刘縯、刘秀兄弟，最后怎么轮到这么一个名不见经传的刘玄当皇帝呢？这是什么世道啊？抱怨归抱怨，但刘稷在打仗方面是一把好手。他随后攻下了鲁阳，立了大功。刘玄心想，既然你立了功，那我得赏赐你。于是，就封他为抗威将军，这个封号是什么意思呢？就是说，你有功我封赏，但你小子说我的坏话，违抗我的天威。可见，抗威将军与后来昏德公、重昏侯等是一个道理。这可把刘稷气坏了，他让使臣马上滚。他用这种方式把使臣打发走，等于公然抗旨。

刘玄代表的是绿林军的势力，刘縯、刘秀只能暂时忍耐，可刘稷却忍受不了，所以被抓了起来。但是刘玄没有杀他，因为想引蛇出洞。果不其然，刘縯听说自己的爱将，又是宗室的刘稷被抓了，便赶紧跑了过去。

据史料记载，为了这件事，刘縯和刘玄都快要吵起来了。无论如何，刘縯都不让杀刘稷，刘玄要的就是这个效果，说："你的部下谋反，你有纵容之嫌，现在，朕要连你一块儿砍了。"于是，一代豪杰刘縯就这么不明不白地被杀了。

当时，刘秀还在外面打仗，听说哥哥被杀，他悲痛欲绝，自己只剩这么一个同胞哥哥，二哥和姐姐已经被王莽杀了。他想报仇，可自己根本不是绿林军的对手，那样的话，绿林军也不会放过自己。他思来想去，最终决定即刻赶往宛城，当面向刘玄谢罪，恳请原谅。他对刘玄说："我实在对不起皇上，我哥哥以下犯上，死有余辜，我做弟弟的没能劝阻哥哥，我也有罪啊。"刘秀对之前的功劳只字不提，刘玄有些纳闷：我杀了你的哥哥，你竟这么谦恭，搞得我都有点不好意思了。于是，他对刘秀说："你别担心，你哥是你哥，你是你，我给你升个官啊，封你为破虏大将军。"

其实这是明升暗降，因为没有兵权，刘秀只能够乖乖地装孙子，只有在夜深人静的时候一个人偷偷地抹眼泪，那他后来又是如何逃出生天的呢？

河北招抚

在更始帝刘玄的手下，刘秀忍辱偷生了一段时间后，才在冯异的帮助获得了招抚河北的差事。当然，也可能是因为之前的使臣无法胜任，才给了刘秀机会。

刘玄曾经下诏说，先投降的人可恢复爵位。也就是说，只要你先投降，那你的官职、爵位保持不变。起初，他派了一个使者到上谷郡，上谷郡太守耿况出来迎接，并把自己的印信交给了使者。按照流程，他应该再从使者的手上接过印信，这就代表他仍是刘玄的官员。可是这个使者不懂程序，接了印信之后，过了一夜还没归还给耿况，而且一点归还的意思也没有。耿况心里打起了鼓：不是说好的“先降者复爵位”吗？这葫芦里卖的是什么药？

于是，耿况手下的一个将军直接冲进驿馆，把印信抢了回来。使者没有办法，只好赶紧回去报告说，这个差事真的不好干，你还是换个人吧。刘玄心想，这招抚工作可不能有闪失，否则会酿成大错，那派谁去更稳妥呢？这时，他手下的左丞相推荐了刘秀。

就这样，刘秀通过托关系，获得了这次河北之行的机会。但刘玄还是不放心，只给了刘秀代理大司马的官职，刘秀手上没有一兵一卒，只身赴河北。当时，手下冯异对他说：“现在，天下的人还不承认这个更始帝的合法地位，咱们趁这个机会抚慰河北，争取民心。”

本来按这个策略，一切都进行得非常顺利，好多地方都愿意归顺。就在这个时候，有一个姓刘的宗室，叫刘林，他特别喜欢研究算命、图鉴，他有个朋友叫王朗，是个算命先生。有一次，王朗说：“河北有天子之气。”那这个人会是谁呢？就在刘林百思不得其解时，来河北招抚的刘秀出现在了他的视野，而且他以前也听说过“刘秀当为天子”的传言，心想：“这会不会就是那位传说中的天子呢？”

于是，他找到了刘秀，说：“我有一个办法可以解决赤眉军，因为赤眉军在河的东面，咱们掘开河堤，让大水淹了他们。”刘秀一听，这不行啊，这个办法太不人道了。刘林看了看刘秀，觉得他是个㞞包，连这点狠心都没有，看来难成大器。刘秀也没多想，继续自己的招抚工作。

这个时候，王朗找到了刘林，说：“你找错人啦，那个天子根本就不是刘秀。”

刘林急问：“那是谁呀？”

王朗说：“你知道我是谁吗？”

刘林说：“知道呀，你不就是王朗吗？”

王朗说：“其实，我本不叫王朗，我是汉成帝流落在民间的儿子，我的真名叫刘子舆。”

“真的假的啊？”

“当然是真的啦。”

刘林万万没有想到，传说中的天子就在眼前。于是，他联合了几个势力，立王朗为皇帝。同时，王朗下诏说：“我有皇室的正统血脉，现在我已经是皇帝了，国无二君。刘玄你一开始不知道这些情有可原，现在你知道了，就乖乖地下台吧。河北各地的郡县，你们赶快归顺我吧。”大家一听，原来是这样，于是很多郡县开始归附王朗，就连刘秀招抚过的一些郡县也投降了王朗。

同时王朗下令通缉刘秀，说刘秀是更始帝的使臣，抓到刘秀，封十万户。刘秀和手下只好逃跑，人多的地方还不敢去。所以，他们没吃没喝，又冷又饿，一连几天都没有东西吃。本来他们都是座上宾，一转眼变成了人人喊打的过街老鼠。看看身边的这些兄弟们，刘秀心里非常难过。于是，他对大家说：“这样吧，我带你们吃顿好的，怎么样？”

大伙说：“哪里有好吃的？我们又不敢去人多的地方。”

刘秀说：“没事儿，出去又不查验身份，再说，他们又不知道我刘秀长啥样。咱们可以假装王朗的使者，到时还怕地方官不招待咱们啊。”大伙儿心想，此举虽然有点冒险，但总比饿死强。于是大家一

拍即合，就这么干。

他们来到附近一个叫饶阳的地方，地方官一看，王朗的使者来了，便热情款待。本来事情挺顺利，但这些人饿得太久，看到桌上的饭菜，一点不顾及形象，一个个狼吞虎咽。地方官一看：不对啊，皇帝的使者怎么会饿成这样？跟没吃过东西似的。于是，他悄悄地和手下交代了一番。

刘秀一帮人吃得正香，忽然听到门外击鼓，并且有人大喊："王朗身边的××将军，到了我们饶阳。"这可把刘秀吓坏了，因为自己正在冒充王朗的使者，这岂不露馅儿了吗？史书记载说，当时每个人都很慌张，脸色也都很难看，刘秀当时站起来准备跑。忽然，他觉得不对劲儿：要是真的将军来了，就是想跑也跑不了，说不定是地方官在试探我们。

于是，他走到地方官跟前，说："这个将军远道而来，那就请他来一起吃个饭吧，大家见个面。我们在这里边吃边等。"

地方官心想："这些人居然不怕，难道真的是使者？"所以，当时就愣在那里。

刘秀一看，果然是试探。吃完后，他们又坐了一会儿。刘秀说："看来这个将军旅途劳顿，应该是先行休息了，我们还有事儿，就不等他了，代我向将军们问好。"

地方官连忙说："是的，是的，将军应该是累了，您慢走，您慢走。"

一群人酒足饭饱，大摇大摆地离开了。当他们来到一个路口时，碰到一个白胡子老头，老头告诉他们："你们再往前跑八十里就是信都郡。信都郡忠于更始帝，誓死不降王朗。"刘秀看到了一线生机，于是拼命往信都郡跑。信都郡的太守叫任光，和刘秀很熟，因为他曾经跟随刘縯参加过昆阳之战。王朗派人劝降他的时候，他为了表示决心，直接把使者给杀了。当他看到刘秀来了，大喜过望，举城欢迎自己的老熟人和老战友。整个河北，现在也只有这里可以让刘秀落脚。

登基称帝

信都郡太守任光死活不向王朗投降，他真的是忠于更始帝吗？当然不是。任光是个很有意思的人，当年刘縯攻打宛城时，他只是宛城的一个小吏。宛城被攻破后，他觉得自己没有生路，便穿上了自己最华丽的衣服出门，想体面地死去。

可是，刚走出去没多久，就遇到了绿林兵。绿林兵一看，这小子穿着光鲜亮丽的衣服，心想：我们可没穿过这么好的衣服，来来来，赶快给我扒下来。任光不干，于是，双方就撕扯起来。绿林兵有些急了，说："你这人怎么这样，我们又不杀你，只是要你的衣服。"

任光说："那也不行，你们可以杀我，但衣服我不能给，这叫士可杀不可辱，你们懂不懂啊？"

绿林兵说："我要是杀了你，衣服不也还是我们的吗？"

就在这个时候，刘縯的手下谋臣刘赐路过这里，觉得这人有点意思，顺便救了他，说："你跟我走吧。"从此以后，任光就跟随了刘赐。

后来刘縯被杀，更始帝迁都洛阳，任光主动要求到河北的信都做太守。虽然他不是宗室子弟，但与刘縯、刘秀兄弟关系密切。所以刘秀一到信都郡，就跟回到自己家一样。当然了，回家总得了解一下家底儿吧，一清点，才发现任光手下兵马不过四千人。这点兵马守城还行，但是要与王朗正面杠，就有些异想天开了。

那怎么办呢？刘秀说："信都郡的东边有两股势力，有十几万人，咱们要不跟他们联合起来干？"

任光说："那不行，这两股势力军纪不严，烧杀抢掠，名声很差。再说，当年你大哥刘縯不就是因为兵少，才去联合绿林军的吗？结果呢，皇帝没当上，命却没了，咱们可得吃一堑长一智啊。"

"那没兵怎么办呢？"

"咱们自己招啊。"

刘秀说："我之前招过，一个兵都没招到，还被人家笑话。"

任光说："你的方法不对，咱们应该这么干。首先，先攻打附近的州县，只要他们投降，咱们的势力就会增长，如果他们不愿意投降，我们就放任士兵烧杀抢掠。人都是贪财的，当兵的如果能通过抢劫致富，那肯定能招到兵啊。"

刘秀以前带兵时军纪严明，所以心里很纠结。看他有些犹豫，任光便说："你别担心，我们虽然不和东边联合，但我们干完事儿可以让他们背锅啊，他们做了太多坏事，也不在乎这么一点点。"由此可见，任光也是个心狠手辣之人。

于是，任光开始造势，并发布檄文说：我们的大司马刘秀率城头子路、力子都的百万大军从东面赶来，现在赤眉军也站在我们这边，他们正在路上。王朗马上就完蛋了，各个郡县你们赶紧归顺吧，不要连累了百姓。

结果，消息一经传出，原来愿意跟着刘秀的人都知道刘秀在信都郡，便纷纷前来投奔。当地的刘氏宗族，全部站在了刘秀这一边。这让刘秀的实力暴增，他只用半年的时间就消灭了算命先生王朗。

这个时候，更始帝不干了，毕竟刘秀打的是自己的旗号，而且他也不想让刘秀坐大。于是，就派人封刘秀为萧王，并且让他回京做官。刘秀心想："哼，我回去的话，就和大哥的下场差不多。"所以，刘秀以河北还未平定为由，拒绝回京。

同时，刘玄任命了一批新的郡县太守，包括渔阳郡、上谷郡等，刘玄对这些郡县太守说，让他们不要再听命于刘秀，并且把原来跟随刘秀的那些人全部免了职。那些被免职的人觉得更始帝不够意思，决定跟他翻脸。

刘秀盘算了一下，觉得手上有足够的资本和刘玄翻脸，谁怕谁啊？刘秀手下这些人，在当地可谓根深蒂固，而刘玄派来的人，大多初来乍到。很快，刘秀就夺回了这些地方，就此与刘玄彻底翻了脸。这个时候，刘秀身边人才济济。

比如，他有个同学叫作邓禹，特别看好刘秀。当时，听说刘秀被派到河北去招抚，他立刻拍马赶来。刘秀一看，是好久不联系的老同学，便问："是不是听说我现在有特权，你大老远跑来，想谋个一官半职？"

邓禹摇了摇头，刘秀说："那你这么远跑到我这儿来干什么呀？"邓禹说："我找你可不是为了当官，而是希望你能威名四海，垂功名于史册。为此，我愿意效尺寸之功。"不得不说，邓禹看人的眼光还是挺准的。

刘秀和刘玄翻脸后，好多人都劝他称帝，但刘秀觉得时机还不成熟。这个时候，有个叫耿纯的人站了出来，他是刘秀的死忠。刘秀刚到河北的时候，耿纯就过来结交，当时他也是更始帝的官员。刘秀到其他地方招抚的时候，耿纯就留在河北的邯郸。算命先生王朗称帝后，耿纯悄悄地逃离邯郸，回到了家乡，扶老携幼，带领宗族两千多人追随刘秀。

当时，王朗的势力很强大，耿纯担心自己的一些宗室会投靠王朗，于是让人把家族所有的房子烧了，可见其决心之大。他对刘秀说："更始帝已经不行了，内部争斗激烈，老百姓怨声载道，您作为刘姓的宗室，应该主动站出来，我们这些人为什么抛妻弃子为您卖命，不就是想攀龙附凤吗？现在时机成熟了，天人相应，您要是不听大家的劝告，不当这个皇帝，大家的心容易散，人心一旦散了，队伍就没法带了。"

刘秀觉得这番话很有道理。于是登基称帝，史称光武帝。刘秀虽然称帝，但此时天下还没有统一，更始帝还在，赤眉军也在。要统一天下，就必须得消灭这两股势力。

对更始帝的绿林军我们有所了解，那赤眉军又是怎么一回事呢？

一统天下

原来，赤眉军这支农民起义军竟然与一个伟大的母亲有关，她就

是吕母，中国历史上第一位女性农民起义的领袖。

吕母家里很有钱，儿子原本是县衙的一名小官，因为犯了一些小错误，居然被县令给杀了。吕母非常伤心，她就这么一个儿子，所以想为他报仇，可是一个老太太又怎么报得了仇呢？于是她开始变卖家产，开了一家店铺，专门为那些无业游民提供免费的食物与衣服。

显然，这种只出不进的经营模式持续不了多久，也就两三年的时间，店铺就垮了。那些受到吕母恩惠的人觉得过意不去，他们来到吕母身边，说："我们无以为报，怎么办呢？"吕母灵机一动，说："我之所以对你们好，不是为了钱，而是因为我的儿子被杀，我想要你们帮我报仇，行不行？"这些人听后说："行，本来我们什么都没有，这样也算是对你的一种回报。"于是，他们杀了那个县令，跟着吕母逃到了海上，聚集了一万多人。

吕母死后，当地刚好发生了严重的灾荒，一个叫樊崇的人起兵造反。于是，原来吕母手下的那些人便加入了樊崇的农民军。为了在战场上区分敌我，他们把自己的眉毛染成红色，所以叫作赤眉军。

后来，更始帝刘玄登基，赤眉军也想得到正规的编制。于是，他们的首领来到洛阳想和皇帝谈谈。可是更始帝对他们的态度非常冷漠，虽然给他们封了侯，但无权无禄，也就是既没有权力，也没有工资，这让赤眉军首领们很不满意，觉得被刘玄小瞧了。离开洛阳后，他们决定要推翻这个皇帝，自己干一番事业。

于是，赤眉军兵分两路，准备攻打长安。在快要到达长安的时候，又觉得这事儿不妥：即使打败了刘玄，老百姓还是会把我们当土匪，不承认我们，那怎么办呢？最后灵机一动，想到了一招：绿林军能够拥立一个姓刘的当皇帝，我们为什么不能呢？如果我们立了一个姓刘的当皇帝，不也名正言顺吗？

就这样，他们在军中找了年仅十五岁的放牛娃刘盆子，称之为上将军。那为什么不称其为皇帝呢？因为他是一个农民，没啥文化。在那时农民眼里，古代皇帝带兵打仗，那就是上将军，上将军就是皇帝，所以才叫上将军。

眼看赤眉军就要打到长安了，更始帝刘玄愁眉不展。他很想跟赤眉军打一仗，可是没有人听他的命令。他跟刘秀是同宗，都是刘发的后代，虽然在绿林军的支持下他成了皇帝，但是手中没有实权，而且他缺少政治眼光和魄力，不知道皇帝该怎么当。比如，他刚当上皇帝的时候，绿林军打了一次胜仗，他问的第一句话竟然是："这次出去抢了不少好东西吧？"众人一听，心想你这还是皇族吗？没错，他祖上是皇帝，可是他没当过皇帝啊，也没见过皇帝怎么当。

所以，绿林军内部纷争不断，再加上刘玄也试图培植一些自己的亲信，导致朝廷内部更加混乱。后来，刘玄迁都到长安，但并没有从根本上改变局面。当他看到那么多豪华的宫殿，还有那么多漂亮的美女，几乎不能自拔，甚至还不如当年进入咸阳的刘邦。在激烈的内部争斗中，连绿林军缔造者之一的王匡都投了赤眉军。没过多久，赤眉军就攻到了长安，刘玄只好投降。

原本关中大族们认为，赤眉军或许比绿林军好一些。可没想到，赤眉军更加无组织、无纪律，基本上以抢劫为主。他们这么欢迎赤眉军，结果赤眉军还要到处抢夺，于是，他们开始采取不合作的态度，同时，他们还想把赤眉军作恶的根铲除。

赤眉军一看，那可不行，于是就把刘玄杀了。这么一来，当地的豪强更不干了，他们结寨自保，结果导致百姓家里被洗劫，就连西汉的皇陵都被盗掘一空，长安残存的几座宫殿全部被烧毁，再这么下去，恐怕连吃的都没了。

于是，赤眉军只好退出长安。这时，刘秀派邓禹率领两万大军紧跟在赤眉军的后面，他们一退出长安，邓禹立刻进入长安。赤眉军属于流窜作案，他们没有根据地，所以只能往西走。当时天寒地冻，在行进的途中遇到了雪天，并且还遭到了当地地主武装的袭击，实在没招，只好退回长安。回来一看，长安怎么被别人给占了？于是，赤眉军又抢回了长安。这个时候，长安的百姓和地主家都没有余粮了，抢

都抢不到，怎么办呢？只能再次离开长安。

吸取了上次的教训，这次赤眉军决定往东走。刚到崤底这个地方，刘秀手下的冯异带着两万汉军就追了上来，趁着赤眉军正在扶老携幼地过山谷时，冯异发起猛烈进攻，经过一阵砍杀，原本就疲惫不堪的赤眉军，被打得四散逃窜。樊崇丢下所有的老弱妇孺，带着主力逃跑。跑了好几天，又碰到一支汉军，这就是所谓的"前有阻击，后有追兵"。

此时，刘秀也御驾亲征。一时间十几万赤眉军陷入了绝境。当时正值冬季，天寒地冻，他们既没吃又没喝，于是，只好向刘秀投降。赤眉军的投降，让刘秀成功地消除了一统天下的最大的威胁，并由此开创了东汉近二百年的基业。

明章之治：东汉的黄金时代

汉明帝

光武帝刘秀一共有十一个儿子，汉明帝刘庄是他的第四个儿子。光武帝驾崩后，他继承了皇位，成为东汉的第二位皇帝。

其实，刘秀最初立的太子叫刘疆，他是郭皇后的长子。刘秀在攻打河北王朗势力时，郭家是当地的大族，实力强大，为了拉拢郭家的势力，刘秀娶了郭家的女儿郭圣通。其实，在娶郭圣通之前，刘秀已经有了老婆，就是他的那句名言“仕宦当作执金吾，娶妻当得阴丽华”中的阴丽华。由于常年在外征战，安全起见，刘秀把阴丽华送回了新野县老家。

建立东汉王朝之后，刘秀立刻把自己心爱的原配妻子阴丽华接回了宫中。刘秀当了皇帝后，得册封一位皇后，他原本想封阴丽华，但是阴丽华认为，郭家对刘秀的帮助更大，自己还没有孩子，于是主动把皇后之位让给了郭圣通。郭圣通就这么做了皇后。

郭圣通给刘秀生了五个儿子，长子刘疆被立为太子。阴丽华也生了五个孩子，长子就是后来的汉明帝刘庄，他比刘疆小四岁，排行老四，被封为东海王。

郭皇后可能感受到了阴丽华的威胁，经常在刘秀面前抱怨。在古代皇宫里，所有嫔妃生的孩子，都被视为皇后的孩子，皇后对所有皇子都有教育之责，但是，郭圣通不愿意管阴丽华及另一个妃子生的孩子。刘秀觉得她和阴丽华相比，德行差得不是一星半点。加之阴丽华

又是他的初恋，建武十七年（公元41年），刘秀以“怀势怨怼、数违教令”的罪名，废黜了郭皇后，另立阴丽华为皇后。太子刘疆明白，母亲被废，自己的太子之位也不稳当，于是上书刘秀，请求辞去太子之位。刘疆毕竟没有过错，刘秀不忍心批准。后来时机成熟，下诏封刘疆为东海王，并立刘庄为太子。

据说刘庄小时候非常聪明，被称为小神童。他十岁的时候就通晓《春秋》，这让刘秀非常开心，他夸刘庄说：“你是我家的吴季子啊！”这是赞美的话，可没想到刘庄却说：“我可不像他那样愚戆无比。”“愚戆无比”这个词语就是这么来的。

刘秀很是惊讶，问道：“你为什么这么说呢？”

原来，吴王寿梦有四个儿子，他知道老四（老四就是季子）的能力超过三个哥哥，但老四淡泊权势，不愿继位。吴王没办法，只好立下家规，兄终弟及，希望最终老四能上位。后来吴王去世，老大诚心诚意让位于老四，但被老四谢绝了，哥仨只好勉为其难，相继上位。可惜他们命运坎坷，兄弟三个只做了三十四年的王，就相继去世。这回该轮到老四了吧？可没想到他还是不干，直接逃走了。那可咋办呢？只能让老三的儿子僚继位，这就是吴王僚。可没想到，老大的长子公子光不乐意了，于是派刺客专诸去刺杀僚，并夺取王位，这就是吴王阖闾。后来，阖闾的儿子夫差不听伍子胥的建议，最终被越王勾践给灭了国。

刘庄认为，吴季子辞让王位，给吴国带来了巨大的灾难，这不就是愚蠢和祸国殃民吗？要是他的话，一定会以家国为重，当仁不让，勇于担当，而不会做“三让其国”的傻瓜！一个小孩，见识竟然超越众多史家，对历史有如此独特的理解，真不是一般的聪明！

刘庄登基后，延续了刘秀的政策，致力于整治吏治，严惩那些利用外戚身份作威作福的人。他严令禁止后妃家族封侯掌权，并对贵戚功臣采取了一些防范措施。同时，为了消除北匈奴对东汉的威胁，他派窦固、耿秉率领军队，兵分四路出击匈奴。另外，他还派班超等三十六人出使西域，并设立西域都护。

据说，有一次刘庄做了一个奇怪的梦，他梦见一个金甲神人先绕梁飞行，后来往西而去。第二天早朝时，他就问大臣："这个梦是怎么回事啊？"有个博士说："我听说西方有个圣人叫佛，这可能是西方的佛。"

于是，他派使团到西域去寻找。使团到了西域，遇到了两个僧人摄摩腾和竺法兰，便把他们带回了汉朝。因为这两个僧人是用白马把经文驮到洛阳的，所以刘庄为他们建造了中国第一座佛教庙宇——白马寺。佛教由此正式传入中国。

在刘庄的治理下，东汉呈现出一片繁荣的盛世景象。后人将他和他儿子刘炟统治的时期称为"明章之治"。

汉章帝

公元75年，刘庄去世，年仅四十八岁，他的儿子刘炟继位。有人说，刘炟能当皇帝，真是走了好运，为什么这么说呢？

刘庄共有九个儿子，刘炟排行老五，母亲是贾贵人。也就是说刘炟既不是嫡子，也不是老大，为什么轮到他做皇帝呢？主要是因为马皇后一直没有孩子，她的父亲是光武帝时期的伏波将军马援。纵观整个中国历史，马皇后也算得上是少有的"贤后"，太后阴丽华曾经说"马贵人德冠后宫"，正是因为这句话，马氏得以登上皇后宝座。因此，刘炟也就成了皇位继承人。

在马援蒙冤死后不久，他的小儿子也夭折了。马夫人承受不住这样的打击，变得精神失常。当时，只有九岁的马皇后承担起了家庭重担，安排调配童仆，受理家中所有的事务，就像一个小大人。马皇后十二岁就进了宫，做了皇后之后，她认为皇帝子嗣不多，曾主动给汉明帝推荐妃嫔。因为自己没有孩子，她领养了贾贵人的儿子刘炟。这样一来，刘炟一下就从庶子变成了嫡子。马皇后对刘炟非常关心，视如己出，母子俩一辈子都没有发生过矛盾和嫌隙，关系非常亲密。刘炟登基后，对马皇后的尊重和关爱甚至超过了自己的生母。

汉明帝刘庄去世后，十九岁的刘炟登基，成为东汉的第三位皇

帝。刘炟为人忠厚仁义，但做事有些优柔寡断。他继位后，其实可以延续他爹的政策，但是，他没有像刘庄那样从严治国，而是废除了很多严酷的条令。按照东汉的制度，官员贪污，三代人都不准为官。可是刘炟却废除了这项制度，并且还加大了对官员和贵族的赏赐。这使得官员贵族和豪强在没有法令制约的情况下，势力开始不断地扩大。

在汉明帝时期，班超受命出使西域。他凭借三十六人成功说服西域五十国归顺汉朝，还在西域建立都护。然而，西域不断发生战乱，当时，对于要不要派兵西进一事，刘炟犹豫不定，认为继续经营西域得不偿失，最终放弃了西域，让所有汉朝人员全部回国。要不是班超最后坚持留在西域，西域早就被匈奴拿下了。

所以说，刘炟算不上是一位明君，只能说是一个合格的君王。另外，东汉外戚干政的苗头正是从他这时开始显现的。刘炟的皇后是窦氏，她是东汉开国功臣窦融的曾孙女。窦家在汉明帝的打压之下，虽然已经日薄西山，但窦家一直想着东山再起，所以窦氏从小就接受了良好的教育。据说，她六岁就能写文章，而且长得相当漂亮，毫不夸张地说，一个女孩儿该有的优点她都有。她有一个妹妹，窦家把所有希望都寄托在窦氏姐妹的身上，想尽办法让她们进入皇宫，最终她们都成为汉章帝刘炟的妃子。平时，姐妹俩表现得知书达礼、温文尔雅，不但受到刘炟的宠爱，还获得了马太后的好评。

在不到一年的时间里，窦氏成了皇后。第二年，马太后去世，窦氏就开始参与朝政。虽然她备受皇帝宠爱，但是后宫美女如云，而且自己没有子嗣，又偏偏在这个时候，宋贵人生了一个儿子出来，取名刘庆，刘炟非常喜欢这个儿子，立他为太子。

所有这一切让窦氏感到如芒在背。于是，一幕幕惊心动魄的宫斗戏开始上演。没多久，宋贵人被逼自杀，刘庆太子被废。

公元88年，刘炟去世，享年三十三岁，是一个短命皇帝。他死后，立刻出现了太后窦氏专权的事情，几乎把汉和帝架空成了傀儡皇帝。所以说，刘炟为东汉外戚专权埋下了隐患。

汉和帝刘肇："永元之隆"的缔造者

你可能想不到，东汉最强盛的时期，居然是由一个短命的年轻人缔造的，他就是东汉第四位皇帝，汉和帝刘肇。

刘肇是汉章帝刘炟的第四个儿子，原本太子之位属于三哥刘庆。按照古代的继承制度，通常是立嫡子为太子，如果没有嫡子，则立长子。这么说来，应该立长子刘伉为太子才对，那为什么没立他呢？

俗话说"子以母贵"，刘伉的母亲在史料中鲜有记载，应该位份很低，所以汉章帝压根儿就没考虑让他来接班。老二刘全在被封为平春王的那一年就死了，当时还没成年。老三刘庆是宋贵人的孩子，皇帝很喜欢他，所以就立他为太子。但是，窦皇后心机深，因为自己没孩子，担心刘庆当了皇帝后会孝敬他的生母，从而使自己的地位受到影响，于是想方设法置宋贵人于死地。

宋贵人一死，另一个梁贵人坐不住了，因为她刚生了一个孩子，就是刘肇。她很清楚，如果不想办法，下场肯定和宋贵人一样，那该怎么呢？思前想后，她最后做了一个决定，干脆把自己的孩子过继给窦皇后。窦皇后有了自己的孩子，当然很开心，心想："我终于有儿子了，这可是嫡子啊，说什么也不能让刘庆那小子当皇帝。再说，他长大后，如果知道是我害死他的母亲，我还有好日子过吗？"

于是，她天天给刘炟吹枕边风，劝他废掉刘庆的太子地位，立老四刘肇为太子。刘炟最终无法抵挡这股强大的枕边风，只好同意废掉刘庆，而立刘肇为太子。

汉章帝刘炟驾崩的时候，刘肇才九岁，朝政大权握在窦太后手

里。她让哥哥窦宪做了侍中，掌管朝廷机密，发布诰命；弟弟窦笃做了虎贲中郎将，统领皇帝的侍卫；剩下的两个弟弟窦景、窦环统理文书。如此一来，大汉江山基本属于窦家了。

窦宪这人很猖狂，连刘姓宗室都敢杀，因此引起朝堂公愤。为了袒护哥哥，窦太后决定给哥哥一个赎罪的机会，让他带兵去打北匈奴。那时候匈奴的实力已远不如汉武帝时期强大，已经被打得奄奄一息，毫无还手之力。不论是谁，只要犯了点错误，就可以通过攻打匈奴来立功。就这样，攻打匈奴成就了窦宪"勒石燕然"的武将最高荣耀。

俗话说"天狂有雨，人狂有祸"。因为擅长带兵打仗，又立了战功，窦宪回来之后狂得没边儿。当时，有人竟提议：拜窦宪为"万岁"。窦宪假装生气："你们眼里还有皇上吗？"刘肇笑而不语，于是，众人打着哈哈打圆场："我们在开玩笑哈。"窦宪表面上佯装生气，心里却乐开了花，于是暗中筹谋起来。

刘肇虽然只有十四岁，但他十分清楚，自己就是一个吉祥物，稍有不慎就会招来灭顶之灾。但终归是老刘家的孩子，血性多少还是有的，他不想再这么下去，眼睁睁看着江山易主。于是他决定先发制人，有道是"人生能有几回搏"。

当时，刘肇很难私下与大臣接触。他发现有个宦官不错，人挺忠心，便让他想办法联络忠于朝廷之人，并让他们掌管禁军，然后设下埋伏一举消灭了窦氏的党羽。本来刘肇想把窦家兄弟全部杀了，念及窦太后的养育之恩没下得了狠手，而是让窦家兄弟全部回到封地，然后让他们自杀。通过这一系列行动，刘肇成功夺回朝政大权。这一年，他才十四岁！

虽然刘肇只是一个十几岁的孩子，但他每天临朝听政，深夜批阅奏章，从不荒怠政事。他还下诏让地方举荐人才，为老百姓减免赋税，使得国力蒸蒸日上。当然，如果仅仅只是做了这些，还不足称他统治的时期为东汉最鼎盛的时期。

公元93年，北匈奴叛乱，刘肇派任尚率兵直接消灭北匈奴。公元94年，班超大破西域诸国叛乱，并把叛乱的两国国王首级传送京师，从此西域被完全降服，有五十多个西域国自愿把王子送到汉朝为质。班超因此被封为定远侯，因为他当时身处万里之外的西域，所以他又被称为“万里封侯”。

在刘肇当皇帝期间，他剿灭了羌人，把青海纳入大汉的版图，击败了鲜卑和高句丽，又打败了贵霜帝国。贵霜帝国鼎盛的时候，疆域西起伊朗边境，东到恒河中游，北起锡尔河、葱岭，南至纳巴达河。贵霜帝国被认为是当时欧亚四大强国之一，另外三国分别为汉朝、罗马和安息。被打败后，贵霜帝国每年都向东汉纳贡。同时，班超还派助手甘英出使大秦，也就是罗马帝国，进一步扩大东汉的对外关系。此外，安息帝国还特地向汉和帝进贡了狮子和鸵鸟，这是第一次有活着的鸵鸟进入中国。

汉和帝刘肇，不但文治天下，而且武治也赫赫有名，他开疆拓土、四夷宾服。这一时期，东汉国力达到鼎盛，实现了“黎元宁康，万国协和”， 所以人称“永元之隆”。但可惜的是，天妒英才，公元106年，汉和帝刘肇驾崩于京都洛阳，年仅二十七岁。他的早逝不仅给他自己的人生画上了遗憾的句号，也使东汉的国势开始下滑，逐渐走向衰败。

汉桓帝刘志：被诸葛亮黑化的皇帝

在诸葛亮的《出师表》中，有这么一句，“先帝在时，每与臣论此事，未尝不叹息痛恨于桓、灵也”。其中的“桓、灵”，指的是汉桓帝和汉灵帝，这么看来，在诸葛亮眼中，汉桓帝可能是个昏君。其实，他没有人们想象的那么差劲儿。

刘志刚当皇帝的时候才十五岁，当时朝中有一个权臣叫作梁冀，他绝对是个狠角色，他的妹妹是汉顺帝刘保的皇后，刘保三十岁就死了。奇怪的是，东汉大部分的皇帝都不长寿，这是怎么回事儿呢？估计与过度贪恋酒色，不懂得保养有关吧。

刘保死后，还不到两岁的儿子刘炳继位，是为汉冲帝。这样，梁冀的妹妹就成了太后，开始垂帘听政。此时的梁冀可谓权倾天下。第二年，不到三岁的汉冲帝刘炳就死了，这可怎么办呢？于是，梁冀又从众多刘家的后人中物色了一位，他就是汉质帝刘缵，当时只有八岁，脑瓜子很聪明。当然了，即便再聪明，毕竟只是一个八岁的小毛孩儿。

有一次朝会上，大臣们正在商议一件事情。梁冀盛气凌人，他说话时，没人敢说半个“不”字。只要他眼珠子一瞪，就没人敢说话了。小皇帝刘缵盯着梁冀说了一句：“此跋扈将军也。”这里的“跋扈将军”指的就是梁冀。

梁冀一听，不乐意了，心想：嘿，你这个小屁孩儿，没有我，你能当上皇帝吗？现在就看我不顺眼了，那长大了还了得？

于是，他安排亲信在刘缵吃的饼里下毒。刘缵吃完饼后，肚子痛得厉害，赶紧找来太尉李固。李固刚到的时候，刘缵还能说话。

李固问："陛下，这是怎么回事啊？"

刘缵说："朕刚才吃了个饼，现在肚子不舒服，给朕点水喝，朕也许还能活。"

皇帝想喝水，竟没人去倒水。为什么？因为梁冀就在旁边看着。他可不想让皇上喝水，喝吐了怎么办？于是，九岁的汉质帝就这么被毒死了。

梁冀连皇帝都敢杀，那平民百姓更加不在话下。他有一个园子，里面养了不少的兔子。有一次，一只兔子跑到了外面。当时有个外地商人，他不知道这兔子是梁冀的，以为是野兔。于是，就把这个兔子逮起来给杀了。梁冀听说后大怒："敢杀我兔子，肯定是有人指使。"结果，不只把这个外地商人杀掉，还把与自己关系不太好的十几个官员也杀了。由此可见，梁冀是一个怎样的狠人。

刘缵死后，需要立一个皇帝。有一次，朝廷开会讨论这件事，没想到会上出现了两种不同的声音：梁冀要立刘志，太尉李固坚持要求立刘蒜。由于意见不统一，最终不欢而散。这个时候，有一个宦官叫曹腾，他就是曹操的"爷爷"，他连夜找到了梁冀，和梁冀说："你可千万要立刘志，刘蒜这个人厉害，不好控制。"

于是在第二天的会议上，梁冀坚持要立刘志为帝，并威胁"谁要是不同意，我就让他滚"，大臣们吓得瑟瑟发抖，都纷纷表示同意："你说怎么办，就怎么办吧。"作为三公之首，太尉李固死活不同意。梁冀心想："行啊，你不同意吗？那我让你滚不就行了吗？"于是，他让自己的妹妹，也就是梁太后，下诏免了李固的职。就这样，十五岁的刘志当上了皇帝。

随后，梁冀把自己的另外一个妹妹嫁给了刘志，并让她做了皇后。这样一来，皇帝身边就都是梁冀的人。梁冀是想让刘志安心做个傀儡，可谁愿意甘心做傀儡呀？但是梁冀是朝中的权臣，斗又斗不过，打又打不赢，那该怎么办呢？只有一个字，忍。刘志对梁冀可以

说是百依百顺，言听计从，无论是封赏亲朋好友，还是剑履上朝，他都同意。甚至连地方进献的贡品，刘志都会把好的送给梁冀，差的留给自己。

然而有一天，有人上书说："天子已经成人，梁冀应该还政于天子。"听到这个消息后，梁冀怒不可遏，大骂道："这是哪个家伙，这么不开眼？"并且对皇帝说："这人是奸臣，应该杀了他。"

刘志牙都不咬一下，说："是是是，确实是奸臣。"

见皇帝没有反对，梁冀的怒气平息了，心满意足地离开了。其实他不知道，刘志早就想动他了，只是在等待一个合适的机会。

不久之后，梁太后死了。紧接着，刘志的老婆，也就是梁冀的另外一个妹妹梁皇后也死了。这给了刘志机会。

这时，他发现有一个叫唐衡的宦官跟梁家不和，便想和他联手除掉梁冀。可是，宫中到处都是梁家的眼线，怎么办呢？刘志想到了一个办法：在厕所里面商议此事，毕竟那里没有"监控"。

于是，他就把唐衡叫到厕所里，问他："你知道谁和梁冀有过节吗？咱们可以联合这些人干掉梁冀。"

唐衡："有啊，太多了。梁冀这个人飞扬跋扈，得罪的人可太多了，只要咱们决定干，肯定会有很多人响应，干掉他没有问题。"

于是，刘志召集了五个宦官，歃血为盟，共同谋划除掉梁冀。虽然他们行事谨慎，但是一些举动还是引起了梁冀的警觉。为了更好地监视皇帝，梁冀把亲信安插到宫中。

眼看计划要败露，刘志当机立断，先是将监视他的宦官们抓了起来，然后召集尚书台的宦官们，宣布梁冀的罪行，并承诺：只要大家同心协力，一起诛杀国贼，事成之后给大家封侯封爵。接着收缴进出宫廷的印符，并组织武装了一千多人，包围了梁冀的大将军府。

梁冀直到这时才发现：原来那个宠物猫已经变成了吃人的老虎。他知道自己的罪行太大，必死无疑，便和妻子孙寿一起自杀了。

在清除梁家的势力后，刘志发现朝堂空了，没人可用了。可以想象，当时梁家的势力有多大。

尽管刘志在铲除梁家势力方面表现得非常果断和精明，可是历史上为什么说他荒淫无道，是昏君的典范呢？

其实，这主要是因为刘志重用宦官，而且还给宦官封侯，且一封就是五个。对此，士大夫集团肯定有意见。当时，有一个县令上书皇上，说：“你把这么多的宦官都封了万户侯，让边塞的将士们怎么能服气呢？”同时，他还指责皇上乱给侯爵，任用小人，贿赂公行，不理朝政，这样下去怎么得了？

这封奏疏把刘志气得眼珠子都快掉出来了，心想：你们这些所谓的文官清流们早干什么去了？我做傀儡的时候，怎么不见你们为我说话呀？一个个跟在梁冀屁股后面趋炎附势，我扳倒梁家的时候，你们哪一个出力了呀？如果没有这些宦官，我现在还是个傀儡，皇后邓猛女的母亲被追杀的时候，你们又在哪里啊？

邓猛女，听名字就感觉很猛。她是东汉开国功臣邓禹的后代，父亲早逝，母亲改嫁给了梁冀的妻舅梁纪。邓猛女长得非常漂亮，梁冀就把她送进了宫，成了一名才女，属于位份很低级的宫女。

但没想到汉桓帝刘志非常喜欢邓猛女，不断宠幸她。梁皇后一死，刘志就想立邓猛女为皇后，跋扈将军梁冀一看：哟，无心插柳柳成荫。于是，就找邓猛女的母亲说：“你把女儿过继给我吧，以后猛女就是我梁家的女儿了。”邓猛女的母亲当然不同意：“凭啥呀？我到梁家没享到福，我女儿又从小受你们虐待，现在眼看要出人头地，你却想来摘桃子。”

梁冀心想：你是敬酒不吃吃罚酒。于是就派人去刺杀邓猛女的母亲。结果，这个刺客跑错了，直接跑到了邓猛女母亲的邻居家，邻居拿着脸盆敲打桌子，邓猛女母亲听到响动后，赶紧逃到了皇宫，并躲了起来。在这之后不久，刘志召开了那次厕所会议，并秘密联合五个宦官诛杀了梁冀。

在铲除梁冀的家族势力方面，宦官不仅助了刘志一臂之力，而且

立下了功。所以，当刘志看到这个县令的奏章，就气不打一处来：梁冀当家做主时，我做孙子，你们一声不吭；我刚刚翻身做了主人，你们自诩为忠臣，开始对我指手画脚，说我宠用小人，没有这些小人，我还翻不了身呢。要说小人，我看你们才是小人。给我逮起来严刑拷打。

刘志的这一举动，可捅了马蜂窝，大臣们一个接一个上书，说："陛下亲小人，远贤臣，我们愿意为国一同赴死。"汉桓帝一看，火气更大了："愿意同死是吧？好啊，朕成全你们，全都给朕杀了。"

看见皇帝这么维护宦官，宦官们更肆无忌惮了。后来有几个宦官通过内部消息，获悉朝廷的大赦时间，于是在大赦之前，他们就肆无忌惮地为非作歹。有一次，十常侍之一张让的弟弟张朔，在地方上杀了一个孕妇，跑到张让家躲了起来，心想哥哥家里安全。张让也觉得没人敢到自己家里抓人。

当时的司隶校尉李膺负责这个案子，他听说张朔跑到了他哥哥张让家，便直接带人去张让府去搜，硬是从墙壁的夹层里把张朔揪了出来。他担心夜长梦多，如果张让向皇帝求情，凶手有可能会得到赦免，于是把张朔就地正法了。

那些宦官也不是省油的灯，他们开始上书诬告李膺，说他和朝臣们结党。刘志听说大臣们结党，那可不行，于是下诏抓捕，一下子就抓捕了二百多人，这就是东汉历史上的第一次党锢之祸。

这时候的汉桓帝已经开始放飞自我了，让朝廷的奴才们做事，自己则在后宫尽情享受。别人做皇帝，是后宫三千佳丽，而在他的后宫，美女多达五六千人。这么多美女，他怎么能忙得过来？于是，刘志想到了一个创意：让后宫的美女们脱了衣服，集中在一个广场上，再让一些大臣们脱了衣服，然后让他们一起嬉戏玩闹，开所谓的"天体大会"。

如此看来，汉桓帝还真是一个昏君。他以雷霆手段扳倒权臣，这样的果决算不得"昏"，但是，后来他重用宦官，又算不得"明"。

他曾经问过大臣："朕到底是一个什么样的君主啊？"大臣说："您和历代的君主相比，只能算是中等。中等君主介于圣人与常人之间，也就是说，有贤臣引导，您就可以成为明君，但如果有小人引导，那很可能成为昏君。"这番话说得实在，刘志确实是一个资质一般的君主。此时，汉朝已经是到了非明君不可治理的程度了。

虽然刘志的后宫热闹，但是三十六岁的他在去世时却连一个儿子都没有。所以，只能再从刘家重新挑一个出来。谁也想不到，最后竟然挑出了一个比汉桓帝还差劲儿的皇帝——汉灵帝。

汉灵帝刘宏：史上最贪财的皇帝

在中国历史上，要说哪个皇帝最贪财，如果汉灵帝刘宏说“我是第二”，那没人敢说第一。据史书记载，在没有当皇帝之前，刘宏就常常感叹自己缺钱花。做了皇帝后，他将前任汉桓帝“不能作家居，故聚为私臧”视作教训，决定于国库之外建立自己的私库。

这么说来，诸葛亮在《出师表》中把他当作一个反面典型，一点也不冤。毫不夸张地说，东汉末年，黄巾起义，三国纷争，都是他种下的祸根。

宦官乱政

作为历史上有名的昏君，刘宏身上有很多有意思的故事。在汉桓帝刘志去世后，虽然后宫有几千佳丽，但是没有留下一个儿子，所以只能另立皇帝。于是，窦太后的人就提议说，刘宏不错，他有贤名。

真如推荐的人所说，刘宏有贤名？当然不是。那时他才十二岁，十二岁的孩子能有什么贤名？窦太后和窦武希望让刘宏当皇帝，原因很简单，就是为了方便控制。窦太后是汉桓帝刘志的第三任皇后，她的父亲是大将军窦武。

窦武虽然是外戚，但是喜欢读经史，士大夫认为，宦官会把朝廷搞得乌烟瘴气。所以他一掌权，就推荐陈蕃做太傅。陈蕃一贯痛恨太监，他发现大将军窦武也有诛杀太监的想法，于是两个人一拍即合，准备诛灭宦官。窦武开始进行各种各样的人事安排，把之前汉桓帝时期党锢的官员全部召了回来，并让他们官复原职，共同商议诛杀宦官的计划。于是天下英才，无不伸长了脖子，踮起了脚尖，打算贡献自己的英明才智。

按道理来说，这事儿应该是密谋，而窦武和陈蕃却像在做广告宣传似的。过了一段时间，天上出现了日食，按照儒家的天人感应理论，日食的出现意味着对士大夫不利。陈蕃可能也觉得窦武太过公开了，于是找到窦武，说："你得抓紧时间，迟则生变，我们不妨以这次日食为由，将这些宦官一网打尽。"

于是，窦武找到窦太后，说："按照咱们汉朝的规矩，太监的职责无非就是在宫里管点事儿，看看门啥的。现在这些宦官竟然参与政事，身居要职，而且他们贪污腐败，无恶不作，必须要把他们全部杀掉，扫出朝廷。"

窦太后认为，确实有太监在作恶，要杀就杀那些有罪的，哪有不分青红皂白乱杀一通的道理。其实她心里可能是这么想的："你把宦官都杀了，谁给我捶背按摩，谁给我跑腿倒马桶啊？我还没享受几天呢。"

于是，这事儿就暂且搁置了下来。又过了几个月，天上再次出现异象，懂得星相的人就跟窦武说："赶紧动手吧，天上的星象对大臣不利啊。"窦武和陈蕃听后心里一惊：这回不动手都不行了。

经过一番人事安排后，窦武抓了几个宦官，并对他们进行了审讯，已指控他们犯了一些死罪。陈蕃一看，急了："这些坏蛋抓起来就要杀掉，还审什么啊。"

窦武很有法治精神，坚决要按照程序来办理，为什么？因为拿不出证据，女儿也不同意他杀宦官。通过审讯，他们最终把宫里的大宦官曹节、王甫等牵扯进来，然后就是抓捕。可偏偏这个时候出了大事儿，公元168年9月7日，窦武奏请抓捕。窦武按照程序把奏疏递交上去后，就离开办公室回家了。宦官们等的就是这个时机。窦武号称通经史，但他忘了，当年霍光四人辅政的时候，上官桀等人就是趁着霍光回家的时候搞小动作，幸好当时的汉昭帝没有听，找来了霍光对质。

主管奏章业务的宦官趁这个机会，赶紧就向长乐五官史朱瑀报告了这个奏疏的事情。于是，朱瑀偷偷地打开了奏疏，这才知道，原来窦武要对太监们大开杀戒了。

从这件事上可以看出来，这么重要的奏疏，窦武居然不亲自呈给太后，还要走所谓的程序，而且还要经过太监的手，且不论杀太监对不对，但是就做事方式来讲，窦武确实不够聪明。

朱瑀边看边喊："陈蕃、窦武想奏请太后废立皇帝。"随后，他召集了亲信太监一共十七个人，歃血为盟，发誓要干掉窦武。宦官曹节也没忘记第一时间向汉灵帝报告，说形势紧张，赶紧让汉灵帝到前殿躲起来。这一年，刘宏才十二岁。看到他害怕，曹节就给了他一把宝剑防身，刘宏拿着宝剑跌跌撞撞地就去了前殿。奶妈、宫女等一大批人围在身边护卫。

然后，曹节带着一帮太监跑到宫中，逼着值班的尚书台写诏书，让人直接把抓去的宦官放了出来。紧接着，又回宫劫持了窦太后，把玉玺、印信全部抢到手，然后让王甫带兵去抓窦武。相比窦武，这群宦官做事雷厉风行。因为陈蕃手上没有兵权，在听说情况有变后，他只好带着手下的官员和学生共几十人，拿着刀往外跑，刚跑出来就碰到了宦官王甫带着兵赶来。这样，陈蕃就被抓进了监狱，宦官们对他又踢又打。

可怜陈蕃七十多岁了，当天就死在了狱中。窦武觉得情况不妙，赶紧冲入兵营，说："太监们造反了，立功者封侯领兵。"于是带了一队人马跟王甫对峙了起来，宦官们手上有玉玺，还有诏书，于是调集了京城的虎贲军、羽林军来增援。

宦官冲着窦武的兵马喊话："你们都是皇帝的禁军，怎么能跟着谋反呢？先投降者有赏。"窦武手下的兵一听，都开始倒戈了，窦武瞬间成了光杆司令，看看身边没人，自己还愣着干什么？于是，撒腿就跑。但能往哪里跑呢？

之后，窦武被杀，窦太后被迫幽居到了云台冷宫内，外戚士大夫集团彻底被摧毁。从此以后，十三岁的汉灵帝刘宏的身边只剩下太监和奶妈。太监们突然发现，没有太后，没有外戚，没有士大夫的朝廷，才是真正属于他们的朝廷。

太监把持朝政后，他们的亲戚朋友遍布天下，横行乡里，无人敢管。

卖官鬻爵

汉灵帝时，国库和内库经常没钱，至于为什么没钱，原因有很多，在此就不展开来说。但是，汉灵帝很有商业头脑，财商那不是一般的高。

刘宏十二岁的时候，被迎立为皇帝。当时，宦官一家独大，权倾朝野，还出现了操纵政权的十二个宦官，人称“十常侍”。俗话说，三百六十行，行行出状元。干宦官这一行，最重要的基本功不是练《葵花宝典》，而是拍马屁的功夫。作为祸乱天下的太监们更是把这项基本功练得炉火纯青，经常把小皇帝哄得晕头转向。可能在刘宏看来，这些宦官不是亲人胜似亲人，要不也不会称张让为父，称赵忠为母了。

刘宏和他的母亲董太后以前可能不太富裕，所以刘宏在登基以后对钱财特别着迷。不得不说，汉灵帝捞钱真有两把刷子，他通过卖官鬻爵来筹集资金。

在历史上，一直都有人在做卖官这门“生意”，比如在汉武帝时期，会将一些空出来的不太重要的职位拿来出售，但也尽可能卖给所谓的正人君子。但刘宏就不一样了，他卖官卖出了新高度，不但成为史上第一个亲自上场吆喝的皇帝，而且还成立了一个卖官的专业机构，对不同的官职明码标价，比如，两千石的郡守官职两千万，四百石的县级官职四百万，部长级别的五百万，三公级别的官职至少一个亿，一手交钱，一手交官，童叟无欺。

如果有人想买个官，但又一下子拿不出那么多钱，怎么办呢？不

用担心，只要你有诚意，还可以按揭分期付款。也就是说，跟现在买房子一样，可以先交一些首付，不够的钱等到任之后再慢慢还。既然是按揭，利息肯定是少不了的。卖官的这些钱最后全部进入了刘宏的个人腰包。这要是被刘秀知道了，他定会气得从棺材里爬出来。

除了卖官，刘宏还有其他的生财之道，比如投资房地产。有一次，刘宏要做一个地产项目——建造西园，而这个时候的国库已经没什么钱了，如果一定要上这个项目，必然会造成巨大的财政赤字，那这个项目上还是不上呢？当然要上。

刘宏以修西园的名义拉赞助，说白了，就是要求下面的人捐钱。当然，钱不是白捐的，捐小钱升小官，捐大钱升大官。对不想捐钱的官员，刘宏也有办法，很简单，找个宦官弹劾他，要么被罢免，要么被下狱，这样空出来的职位，又可以拿去卖。被抓进去的人如果想出来，又得交钱，土地卖得完，但官位卖不完。而且，三公之下，不管什么官，只保证能够上任，但什么时候上任，能干多久就得看皇帝的心情。像部长级的官员，运气好一点的，可多干两三年，如果皇帝不高兴，几个月就让你拍屁股走人。

曹操的老爹曹嵩就被坑过。曹嵩为了当上太尉，拼命地赞助刘宏的西园工程，结果官是当上了，一算账，前后竟花了一个亿，曹嵩真不是一般的有钱。这笔生意让刘宏赚得心花怒放。

不过，刘宏并不是只赚不赔，他也有亏本的时候。当时，有个名士叫崔烈，他通过刘宏的奶妈这层关系，花了五百万就当了三公之一的司徒。走马上任这一天，刘宏带着文武百官主持任命仪式。刘宏看着崔烈，突然对左右说：“我这次卖亏了，如果再坚持一下，肯定能卖一千万。”在场的人听后，无以应答。这时，刘宏的奶妈在旁边说了一句：“别以为你卖亏了，崔烈可是天下名士，人家才不屑于买官，要不是看我的面子，五百万人家都不干。”

在汉灵帝时期，皇帝竟如此大肆卖官，那宦官们又能好到哪里去？

黄巾军起义的第二年，南宫发生火灾，需要修复。宦官们表示，再苦不能苦皇上，修宫殿的钱得让老百姓和各地的官员们孝敬。他们向每亩地加收了十钱的税，并要求地方各郡提供木头和石料。当石料、木材被运到洛阳后，负责验收的宦官一看："哎，这些材料不合格。"那时没有火车，也没有汽车，把木头和石料运到洛阳就已经费了九牛二虎之力了，总不能再运回去吧。于是宦官们说："这样吧，你们也辛苦，我们按原价的十分之一收下了。"

也就是说，十根木头算一根的价钱，这不明摆着敲诈吗？但是，又没有什么办法，地方官只能打落门牙往肚子里咽。卖完之后，他们准备回去重新砍木头。出发之前，宦官们又来了，告诉他们："你们回去砍木头既费劲儿又费时，还耽误修宫殿的工期，这么着吧，我们有一批上好的材料，按照市场价卖给你们得了，这样你们也能省些往返的运输费用。"

地方官一听，觉得是这么个道理，于是问："木材在哪儿啊？"

"在我们仓库里面呢。"

"那咱们一起去看看东西吧。"

不看不知道，一看吓一跳，原来宦官们卖的竟是自己送来的木材。以十分之一的价格卖出，再以十分的价格买回来，经过一卖一买，木材竟然"合格"了，地方官们明知被坑，却也无处申冤。有时，他们将从宦官们手里用市场价买来的木材交上去，还会被告知不合格，这是为什么呢？不是宦官从中作梗，而是因为木头放置的时间太久，经过风吹雨打烂掉了。

有这样的皇帝和朝廷，天下岂有不乱之理？公元184年二月，天下大旱，农民颗粒无收，税赋却分文不减。张角以治病救人为掩护，创建太平道教。随后，他率领农民起义，意图推翻汉朝。由于起义军头上裹着黄巾，所以也叫黄巾军。面对这场声势浩大的起义，刘宏又是怎么应对的呢？

宦官“十常侍”

当汉灵帝刘宏得知黄巾军造反时，那是真的着急，他紧急召开御前会议，商议对策。会上皇甫嵩建议：“陛下，这个时候，您应该自掏腰包，贴补一下军需。”刘宏哪里舍得。在这个节骨眼儿上，他咨询了一个人，谁呢？宦官吕强。其取名“吕强”，有寓意大汉强盛的意思。吕强这个人做事比较靠谱，在当时的宦官里也算一个异类。他一心希望皇帝做个明君，所以时不时会在刘宏跟前吹明君风。

刘宏曾经想封他为都乡侯，他居然推掉了，并且说：“高祖刘邦当年说过，非功臣不得封侯，非刘姓不得封王，您这是要干什么？您要破坏祖宗的规矩吗？我建议您还是把曹节、王甫这些宦官的侯爵都撤了吧，他们都是当年赵高的乱政之气，对他们不可不防。另外，您后宫的嫔妃和宫女太多了，居然有好几千人，这些人可都是烧钱的主啊，现在国家财政紧张，税都收不上来。我的意思是，您可以放出去一部分人，让她们种桑养蚕得了，这样既省钱，又能给朝廷创收，一举两得，多好啊。”其实，吕强所说的这些道理汉灵帝都懂，但就是做不到，这正是《后汉书》所说“帝知其忠而不能用”吧。

这一次，刘宏主动来请教吕强，没想到吕强给他出了个难题。他说黄巾军造反，主要是因为党禁太久，所以刘宏必须释放士大夫；另外还有一个原因，就是宫里的宦官太多，应当斩杀十常侍，把他们的头挂在南郊，以谢天下。只要做到这几点，平息黄巾之乱就不在话下。

刘宏一听，心想：张让那可是我干爹呀，而且我在公开场合说过，谁要是杀张让和赵忠，就等于杀我爹娘啊。但汉灵帝静下心又仔细一想：都说黄巾军勾结封谞、徐奉等人造反，这些宦官吃我的、喝我的，却吃里扒外，还想弄死我，是该杀几个了。

首先，汉灵帝听从了皇甫嵩与吕强的建议，把士大夫释放了；然后，他把宦官张让和赵忠叫到跟前，问：“当初，你们说士大夫图谋不轨，让朕禁锢他们。现在，你们这些人却吃里扒外，勾结张角，还想一起弄死朕，你说你们该不该死啊？”

张让和赵忠被吓得赶紧磕头求饶：“陛下，这些事儿只有王甫才干得出来，跟我们没有半毛钱关系啊。”其实，这个时候王甫已经死了。刘宏看他们一个劲儿地磕头，长叹了一口气，说：“你们退下吧。”这样，诛杀宦官这事儿就不了了之了。

既然张让等人躲过一劫，那吕强就麻烦了，因为这些十常侍的宦官大部分都是无赖。在他们看来：吕强你这个时候不跟我们同流合污也就算了，还在背后搞我们，那我们只能生死相见。于是，他们不断在刘宏跟前吹冷风，说：“吕强经常和朝臣在一起批评朝廷，还经常翻看《霍光传》。”这时，肯定有读者好奇，难道看《霍光传》也是罪过吗？其实，了解汉朝历史的人都知道，霍光当年立刘贺做皇帝，但刘贺这人是烂泥扶不上墙。结果只当了二十七天皇帝，就被霍光给废了。

这些宦官还说：“吕强想学霍光，准备和朝臣一起把您给废了。”刘宏一听，这还得了，于是派军队去抓吕强，要亲自问个明白。吕强没想到皇帝变脸如翻书，一看皇帝派军队来了，知道自己活不了了，他悲愤交加，大喊“大丈夫精忠报国，怎么能被这些狱吏拷打，我死，天下大乱”，然后就自杀了。

吕强一死，赵忠又跑到刘宏跟前说：“陛下，我只不过想招他回来问个话，没想到他居然畏罪自杀了。”刘宏一听，什么？畏罪自杀！看来真有这么一回事儿。于是，刘宏让人抄了吕强的家，没收了吕强所有的家产，吕强的宗族也受到了牵连。

大破黄巾军

汉灵帝知道，无论如何，黄巾军还是要剿灭的。于是，刘宏开始选拔将才。这一次，他犹如神灵附体，选中了两个人，一个是皇甫嵩，一个是朱儁。同时，他把宫女养的马以及自己的私房钱全部拿了

出来。

皇甫嵩出身将门，少时起就习弓马、读诗书，时人皆称其忠贤廉明。朱儁是会稽郡上虞县（今浙江省绍兴市上虞区）人，他早年丧父，为人非常仗义，曾经用自己的钱救济别人。县令一看，觉得这人不错，于是把他推荐给了太守，从此，朱儁正式进入了官场。后来，他做了刺史，刚好碰到当地造反，他率领五千人大破贼军一万人。所以大臣们集体推荐朱儁。

刘宏给皇甫嵩和朱儁共四万人，两人各领一军，朱儁为前锋，皇甫嵩在后面跟着。但是，他们俩很快发现情况不妙：黄巾军怎么打到自己跟前了，这是怎么回事呢？

原来，黄巾军的将领波才是员猛将，他可不是想象中的“菠菜”，很会带兵打仗。朱儁第一次和波才交手，就吃了一个大败仗。皇甫嵩见朱儁失利，只好退守长社（也就是现在的河南长葛市一带）。

波才顺势包围了长社，双方陷入僵持阶段。此时，城内的汉军人心惶惶。皇甫嵩淡定地爬上城头，远远地望着黄巾军的大营，发现他们把营扎在荒草地上，顿时心中生出一条妙计。于是，他跟手下说：“不用怕。当年，世祖皇帝在昆阳之战中仅有一两万人，但照样打败了王莽四十二万大军。你们看，贼军扎营的地方全是枯草，咱们用火攻肯定能够取胜。”

真是天遂人愿。当天晚上，居然刮起了大风。皇甫嵩赶紧派出精锐部队，每人带一束芦苇，偷偷绕到黄巾军军营的背后，然后放火焚烧黄巾军军营。同时，长社城头上的士兵举起火把呼应。黄巾军一看，完了，被火包围了，赶快跑吧。皇甫嵩让人擂鼓助威，然后率军出击，黄巾军被杀得四散逃窜，无力再战。

就在这个时候，朝廷派来助战的一员猛将也率兵赶到了战场，他是谁呢？他就是乱世枭雄曹操。他们几个人合兵一处，大破黄巾军。

汉献帝刘协：汉朝灭亡的背锅侠

汉献帝真的是昏君吗？当然不是。汉献帝作为大汉的末代皇帝，虽然历经多次废立，没能掌握实权，但不能因此断定他是昏君。当然，汉朝的灭亡也不能完全归咎于他，让他来当这个背锅侠。

汉献帝刘协，是汉灵帝刘宏的小儿子，也是东汉王朝的最后一位皇帝。其实，在汉灵帝去世后，继位的并非刘协，而是他的哥哥汉少帝刘辩。刘辩是汉灵帝的嫡长子，理应继承皇位，当时刘协只是陈留王。

袁绍诛杀宦官的时候，宦官们劫持了刘辩和刘协。后来，董卓率军来迎接时，问他俩："发生了什么事？"刘辩吓得哭泣不止，说话语无伦次。而当时只有九岁的刘协却毫无惧意，对答如流。董卓见状，对他萌生了好感。再加上刘协又是由董太后抚养长大的，而董太后和董卓也算是本家，所以就想扶持刘协上位。后来，董卓还朝，发现汉少帝呆头呆脑，不是做皇帝的料，于是罢黜汉少帝，改立陈留王刘协为皇帝，史称汉献帝。

刘协虽然做了几十年傀儡，但他从来没有放弃过恢复汉室权力，而且做了不少努力。董卓把持朝政时，做了许多祸国殃民的事，比如火烧洛阳、掘帝王陵墓、大钱改小钱等。当时，引发了通货膨胀，一斛粮食居然要卖到几十万钱。董卓死后，李傕、郭汜祸乱长安，而且天灾不断，导致百姓大量死亡，荒野之上到处白骨累累。

老百姓只知道天下最大的是皇帝，并不知道当时是董卓把持着朝政，皇帝只是一个摆设，手里没有任何权力。如果换作其他人，在那

种情况下很可能觉得保住性命就不错了，但是汉献帝却用自己非常有限的权力，为百姓祈雨，并将京城粮仓中的粮食拿出来赈济灾民，尽管如此，还是有许多的人饿死。

他怀疑那些当官的贪污了粮食："这么多粮食放出去，怎么还有这么多人饿死啊？"他没有派人去调查，而是直接让人在大殿上量五升大米和豆子，现场用这些米和豆子煮粥，结果，得到两大盆比较稠的粥。这很明显，有官员在贪污。所以汉献帝非常生气，赏了这些官员六十大板，让其吸取教训。赈灾的事情就算解决了。这一年，他只有十三岁。

在被李傕、郭汜控制的时候，汉献帝没有放弃拉拢人才，培植杨奉、董承、宋国等心腹。有一年，李傕、郭汜劫持汉献帝东归，途中被杨奉、董承救了下来。随后，李傕、郭汜带兵一路追赶，杀了好多官员。当时，就有将士劝汉献帝："情况危急，您赶紧上马，我们护送陛下杀出重围。"汉献帝不忍心舍弃百官独自逃生，希望用自己的皇帝名号来保护那些官员。

后来到了许都，曹操挟天子以令诸侯，实权在握，开始暴露自己专横跋扈的一面了。这时，汉献帝身边全是曹操的人。有一次，汉献帝对曹操说："君若能相辅，则厚；不尔，幸垂恩相舍。"意思说：曹操啊，你要是愿意辅佐我呢，就好好待我；如果不愿意啊，你就舍弃我。说白了，就是此处不留爷，自有留爷处，我毕竟是堂堂的大汉皇帝。

据《后汉书》记载，当时曹操听后，大惊失色，叩头恳请汉献帝让他出去。汉献帝命令勇士用刀挟着他出去，曹操还以为汉献帝要杀他。当他从兵刃下走出来后，已经吓得"汗流浃背"。此后曹操好长时间都不敢上朝。"汗流浃背"的这个词就是这么来的。

汉献帝虽然是个傀儡皇帝，但他无时无刻不在想怎么恢复汉室，重掌大权。建安五年，汉献帝颁布了著名的"衣带诏"，让董承和刘备等人去干掉曹操。结果事情败露，董承被杀，就连怀孕的董贵人都被绞杀。

后来，伏皇后暗中写信给自己的父亲伏完，希望他能够秘密地干掉曹操，但是伏完这个人胆子比较小，一直到死都没敢动手。伏完死后，伏皇后写信的事居然被泄露了出去。曹操因此废黜伏皇后，并将她关押在冷宫，直到死去，同时杀掉了她的两个儿子。在那之后，曹操对汉献帝越来越不放心，处处提防。

建安八年，汉献帝宣布，重新设司直官来督察许都的百官，并且让自己的亲信来担任该职。曹操了解到这一情况，心想："我也是百官之一呀。"于是，他决定搬到邺城。自此，汉献帝对曹操是一点办法都没有。所以说汉献帝虽有心治国，但无力杀贼，尽管他一生都在努力地去摆脱傀儡的命运，却因为对手一个比一个强，只能说他生不逢时。如果他生在太平盛世，说不定也是一个有为之君。

第五回 汉朝巾帼

从勤劳善良到心狠手辣的吕后

提到吕雉，后人对她的印象大多是残忍专权、心狠手辣，很少有人知道，她曾经也是一个知书达礼、善良淳朴、勤俭持家的大家闺秀。那她究竟是怎样从一个贤妻良母，一步步变成人们眼中凶残狠毒的悍妇的呢？

吕雉嫁给三十六岁的刘邦时，年仅二十岁。当地的县令还曾向吕家求过亲，但是，喜欢给人相面的父亲却偏偏把他的宝贝闺女嫁给了整日游手好闲的中年大叔刘邦。父母之命难为，吕雉既没哭也没闹，就这么做了刘邦的老婆。嫁过去没多久，她才知道这个老男人不但好酒好色，而且在外面还有一个私生子，也就是后来的齐王刘肥。俗话说嫁鸡随鸡，嫁狗随狗，自己又有什么办法呢？谁让老爹看走了眼。

结婚之后，吕雉成了一个贤妻良母，她照顾公婆，养育子女，每天到田间劳作，勤勤恳恳，从一个富家小姐彻底沦为吃苦受累的村妇。

据《史记·高祖本纪》记载，吕后和两个孩子正在田间劳作，有一个老者向吕雉讨口水喝，吕雉很大方地把自己的水拿给老者。从这一点可以看出，这个时候的吕雉是个勤劳、善良的人。

后来，刘邦逃亡到了芒砀山，当地的官府把吕雉抓进了监狱。当时，秦朝的严刑峻法没有谁能受得了，想想那日子也不好过。在监狱中，吕雉受到了狱卒的百般虐待。幸好有个名叫任敖的狱卒是刘邦的好友，经过他的一番搭救，吕雉才被放了出来。

她没有因为刘邦的牵连，而有丝毫的怨言，每天依然勤勤恳恳，

一边操持家务，一边到处打听刘邦的下落，还想办法给他送粮送衣。后来刘邦做了汉中王，总算混得有点模样。但这时的刘邦一心忙于事业，心思根本不在老婆和孩子身上。

公元前205年，刘邦占领楚都彭城，顺便要接走家人。楚王项羽得知消息后，立马亲率三万大军回援，刘邦遭遇了自起兵以来最大的惨败。妻子吕雉和老父亲在逃亡的路上被项羽的部队给捉住了，这一关呢，就是两年零四个月。

在项羽和刘邦对峙的时候，项羽曾说要杀刘太公炖汤喝，刘邦非但没生气，还乐呵呵地说："你要煮了咱们父亲，别忘了分一杯羹给我。"当然了，这很可能是刘邦使用的一种策略。但是在吕雉看来，在那个以孝治天下的时代，一个连自己的父亲都可以轻易舍弃的人，着实让人心寒。在那段时间，她几乎每天都要面临着死亡的威胁，那种无助、绝望和愤怒是无法向任何人表达的。想象一下，一个得不到丈夫的疼爱和照顾，时刻和"死神"相伴的弱女子，她此时的心能不越来越麻木吗？作为人质，她对于重见天日早已不抱任何希望了。

但出乎意料的是，狡诈的刘邦用鸿沟协议做了一个局，诱使项羽释放了吕雉。就这样，吕雉总算回到了阔别七年的刘邦身边。然而，吕雉和刘邦爱的小火苗刚燃烧起来，又被一盆无情的水给扑灭了，这是怎么回事呢？

原来，不甘寂寞的刘邦早就有了小妾，她就是戚夫人。古来只有新人笑，有谁听得旧人哭。戚夫人年轻美貌，能歌善舞，才华卓绝；而曾经是大美女的吕雉，如今已经人老珠黄，和戚夫人一比，简直是一个天上，一个地下。而且刘邦总是毫无顾忌地和戚夫人寻欢作乐，同时，也毫不掩饰对自己原配夫人的冷落。

作为一个女人，嫁了这么一个二流子老公，她除了无奈地接受现实，又有什么办法呢？此时，她只有一个愿望，也可以说是精神寄托，就是希望儿子刘盈赶快长大。因为他是嫡长子，只要刘盈当了皇帝，现在吃再多的苦，受再多的委屈也是值得的。

可让她万万没想到的是，这个戚夫人不仅想夺走她的丈夫，还想夺走她的家业和希望。戚夫人每晚都会给刘邦吹枕边风，想让自己的儿子刘如意来做太子。刘邦也很喜欢刘如意这个孩子，加上戚夫人这么一吹，便有了立刘如意做太子的想法。有一次，他在朝会上正式提出要废立太子。要知道，这可是触碰了吕雉最后的底线。令刘邦没想到的是，张良、周昌这些大臣也坚决反对，特别是周昌，当场就火了，说：“臣口不能言，然臣期期知其不可。陛下虽欲废太子，臣期期不奉诏。”原来，周昌一着急容易口吃，平时说话很慢，这次他有点急，所以对刘邦说，我虽然没有能说会道的本领，但我知道这事儿不能这么办，如果陛下想废太子，那我周昌就不服从命令了。可见，他反对废立太子的态度非常坚决。刘邦见状，只好作罢。

在他们进行密谈之时，吕雉就躲在殿内的东厢房内，听到了周昌的这番话，非常感动。事后，在见到周昌时，她向周昌跪谢。要知道吕雉可是皇后，哪有皇后给大臣下跪的？可见，吕雉为了儿子，也是豁出去了。

在当时那个男权社会中，为帮助丈夫维系大汉帝国这份硕大无比的家业，也为了儿子的前途，吕雉可以牺牲自己的爱情，可以忍受刘邦对戚夫人的宠爱，可以忍受刘邦对自己和儿子的冷落，但她无法忍受刘如意替代自己的儿子成为太子，继承帝位。想想自己辛辛苦苦付出这么多，现在却有人跑来要摘她种出的桃子，这是她万万不能容忍的。

不能容忍又怎么样？靠山山倒，靠水水深，指望薄情的刘邦肯定是不行了，因为他随时会改变主意。吕雉知道，人为刀俎，我为鱼肉，如果不想任人宰割，就得赶紧想个办法，让刘邦完全打消废太子的念头。

单靠自己的力量显然是不够的，怎么办？她想到了一个人，就是上次在朝会上和周昌一起反对刘邦废太子的张良。她把自己的担忧告诉了张良，张良说：“你可以请商山四皓来辅佐太子。”这个商山四

皓，其实就是隐居在商山一带的四个很有学问的白发老头。刘邦曾经多次请他们出山，这些人都拒绝了。张良的意思是，这个时候如果请他们来辅佐太子，那就会让刘邦觉得太子确确实实有着过人之处。结果，吕雉竟然还真的把这四位大佬给请来了。刘邦一看，“我都请不动的人，竟然愿意跟随太子”，于是，就打消了废太子的想法。

面对丈夫的薄情，儿子的软弱，以及宫斗的残酷和血腥，这一路走来，吕雉经历了太多坎坷、挫折和无奈，这都逼着她不断远离那个温顺良善、乐善好施的贤妻良母的形象。

刘邦死后，儿子刘盈登上皇位。那一刻，多年积压在吕雉心头的仇恨、怒气、痛苦终于彻底爆发了。在掌握了朝政大权后，吕雉便开始报复戚夫人母子。她先是将戚夫人囚禁在永巷，然后召刘如意进京。周昌知道，刘如意入京一定会遭遇不测，因此不让他前往，并向吕雉解释说，他最近身体不太好，不便前往。见自己曾经的恩人为刘如意出面“说情”，吕雉也只好作罢。

但过了一段时间，吕雉来了一招调虎离山，她先把周昌调入京城，然后再召刘如意进京。刘盈不愿看到同父异母的兄弟遭母亲的毒手，于是亲自出城迎接刘如意，并且不让刘如意离开自己半步，两人同食同寝。但是，护得了一时，却护不了一世。

有一天，刘盈早上出去打猎，看到刘如意还在熟睡，不忍心叫醒他。吕后听说刘盈出去了，刘如意独自在宫中，于是让人逼着刘如意喝下了毒酒。刘如意死后，吕后又砍断了戚夫人的手脚，熏聋了她的耳朵，割去了她的舌头，剃光了她的头发，并给她喝下哑药，最后把她丢在猪圈里，让她慢慢死去。吕雉给戚夫人取名为“人彘”。彘，是古代人对猪的叫法。人彘，就是人猪。之所以这么叫，是因为戚夫人被砍掉手脚扔在猪圈之后，只能在粪坑里蠕动，又因为被灌了哑药，不能说话只会哼哼唧唧，好似身上沾满粪便的猪一样。此情此景，想想就觉得惨不忍睹。第一个留下心理阴影的，就是吕后的儿子汉惠帝刘盈。据《史记》记载：“居数日，乃召孝惠帝观人彘。孝惠见，问，乃知其戚夫人，乃大哭，因病，岁馀不能起。”之后，因为母亲的变态与残暴，汉惠帝终日郁郁寡欢，从此不再过问政事，年仅二十三岁就去世了。

吕雉虽然心狠手辣，但是不能否认她的确很有能力。在她执掌朝政的十几年里，实行了一系列与民休息的政策，比如减少农民的赋税，把多余的田地分给农民，鼓励农桑，废除了严厉的挟书令，鼓励民间献书等。可以说，吕雉对汉朝的稳定和发展做出了贡献，也为后来的文景之治奠定了坚实的基础。

如果说汉代学术发展的高峰是汉武帝时期，那开端就是吕雉掌权时期。司马迁在《史记·吕后本纪》中这样评价她：“政不出房户，天下晏然。刑罚罕用，罪人是希。民务稼穑，衣食滋殖。”可见，他给予吕后极大的肯定。

不过，她重用外戚，也开启了汉代外戚专权的先河。可以说，吕雉的转变，既有儿女情长的爱恨纠结，也有日益增长的权力欲望。古往今来，人们在评价吕雉时，大多会说她是一个凶残狠毒的毒妇，但客观地讲，吕雉更是有胆识、有魄力，为汉朝稳定做出贡献的一个女强人。

生死相随的虞美人

自古以来，好马配好鞍，美人配英雄。在中国历史上，有太多美女搭配英雄的组合，像什么西施和范蠡、阴丽华和刘秀、小乔和周瑜。关于英雄美人的故事数不胜数，但要说哪个组合最能诠释“美人配英雄”，当属项羽和虞姬了。

说到项羽，世人几乎无人不知。羽之神勇，千古无二，但是他一生的羁绊，竟是一个柔情而又忠贞的美人虞姬。不知虞姬是不是项羽的初恋情人，但她绝对是项羽一生的最爱。尤其是人们口口相传的“霸王别姬”的故事，更是定义了什么叫自古美女配英雄。

陪伴霸王的虞姬，相传她的容貌倾国倾城，而且才艺过人，更是擅长舞剑，但是让她光耀千古的，却是西楚霸王和她之间那一段荡气回肠的诀别悲歌。

历史上关于虞姬的记载并不多。据说，虞姬出生的时候，五凤鸣于宅，异香闻于庭。要知道，那可是皇后降生时才有的征兆。据说是因为项梁的关系，虞姬的父亲就把虞姬嫁给了项羽。虞姬与项羽自此相识相爱，项羽把自己所有的柔情都给了虞姬一个人。在项羽一生的戎马生涯中，虞姬至死都追随着他。于是，一个千古佳话，一段凄美的爱情，就这样诞生了。

虞姬一直陪伴在项羽的左右，不离不弃。作为项羽的妻子，虞姬无疑是幸福的，虽然跟随项羽南征北战，出生入死，但至少她可以天天和自己的爱人一起同甘苦共患难。

楚汉之争的第四年，项羽被围在垓下，楚歌四起，一时之间，楚军斗志全无。项羽夜不能寐：自己死就死了吧，无论如何也放不下始终陪伴自己的虞姬。于是，在和刘邦进行生死决战前，他写了一首绝唱词《垓下歌》："力拔山兮气盖世，时不利兮骓不逝。骓不逝兮可奈何，虞兮虞兮奈若何！"

这首诗不但写出了英雄末路的悲壮和痛苦，也以沉重的笔调，悲凉的语言，表达了项羽的痛苦与对虞姬的不舍。没想到，这个神勇盖世的楚霸王竟然也是个柔情汉子！

为了不让项羽为难，虞姬对项羽说："贱妾生随大王，死亦随大王，希望大王不要以我为念，冲出重围，前途保重。"然后转身从项羽的腰间拔出佩剑，向自己项上一抹，就这样香消玉殒。英雄末路，美人死别，让人怆然涕下。

项羽抚尸放声悲哭，命人就地掘坑掩埋了虞姬。然后，他擦干眼泪，跨上战马，杀向了那条不归之路。

虞姬的故事之所以能够流传千古，不在于她的姿色与舞艺，而在于她对霸王那种不离不弃的忠贞。项羽死后，刘邦厚葬了项羽，同时也不忍心让虞姬曝尸荒野，于是把她安葬在灵璧县。据说虞姬血染过的地方，居然长出了一种罕见的漂亮花草，犹如虞姬在翩翩起舞，为了纪念这位美丽多情又柔骨侠肠的虞姬，人们就把这种花草称为虞美人。

生死相依的英雄和美人，一个饮恨乌江，一个落寞在荒冢。他们没有海枯石烂的爱情宣言，有的只是生死相随的决然。两千多年已经过去了，无数的王朝兴衰、江山更迭，仿佛一切都早已改变，然而，他们的爱情故事却如同璀璨的明珠，历久弥新，传颂至今。

姗姗来迟李夫人

汉武帝风流倜傥，但是薄情寡恩，他宠爱过的女人大多却没有好下场。曾经被汉武帝许诺过要金屋藏娇的陈阿娇被打入冷宫，郁郁而终，一生受宠的卫子夫最终被逼自杀，钩弋夫人因“子少母壮”而被处死。

然而有一个女人，她活着的时候受尽恩宠，死后还让汉武帝魂牵梦萦，她就是风华绝代、倾国倾城的李夫人。为什么这个女人是汉武帝的最爱，死后还让汉武帝魂牵梦萦呢？因为这个女人不仅有美貌与智慧，而且还懂得如何抓住汉武帝的心。

李夫人有个哥哥叫李延年，是一位宫廷乐师。在一次宴会上，李延年唱了一首歌，歌中提到“北方有佳人，绝世而独立，一顾倾人城，再顾倾人国。宁不知倾城与倾国？佳人难再得”。“倾国倾城”这个成语就源自这里。

汉武帝听后，长叹一声，道：“如此美色，世上无处可寻啊。”

平阳公主看出了他的心思，上前轻声说：“我的宝贝弟弟，你莫不是听得动了心？”汉武帝说：“是啊，倾城倾国倾人心呐。”

平阳公主眉毛一挑，然后凑到汉武帝耳边说：“这个倾国倾城的美女，就是李延年的妹妹。”

结果，汉武帝见到李夫人后，不但惊叹她倾城倾国的美貌，更是为她的能歌善舞所倾倒，在他看来，这哪里是凡尘女人，分明就是仙女下凡啊。从此，他独宠李夫人，李夫人也因此成为宫中的大红人。没过多久，李夫人就生下了汉武帝的第五子刘髆，汉武帝封他为昌邑王。刘髆的儿子就是海昏侯刘贺。

据说，有一天汉武帝前往李夫人的宫中，突然感觉头皮发痒。于是，他顺手拿起李夫人的一支玉簪来挠头。很快，这件事在后宫被传得沸沸扬扬。于是，后宫的美人和宫女都模仿李夫人在头上插一支玉簪，以至于长安的玉价都翻了好几倍。

虽然倍受汉武帝的宠爱，但是李夫人从不恃宠而骄，做人非常低调、沉稳，恪守本分，不仅对皇后礼敬有加，和嫔妃们也相处得非常融洽。他的哥哥李延年被加封，另外一个哥哥李广利还被封为贰师将军。

然而，月有阴晴圆缺，人有悲欢离合。李夫人入宫没几年，不幸染了病，病重的时候都下不了床。有一次，汉武帝亲自来看望她，李夫人见汉武帝来了，急忙用被子蒙住脸，说："我卧病在床，容貌已毁，不能再见陛下，今天陛下来此，我想把我的儿子和兄弟托付给您。"

汉武帝说什么也要见上一面，可李夫人就是不答应。家里人问她："为什么不见皇上呀？"她说："以色事人者，色衰则爱驰，爱驰则恩绝。"意思是，皇上之所以对我心心念念，不就是因贪恋我的美色吗？如今我已经病入膏肓，容貌衰败，如果让他看我这个样子，不嫌弃我才怪呢。那样的话，我如果死了，他还会因为我而善待我的家人吗？

这就是为何李夫人至死都没再见过汉武帝的原因。临终之前，她还叮嘱要盖住自己的脸，然后再安葬。事实证明，李夫人的这种安排是正确的。

汉武帝离开后，李夫人病情加重，不久便去世了。汉武帝十分悲痛，命令以皇后的礼仪将她安葬，而且她的墓葬也是汉武帝陵寝"茂陵"中唯一的一位女性墓葬。在李夫人的葬礼上，汉武帝看着她的棺木，惋惜之情油然而生。他还作了一篇《悼李夫人赋》，表达了对李夫人的深深怀念和哀思。在赋中，汉武帝描述了李夫人的美貌和才

艺，以及她在宫中的影响力。他感叹道："天之大地，人之立于其中，而人生天地之间，若白驹之过隙，忽然而已。立一世之功，不遂其志，负我平生之望也。"

汉武帝在悲痛之余，也没有忘记李夫人保护家人的遗愿。于是他下令加封李夫人的哥哥李延年为协律都尉，并提拔了她的另一个哥哥李广利。汉武帝还特别关照了李夫人的儿子刘髆，封他为昌邑王，刘髆死后，由他的儿子刘贺继承了父亲的王位。为了纪念李夫人，汉武帝还下令在她的墓地上建造了一座宫殿，命名为"思梦馆"，以表达对她的思念之情。

李夫人去世后，空荡荡的宫殿里，汉武帝再也听不到她婉转的歌声，也看不到她窈窕的身影。为了排解自己的思念之情，汉武帝让画师画了一张李夫人的画像，并挂在寝宫。

随着思念的日益加深，汉武帝找来了一位法师，希望能为李夫人招魂。他甚至愿意和李夫人的魂魄见上一面，即便是短暂的相见。那天晚上，在摇曳的烛光之中，一个曼妙的身影翩然而至，身姿动作简直与李夫人一模一样。激动的汉武帝正要上前，那身影却又飘然而去。于是，汉武帝凄然地写下："是邪，非邪？立而望之，偏何姗姗来迟？"意思是说，夫人是你吗？难道不是你吗？我在这里痴痴地等待，为何你还姗姗来迟啊？"姗姗来迟"这个成语就源自这里。

李夫人既聪明又幸运，她把自己最美的一面留给了汉武帝，以至于她死后多年，汉武帝对她仍然念念不忘。毫不夸张地说，凭着"倾国倾城"和"姗姗来迟"这些让人无限遐想的词语，李夫人称得上一代奇女子。

活着享尽万千宠爱，死后拥有无限哀荣。汉武帝对李夫人念念不忘，最后与之合葬。历代的文人墨客，也写下了许多诗歌来追怀和哀思李夫人。这些诗歌中，蕴含着对李夫人的赞美和敬仰，也表达了对她不幸遭遇的同情和哀思。

昭君出塞

“昭君出塞”的故事你一定听说过吧？这里的“昭君”，就是历史上有名的王昭君，她的命运非常的坎坷。

王昭君出身于普通的农家，上面有两个哥哥。因为她长得非常漂亮，还弹得一手好琴，才貌双绝，所以父母视她为掌上明珠。在那个年代，家里有个这么漂亮的女儿，至少也能嫁个官二代。当时，汉元帝刘奭刚好要补充后宫，于是王昭君就以良家子的身份进入了皇宫。

可是进了皇宫后，她居然五年没有见着皇帝，那是不是皇帝的老婆太多，实在是顾不过来呢？还真不是。虽然说后宫佳丽数千，但是汉元帝对这些美女好像不那么上心，他的心早被一个女人给占据了，她就是汉元帝做太子时就喜欢的妃嫔司马良娣。他俩感情非常好。

在刘奭登基前两年，司马良娣病死了，她临死的时候，对当时还是太子的刘奭说了这样的一番话：“我得这个病，没别的原因，就是因为宫里其他的女人嫉妒我独得恩宠，所以一起想把我给诅咒死。”司马良娣死后，刘奭伤心欲绝，茶不思饭不想，并且大病了一场。

从那之后，太子刘奭对后宫女人的兴趣大减，硬生生让自己变成了一个单身狗。自己单身倒也罢了，关键是还没有孩子，如今又不接近女人，那汉朝的江山怎么传下去呢？所以，刘家人开始做他的思想工作：“你不入后宫怎么行，皇家也得要有后啊……”

本着对汉朝江山负责的态度，汉宣帝让皇后给刘奭挑五个如花似玉的宫女，解决刘奭没有子嗣的问题，但这个时候的刘奭对女人提不起半点兴趣。见老爹老妈这么热心，总不能驳了他们的面子啊，于是，他就随手一指："就她了。"皇后顺着他手指的方向看去，欸，这个还真不错！既然是太子看上的，那么，丫头你可走大运了，从现在起，你就是太子妃啦。这个宫女就这么稀里糊涂地做了太子妃，心里就像中了大奖一样，甭提多激动了。

殊不知，刘奭这一指，竟把大汉的江山给指没了，这又是怎么回事儿呢？

在这五个宫女当中，有一个女人穿着红色衣服，与其他四位明显不同。另外，她站的位置离刘奭最近，所以大家都觉得太子指的是她。这个女人就是王政君。做了太子妃之后，她生下了后来的汉成帝刘骜。

前面我们说到，王昭君进了宫之后，整日见不着皇帝。有一次，呼韩邪单于来长安，要求和汉朝和亲，说："我想做汉朝的女婿，陛下您就赐我个年轻漂亮的公主吧。"汉元帝一想：你小子挺乖的，好吧，赐你一个吧。该选谁呢？自己的女儿肯定不行，舍不得啊。于是，汉元帝吩咐人到后宫去传话："哪个美女愿意嫁给匈奴，皇上就把她当公主看待。"一听说要嫁给匈奴，没有人愿意去。就在这个时候，王昭君举起了手说："给我报个名吧，我自愿去。"

汉元帝一看有人同意，自然高兴，他吩咐办事的大臣选择一个好日子，让呼韩邪单于和王昭君在长安成亲。于是，这个弱小的女子，承担起了一份重大的历史使命。

出嫁的那天，王昭君身穿嫁衣闪亮登场，汉元帝抬头一看："哎哟，朕怎么不知道宫里竟有如此漂亮的女人？宛若天仙下凡啊！不能给，不能给……"他有点舍不得了，想把王昭君留下，但为时已晚，那边的呼韩邪单于早就等不及了。《后汉书》是这么记载的："帝见大惊，意欲留之。"

如果强行留下王昭君的话，肯定会失信于匈奴，影响大汉的外交形象。留也不是，不留也不是，见皇帝后悔得捶胸顿足，大臣们纷纷前来相劝，汉元帝这才忍痛割爱。王昭君跟着和亲的队伍一路往北，她看到沿途黄沙漫漫，马嘶雁鸣，心绪久久难以平静。于是她拿起琴弹起了一曲《琵琶怨》，凄婉悲怆的琴声，国色天香的容貌，让天上的大雁都忘记了扇动翅膀，纷纷跌落在平沙之上。后来，便有了“平沙落雁”一说，“落雁”也成了王昭君的雅称。

看到汉朝公主的美貌居然能让大雁落下来，匈奴人大惊失色：“哎呀，做梦都想不到，还有这么漂亮的女人。”单于看到王昭君后，心里那个美呀，睡着了都会从梦中笑醒。呼韩邪单于对王昭君非常疼爱，当然了，老牛吃嫩草，能不疼爱吗？所以回到匈奴以后，他就把王昭君封为“宁胡阏氏”，意思是说，匈奴得到了王昭君，国家就安宁了，而阏氏指的就是王后的意思。一年以后，王昭君给呼韩邪单于生了个大胖儿子，名字叫伊屠智伢师。

三年后，呼韩邪单于去世。按照匈奴人的习俗，父亲死了，子承父业，儿子应该把后妈一块儿给娶了。但是，汉朝是礼仪之邦，王昭君可接受不了这种习俗，于是给汉元帝写了一封信，意思是说，我老公死了，我只能在这儿守寡，也没什么用，家里还有老父亲和兄弟，您看能不能让我回去照顾他们？再说了，我也不能嫁给丈夫的儿子啊，您还是让我回去吧。

但是，她并不知道，对她一见钟情的汉元帝此时已不在人世，他的儿子汉成帝刘骜继承皇位。汉成帝收到王昭君的来信后，狠心拒绝了她的请求，让她“从胡俗”。回乡无门，深感失望的王昭君只能依俗嫁给了丈夫的大儿子复株累单于。

复株累单于对王昭君非常好，结婚后，王昭君给他生了两个女儿。但是，命运再一次地捉弄了她。在继承王位十一年后，复株累单于也死了。按道理说，这个时候王昭君的儿子是可以继承单于之位的，但是呼韩邪单于的另一个儿子，为了单于之位，害死了王昭君的

儿子。按照匈奴的习俗，王昭君要转嫁给丈夫的弟弟，而且还是杀子的仇人，她怎么能够接受呢？但是，她没有任何选择的余地。公元前19年，也就是王昭君嫁给第三任丈夫一年之后，王昭君郁郁而终，年仅三十四岁。可怜青冢已芜没，尚有哀弦留至今。

班婕妤和赵飞燕

在西汉时期，有这么一位女子，她既是当时的白富美，又是一位知名女作家，甚至被后来人称为历史上最完美的女子，她就是班婕妤。

由起初深得皇帝万千宠幸，到逐渐被冷落，班婕妤最终沦为皇宫中一位凄凉的女子。皇帝为什么会移情别恋，说变就变呢？这都与一个女孩儿有莫大的关系，她就是赵飞燕。白富美竟然斗不过穷家女！她们之间究竟发生了哪些鲜为人知的争斗呢？

班婕妤的家世背景非常显赫，她是楚国令尹子文的后人。她的父亲叫班况，在汉武帝时期抗击匈奴立下了汗马功劳。班婕妤从小就很聪明，不仅长得漂亮，而且多才多艺。

汉成帝刘骜继位后，班婕妤被选入皇宫。刚进宫时，她只是一位普通的宫女。不久，汉成帝就发现这位宫女才貌双全，就越来越宠幸她。后来，她为皇帝生下了一个皇子，汉成帝那个开心呀，但是没想到，没过几个月孩子就夭折了，班婕妤因此伤心了很长时间。

之后，她再也没有生育。但是，汉成帝对她依然宠爱有加，并专门为她造了一辆大马车，希望每次出门都能和她同车。可见汉成帝有多么喜欢她，这种恩宠是别人想求都求不来的。但是，班婕妤却拒绝了皇帝的好意，这是为什么呢？

她告诉汉成帝说：“我读过不少的古书，书上都说圣贤之君出游时，身边可都是名臣，只有夏商周三代末世之君，他们出门的时候才会让宠幸的妃子陪着，结果他们落到了灭国的地步。我如果坐在您的

旁边，您不就跟他们一样了吗？”言下之意，你得做一个明君，可别做昏君啊。

后来，她的这番话传到了太后王政君的耳朵里，王政君给了她很高的评价，称：“古有樊姬，今有班婕妤。”樊姬是春秋时期楚庄王的宠妾，非常贤惠，她辅佐楚庄王成为春秋五霸之一。王政君将班婕妤和樊姬相提并论，由此可见，婆媳之间的关系非常融洽。同时，也说明班婕妤很贤惠。

但是，人无千日好，花无百日红。就在这个时候，汉成帝的后宫又来了一位美女，她也是历史上有名的美女之一，名叫赵飞燕。

虽然班婕妤有满腹的才华，但终究还是比不过赵飞燕媚眼一抛，古今都是如此。

所以单从容貌这一点来说，当时的班婕妤肯定是比不过赵飞燕的。后人将杨贵妃的丰腴之美和赵飞燕的瘦弱之美并称为“燕瘦环肥”，可见一斑。

赵飞燕有一个双胞胎妹妹，叫赵合德，长得也是美艳绝伦。如果说赵飞燕是苗条，那么赵合德就是丰满，两人就像是另一个版本的“环肥燕瘦”。

据史料记载，赵飞燕原名赵宜主，她和妹妹是私生女。为了避人口舌，她和妹妹刚出生，就被母亲丢到了野外，竟然三天不死，后来母亲又把她们抱回家中抚养。之后家道中落，她和妹妹被赶出家门。好在赵宜主有跳舞的天赋，有幸被选入阳阿公主府。

阳阿公主府是一个什么地方呢？说白了，就是专门培养舞女供皇帝开心的地方，也可以说是专门给皇帝选妃的场所。因为赵宜主舞姿轻盈如燕飞凤舞，故而得名“飞燕”。

有一次，汉成帝刘骜跑到阳阿公主府解闷，阳阿公主让众舞女分别为皇帝献舞。等到赵飞燕出场时，汉成帝顷刻被勾得两眼发直，腿软得都走不动道了，整个人丢了魂似的，当晚就想临幸赵飞燕。但是，出乎意料的是，飞燕拒绝了。一连被拒绝了三次，汉成帝有点不高兴了，问她到底想怎么样。

赵飞燕的目的很明确，陪皇上睡觉可以，但是你得答应让我入宫。汉成帝心想，这还不是我一句话的事儿。于是，赵飞燕就这么入宫了。自此以后，万千宠爱集于一身，为了她，汉成帝甚至连早朝都不上了。

自己享福了，赵飞燕并没有忘记妹妹。于是她对刘骜说："陛下，我还有个妹妹流落在民间，她叫赵合德，长得可一点儿不比我差，有过之而无不及，您看要不要给您送来呀？"刘骜一听，乐得直点头："要，要……"

后宫美女太多，要想长时间得到皇帝的专宠，绝非易事，不耍点儿手腕、用点儿心机肯定是不行的。赵飞燕当然明白这个道理。为了迷住皇帝，她使用了一种从西域传过来的叫息肌丸的药丸，这药丸不仅有催发情欲的功效，还有养颜美容的作用。两姐妹经常将它贴在肚脐上，这样可以让她们面色娇嫩、肤如凝脂，而且这种药丸还能散发出一种奇特的香味，让人沉迷其中，无法自拔。但是，使用息肌丸的女人无法生育，所以赵家姐妹没有孩子。

当时，汉成帝对她们的宠爱已经逾越了理智，所以皇后经常去规劝皇帝。皇后没有生孩子，所以并不受皇帝的待见，而班婕妤曾经得到过皇帝的宠爱。

虽然赵飞燕姐妹倍受皇帝宠爱，并拥有了一定的权力，但她们仍不满足，她们还想扳倒皇后和班婕妤。于是，她们开始诬陷班婕妤和许皇后行巫蛊之事。许皇后嘴比较笨，不太会说话，结果很快被废了。

一次，汉成帝责问班婕妤："你为什么行巫蛊之事，无故诅咒别人，难道你不知道这是死罪吗？"

当时，班婕妤淡然地说："生死有命，富贵在天，我一向注重品德修养，尚且没有得到上天的保佑，又怎么会去搞那些巫术呢？如果真有鬼神的话，它们一定能够听到我说的话；如果神鬼无知，我说了

又有什么用？只能听天由命了。”汉成帝听后，愣在了原地，无言以对，没有再追究下去。

也正是通过这件事，班婕妤看到了汉成帝的薄情，她万念俱灰，要求离开后宫去侍奉太后，汉成帝答应了。

赵飞燕做了皇后之后，汉成帝对赵家的姐妹更是宠爱有加，最后死在赵飞燕妹妹赵合德的肚皮之上。他这一死，让太后坐不住了，她瞪着眼珠子问赵合德：“这是怎么回事儿啊？”赵合德哪里解释得清楚，吓得赶紧自杀了。而此时的班婕妤，还念着与汉成帝曾经的恩爱，便请求为汉成帝守墓以终了余生。公元2年，一代才女班婕妤病逝，终年五十岁。

在有限的生命中，班婕妤以她的文学才华和美丽成就了传世佳话。后世的文人墨客通过一些诗词歌赋及绘画等赞美班婕妤，顾恺之所画的《女史箴图》中，就有班婕妤和汉成帝同辇的情景。

第六回
汉朝的文臣武将

国士无双：韩信

与韩信有关的成语有很多，比如“一饭千金”“胯下之辱”“妇人之仁”等。对于他卓越的军事才能，也有一句成语，就是当年萧何对他的评价——国士无双。

不务正业

韩信年轻的时候，因为家里穷，并不受乡里人待见。但是，他既不愿意做买卖，又不愿意种田，整天游手好闲，不务正业。这一点颇像当年的汉高帝刘邦。但是，刘邦很会来事儿，嘴巴像抹了蜜一样甜，特别会哄人，所以走到哪里都吃得开，身边经常有一帮小弟围着转。

韩信就不一样了，沉默寡言，不善交际。但就是这么一个人，却特别爱吹牛。他母亲去世的时候，他信誓旦旦地说：“我要给母亲找一个又高又宽敞的坟地，以后我会在周围放一万户人家。”所以，他给人们的感觉就是，除了牛皮吹得震天响，真是干啥啥不行。

有一天，韩信正在街上晃荡，突然被几个无赖拦住，他们嘲笑韩信说：“喂，你们快看，这人长得人高马大，整天背着一把宝剑各种耍帅，好像很有能耐的样子。”

众人听了哈哈大笑，见韩信面不改色。那人又挑衅说：“你真有胆量的话，拔出剑捅我一下试试。如果不敢，你就从我的胯下爬过去。”

韩信气得肺都快要炸了，但对方人多势众，他惹不起，于是一咬

牙，俯下身就从那人的胯下爬了出去。这就是成语“胯下之辱”的由来。

受人欺负还不敢作声，除了忍就是忍。后来，有一个亭长看他可怜，打算接济他一下，试探性地问他：“你如果实在困难，就到我家来吃饭吧。”韩信听后，非常感动，就到亭长家吃了一顿饭。

亭长本来想请他吃一顿，没想到，第二天、第三天……一到饭点儿，韩信准时来蹭饭。亭长的老婆不干了，心想：“挺大个人了，做点啥不好，整天抱着本书来我家蹭饭，不行，得把他赶走。”所以，韩信再来的时候，她就板着脸说：“饭没有了，我们已经吃完了。”韩信听后，一句话不说，点点头就走了。

第二天，在吃饭时间他又来了，亭长老婆看都不看他一眼，冷冷地说：“哼，不好意思，我们已经吃完了。”

这个时候，韩信才醒悟过来，原来是人家不待见自己。可是，这肚子饿得叽里咕噜乱叫，怎么办呢？他想到了一个填饱肚子的办法：钓鱼。

他在河边钓了半天，眼看中午了，一条鱼也没有钓上来，又累又饿。这时，他看到一位大娘在洗丝绵，便赶紧凑上前去帮忙。大娘没说什么，从衣袋里摸出一张饼，分给韩信一半。过了一段时间，大娘的活干完了，韩信拉着大娘的手说：“等我以后发达了，肯定要好好地报答您。”

大娘说：“你挺大一个小伙子，自己都养活不了自己，肚子饿得咕咕叫，老远我就听见了，我是看你可怜，怎么能指望你来报答我呢？”

投奔刘邦

在陈胜、吴广起义的时候，韩信投奔了项梁。项梁战死后，他跟随了项羽，并做了一名看守宫门的官员。平时，韩信多次向项羽谏言，建议他如何用兵，项羽哪里听得进去，总是不耐烦地说：“我打仗还要你来教吗？‘破釜沉舟’没听说过吧，那是你打的？”言外之意，哪里凉快你就到哪里待着去吧。韩信一想，在项羽手下确实没有用武之地。于是，他跳槽到刘邦那里，做了一个管仓库的小官。

最早发现韩信并非莽夫，而且会用兵的并不是萧何，而是夏侯婴。韩信跳槽到刘邦阵营里没多久，就觉得做库管没啥出息，这只是一个闲差。韩信空有一身本事，却无处施展，和废柴没什么区别。于是，韩信整天吊儿郎当，一副爱干不干的样子。有一次不小心触犯了军法，被抓了起来。按当时的法律，是要被斩首的。一同被抓起来的还有十几个人，有偷鸡摸狗的，有妖言惑众的。行刑的时候有的在哭，有的在叫，有的在骂……

看着那些被抓的人一个个被杀，韩信不甘心就这么稀里糊涂地死了。当轮到他时，他悲愤地仰天长啸：“天乎！汝为何要亡我韩信？”

这时，夏侯婴刚好骑马路过。闻声后，他停下来观望，心想：“这小子人高马大，看上去像条汉子。”于是，他大喊一声：“住手，刀下留人。”喝住刀斧手后，夏侯婴上前问道：“汝犯法当斩，却来问天，何故？”

韩信也认出了夏侯婴，知道他是刘邦的贴身司机与铁杆心腹，于是一通忽悠：“海不辞水，故能成其大；山不辞土，故能成其高；明主不厌人，故能成其众……”意思是，我大老远跑来投奔刘邦，没想到竟会落得如此下场。夏侯婴一听，觉得这小子是个人才，于是赶紧把他举荐给了刘邦。刘邦一听是无名之辈韩信，也没有太当回事儿，只是给韩信升了一级官，仍然让他做库管。

后来，韩信有幸遇到了宰相萧何。萧何和韩信聊了几句，就发现这个家伙有两把刷子，便拍了拍他的肩膀说：“我来向大王举荐你。”刘邦这个时候正在为逃兵的事儿发愁，没心思听萧何的建议。

过了好多天，还是没有动静，韩信心里打起了鼓：“萧何不会是忽悠我吧，如果连他举荐都不行，那我肯定是入不了老大的法眼，与

其如此，还不如跳槽算了，再找个下家。”于是，他就跟在一些逃兵的后面，准备逃离汉中。

萧何听说韩信跑了，连招呼都没来得及和刘邦打，骑马就去追。刘邦以为萧何也跑了，急得直跺脚：“别人能跑，宰相怎么能跑呢？”过了两天，萧何又回来了。刘邦强压着心头的怒气，质问他：“萧何啊，你为什么要跑啊？”

萧何说：“大哥，我为什么要跑呢？我没跑啊，我是去给你追逃跑的人了。”

“那你去追谁呀？”

“我去追韩信啊。”

刘邦将信将疑，斜着眼问他：“你小子就骗我吧，那么多立功的将士你不去追，偏偏去追韩信？”

萧何连忙说：“大哥，你如果只想做汉中之主，当然不需要韩信，但是，你想不想一统天下呢？”

“这还用说，我当然想一统天下了。”

“想一统天下，就必须要韩信这个人，国士无双，天下再找不出第二个来。”

见萧何对韩信这么肯定，刘邦长吸了一口气，问道：“他真的这么厉害吗？”

“那当然了，你要得天下，就必须得靠他。”

“既然他这么厉害，那追回来了吗？”

“追是追回来了，可是他接下来还会跑，那怎么办呢？你得重用他，让他做大将军才可以。”

“好吧，你让他过来，我就让他做大将军。”

“不行，你要真心诚意，必须得登坛拜将，要有仪式。”

听了萧何的这番话，刘邦决定拜韩信为大将军。人们得知被任命的竟然是韩信，都感到万分惊讶。

汉中对

任命韩信的仪式结束后，刘邦带着众将当面召来韩信相商。刘邦问韩信："你有没有什么治国良策？可以给我讲一讲。"

韩信说："汉王啊，我想问您个事儿，您觉得自己现在处于一种什么状态？"

刘邦说："你这不是明知故问，我这个状态你还不知道？现在好多士兵都在逃跑，你不也逃跑过吗？"

韩信说："我是逃过，您不是把我给追回来了吗？那您跟项羽比，您觉得谁能够做天下之主啊？"

刘邦心想：我当然想做天下之主了。

韩信看出了刘邦的心思，于是说："那您得好好考虑一下，您从哪些方面比项羽更强呢？你能不能打得过他呢？"

刘邦仔细想了很长时间，然后坦然地说："我真的在很多地方不如他，地盘没他大，兵没他精，将没他勇，真不是他的对手。"

刘邦话还没说完，韩信嗖地一下站起身来，向刘邦拜了两拜，非常赞同他的说法："大王，你说了实话，没有骗人，但这并不意味项羽就是牢不可破，坚不可摧。我曾经跟了他三年，我知道他是什么样的人。当初，我跳槽来您这里，是因为他没有重用我，而我想离开您，并不是因为您能力不行，而是因为您没有看到我。现在您重用我了，那我就好好为您分析一下吧。您说项王这人厉害吗？当然厉害，他一声怒吼，能把下面千百人吓得两腿哆嗦。但是，这个人只有匹夫之勇，他不相信别人，也不给别人权力。现在打天下，靠的是团队，一个人单枪匹马，能成什么气候？"

刘邦插嘴说："你说的是真的吗？毕竟项羽现在混得风生水起，事业蒸蒸日上，这怎么解释啊？"

韩信笑了笑，说："大王，您这个问题问得好啊。您看项羽现在很厉害，风风光光，似乎要独霸天下。不仅如此，项羽对待下面的士

兵也非常亲和，如果有士兵生了病、受了伤，或是家里有什么事情，他不仅会拿出自己的钱财来接济，还可以把自己的衣服送给别人。但是，您听说过他重赏过将士吗？没有吧。一旦手下的将士立了战功，需要加官晋爵时，他就会把刻好的印信放在口袋里，即使棱角都磨没了，也舍不得给别人，这就是所谓的妇人之仁啊。可见此人心眼儿小，没格局，所以不要看现在天下的诸侯都已经臣服了他，您知道别人私下是怎么议论他的吗？都说他不讲义气。您知道项羽是怎么起家的吗？他是靠楚怀王的命令，没有楚怀王的名头，他算哪根葱呀，啥也不是。您别听他说'楚王是我们项家立的'，那是相互利用。如果真的如他所说，那他当初自己为什么不当王呢？为什么非要把这么大的权力让给别人呢？不就是为了相互利用。如果他过早地把'楚怀王'这个名头扔了，而下面的人都愿意死心塌地跟着他，并且他也能够一碗水端平，那他就会所向披靡。可项羽任人唯亲，真正立下战功的那些人并没有得到太多的赏赐，这些人可不在少数，他们心里憋屈着呢。再看这次封王，他把原来的王全部忽略，而把土地分给了那些王派来的将军们，这叫什么？叫过河拆桥。正所谓'上梁不正下梁歪'，他手下的这帮人也多是不讲义气的人，在关键时刻，他们能死心塌地地为他卖命吗？当然不会。再仔细去看他的军队所到之处，城池遭到毁坏，百姓遭到蹂躏。例如，咸阳宫那么大、那么漂亮，结果被他一把大火给烧了。老百姓对他恨之入骨，他的光辉形象早就荡然无存。这样的人，怎么能当天下之主呢？所以，他的失败只是时间问题。"

刘邦听得颇有兴致，他觉得韩信讲的很有道理，忍不住插了一句："那你说我们应该怎么办呢？"

韩信说："那还不简单，反其道而行之。他不讲义气，您就讲义气，他不厚待百姓，您就厚待百姓，这样一来，您就会逐渐变得强大起来。"

刘邦边听边点头，突然，似乎想到了什么，神色变得凝重起来，问：“可是，我们现在附近还有像章邯、司马欣、董翳这些人，他们可都是名将啊，我们该怎么办？”

韩信说：“大王放心，这几个人不足为患。他们都是秦朝的将领，曾带着秦军打仗，打了这么多年，死伤了多少人？二十万秦军全部被坑杀，现在就他们三个活着，还被封了王。秦国的百姓怎么想？那些死难将士的亲属们会怎么想？他们难以服众。而汉王您呢，一进咸阳，约法三章，百姓安居乐业，善待秦国的官员，所以百姓拥戴您。后来项羽把您给赶走了，让他们三个人到咸阳做官，百姓能信服他们吗？没有了军心，没有了民心，他们凭什么跟汉王您过招？所以咸阳这个地方是最不安稳的，也是最容易被拿下的。”

刘邦听得心花怒放，他甚至有些懊悔没有早点提拔韩信，现在有些相见恨晚的感觉。他听从了韩信的谋划，进行相应的战略部署，然后只等项羽犯错，只要项羽犯了错，刘邦就可以师出有名。

当然了，项羽经常会犯错。这次，同样没有让刘邦失望，项羽随后犯了一个错误，这才有了后面明修栈道、暗度陈仓的经典战例。

真假齐王

在历史上，能够被尊称为“仙”的就那么两三个人，像“诗仙”李白、“酒仙”刘伶，再一个就是“兵仙”韩信。在实战方面，他指挥过许多重大的战役，如平定三秦、破魏、灭赵、降燕、伐齐、破楚等，都取得了辉煌的胜利，汉朝的半壁江山都是他打下来的。所以，“兵仙”这个称号并非浪得虚名。

作为一位具有卓越军事才能和深厚兵学素养的军事家，韩信也是一位有着悲惨命运的历史人物。他死的时候，只有三十五岁。他如果不死，未必会有刘邦的白登之围。但是他不死，刘邦就睡不着觉。

项羽和刘邦在荥阳对峙的时候，韩信因为战功卓著，开始有点膨胀，他让人给刘邦捎去一封信：“齐国阴险狡诈、反复无常，应该设一个王来统治，我希望做假齐王，这样局势才能安定。”

此时，刘邦正被项羽围在荥阳，看到韩信的书信，被气得都快冒烟了，大骂韩信不来救荥阳之围，却想自立为王。此时，张良踩住刘邦的脚，凑到刘邦耳朵前说："当下汉军被困，千万不可惹怒韩信，不如趁此机会，封他做真齐王。"

于是，刘邦立刻平静地说："大将军平定各诸侯国，要做就做真齐王，做什么假齐王啊？"于是，派张良前去军营立韩信为齐王。韩信感动得一塌糊涂，便调自己的部队攻打楚军。

不久，项羽听说支援齐国的楚军被韩信打败，自己的大将龙且也战死了，项羽也看出来了，韩信支持谁，谁就能赢得天下。于是，他派人游说韩信："咱们三分天下，这样你可以自立为齐王。"

韩信严词拒绝，他说："我在项王那里，官不过郎中，位不过执戟，言不听，计不从。而汉王授我上将军印，拨给我几万人马，脱下他的衣服让我穿，推过他的食物让我吃，并且对我言听计从，因此我才能有今天的地位。人家如此亲近、信任我，我背叛人家是不讲信义的。我即使死了也不会改变跟随汉王的决心。"

他的这一番言辞，把手下的谋士蒯通惹急了，他拍着大腿对韩信说："要么咱们拥兵自守，要么就出兵攻取天下，你帮汉王，这恰恰是最不可取的。"

韩信心里想："我在关键的时刻没有背叛汉王，而且还立下了这么多汗马功劳，再怎么样，我也能做个齐王吧？"显然，他没有听蒯通的话外之音。蒯通的意思是：你小子功高震主，名动天下，将来天下绝不会有你容身之处。

于是，韩信出兵断绝了项羽的粮道，汇兵垓下，这才有了后面的"十面埋伏""四面楚歌"，并最终击败了项羽，帮刘邦夺取了天下。

可是，让他万万没想到的是，项羽一死，刘邦就收回了他的兵权，改封他为楚王。刘邦封韩信为楚王，不是因为楚地不大，而是楚地是项羽的老家，这也是刘邦的精明之处。我们知道，项羽虽动不动就屠城，但是他对家乡的百姓特别好，所以楚国的百姓很感念项羽。但是，韩信把项羽干掉了，刘邦又把他封到项羽的老家去做楚王，那必然会引起民怨，人心不服，韩信反叛的概率就会小很多。

韩信做楚王不久，项羽曾经的手下钟离眜为了躲避通缉，躲在了韩信的楚王府。韩信当初在项羽手下做执戟郎中的时候，就与钟离眜交好。刘邦听到这个消息后，命令韩信把钟离眜交出来，并押往京城。

韩信也比较仗义，他对钟离眜说："你放心，楚国是我的地盘，你就待在这里。"钟离眜出去的时候，他还让士兵保护其安全。

刘邦见韩信不服从命令，心急如焚，他担心这两个人联合起来，让他吃不消。就在这个时候，陈平给刘邦出了一计："咱们要与韩信硬杠，想打赢他并不容易，但是不要忘了，您现在是天子啊，您可以到云梦泽这个地方巡游，此地属于楚国，您就在那里会见诸侯，到时，韩信肯定得来见您啊。见面的时候，让几个武士顺便把他拿下。"

刘邦觉得有道理，决定就这么干。于是，他下旨"要在云梦泽召见诸侯"。这可把韩信吓坏了，他担心自己去了之后，刘邦会以钟离眜事件为由把自己抓起来。手下人建议韩信："咱们要不把钟离眜给送过去得了。"韩信想来想去，觉得义气还是没有性命重要，便对钟离眜说了这件事情。

钟离眜说："你知道刘邦为什么不敢攻打楚国吗？就是因为我钟离眜在，他怕咱们两个联手，所以想智取，这个时候你如果出兵，就能够夺取天下。"

韩信可没想过夺天下做皇帝，他只想当一个安安稳稳的楚王。所以，他对钟离眜说："兄弟啊，实在对不住了，我得把你送过去。"钟离眜气得破口大骂："韩信啊，韩信！这么好的机会你都不敢行动，你拿我去讨好刘邦，我今天死了，你也没有几天好日子过。"随后，他就自杀了。

韩信带着钟离昧的人头去见刘邦。果不其然，刘邦没有半点喜悦之情，一脸严肃地对他说："有人告你谋反。"于是，就把韩信抓了，并押往京城洛阳。韩信当然不服气，一路上抱怨连连。到了洛阳以后，刘邦又开始了所谓的宽仁大度，没有杀韩信，而是把他贬为淮阴侯，规定其只能在京城居住，这样一来，韩信的威胁被消除了。

韩信之死

韩信要是活着，他最怕的一句话应该就是"成也萧何，败也萧何"。自古以来，因为功高盖主而被杀的其实不在少数。在韩信之前，最出名的就是文种。当年文种给越王勾践献了七条计策灭吴，结果勾践说："哎呀，先生的计策，我只用了三条就把吴国给灭了，那剩下的四条呢，你干脆献给我的父亲吧。"于是把文种杀了。范蠡就很聪明，看情况不对，干脆辞职不干，逍遥快活一生。说白了，这叫作欲加之罪，何患无辞。

同是汉初三杰的张良可以做到急流勇退，而萧何通过自污名节用来保命。韩信的军事才能没的说，但是在官场上，他就是一个低能儿。他曾被封为齐王，后改封楚王，最后贬至淮阴侯。按理说，这个时候他应该能看出一些端倪了，但是他不以为然，并且天真地认为，做个淮阴侯也不差啊。再就是该低调的时候呢，他一点儿也不低调。

有一次，刘邦大宴群臣，让韩信来点评众将领的才能，这明显是给他挖的一个大坑，没想到韩信闭着眼睛往坑里跳，把朝臣得罪了个遍。随后刘邦问道："那依你之见，我可以带多少兵马呢？"

韩信说："陛下能带十万。"

刘邦问："那你呢？"

韩信自信满满地说："哈哈，当然是多多益善喽。"

这就是"韩信点兵，多多益善"的由来。由此可见，韩信一点儿不懂得谦虚，直来直去。你想，刘邦听了心里能痛快吗？你都这么厉害了，还怎么甘愿在我手下混？

韩信人虽然有时虎了点，但也不傻，他看出了刘邦的心思，连忙补充说：“大王，您虽然带兵不多，但是驾驭将领的能力那是真的强。”

还有一次，韩信踱步来到了樊哙的家里，樊哙亲自迎接，并且还跪下行磕头大礼。当时他俩都是侯爵，韩信是淮阴侯，樊哙是武阳侯。韩信只听樊哙说：“大王光临我的寒舍，真是三生有幸啊。”

可是韩信却在感慨：“生乃与哙等为伍。”意思是说，与樊哙这样的人为伍，是一件拿不到台面的事情。说白了，韩信就是看不起樊哙，现在与樊哙一起觉得有失身份。

他们本来是军中的战友，樊哙是个粗人，为什么他还要亲自去迎接韩信呢？其实樊哙是做给别人看的，以示和韩信的关系一般，不过是普通的同事关系罢了。

虽然韩信心直口快，恃才自傲，甚至情商有些低，但也不至于因此丢了性命。那他为什么会被杀呢？

有史料记载说，韩信被贬后内心不服，所以就忽悠自己曾经的手下陈豨去造反，自己愿为内应。后来，这件事情被吕后知道了。她是怎么知道的呢？

当时，韩信的府中有个仆人犯了错，被韩信关了起来。有一天，这个人的弟弟来探监，他趁机对弟弟说韩信要谋反，让弟弟去告状。

虽然这是史料中的记载，但是其可信度并不高。为什么呢？韩信打仗是个好手，但是他并没有什么野心，要不然他早就三分天下了，何必一让再让，等到现在呢？再说了，像谋反这样的事情，仆人又怎么可能知道？而且仆人的弟弟把从哥哥那里听来的话，再红口白牙这么一转述，吕后竟然相信了？这也太低估吕后的智商了。

公元前197年，陈豨起兵反叛，刘邦御驾亲征，他想带韩信一起去，韩信说：“我病了，不能去。”刘邦没有勉强，自己带兵出征，朝廷大事就交给了吕后和萧何。

吕后是个聪明人，当时刘邦都已经快六十岁了，韩信才三十五

岁，如果刘邦死了，自己儿子能不能拿捏住这个韩信还真是个问题。恰在这个时候，有人说韩信要造反，于是，她就把这件事告诉了萧何，说你得想办法让韩信入宫，咱们到时杀了他。

毕竟吕后很强势，萧何也不敢说半个不字，于是他就跟韩信说："大王传来捷报，说陈豨伏法，不日将回，你赶紧进宫道贺去。"

韩信假称有病在身，不愿前往。萧何心想，装病你就有理了？大家都来，就你不来，那怎么行？于是硬让他来。韩信没法再拒绝，只好进入了长乐宫。他刚一进殿，就被埋伏的人给控制住了。

据说当年刘邦曾经答应韩信，"遇到金，遇到火，遇到土，均不可杀他"，吕后见招拆招，想出了一个主意，她让人把韩信押到长乐宫的一个钟室，那个房间没有窗户，不透光，这就意味着离开了火。然后把韩信吊了起来，离开地面就是离开了土。那武器可是金属做的，怎么办？于是，她让宫女把竹子削尖，然后用其杀死韩信。

《史记》记载："信入，吕后使武士缚信，斩之长乐宫钟室。"韩信临死之前，说了一句话："我后悔当年为什么不听蒯通之言，以至于被妇女小人所骗，真是天意啊。"

韩信是不是真的谋反，其实已经不重要，八个异姓王被除掉了七个，只有一个幸免于难，无一例外，他们都被刘邦扣上了谋反的罪名。这就是"凭君莫话封侯事，一将功成万骨枯"。

在《史记》中，司马迁对韩信的悲剧做出了自己的评价，认为如果韩信懂得谦让的道理，不以功劳自居，不恃才倨傲，那么他对汉王朝的功劳可以比拟周朝的太公。然而，韩信的内在修养不够，等到大势基本定型的时候被逼造反，最终才落得被夷灭三族的下场。

智囊团：张良和萧何

张良

在中国历史上，被尊为“四大谋士”的有姜子牙、鬼谷子、范蠡和张良。其中，张良又位列汉初三杰之首。

刘邦称帝后，手下很多人拍他的马屁，说他大仁大义、功劳盖世，刘邦却说：“夫运筹帷幄之中，决胜千里之外，吾不如子房；镇国家，抚百姓，给馈饷，不绝粮道，吾不如萧何；连百万之军，战必胜，攻必取，吾不如韩信。”可见，刘邦是非常欣赏张良的。

这哥仨当年一起和刘邦打天下，但是，最终韩信被杀，萧何入狱，为什么只有张良能够功成身退呢？用今天的话说，就是他能拿得起放得下，懂得明哲保身的道理。

张良，字子房，出身于贵族世家，其祖父张开地曾在韩国担任官职，连任韩国三朝宰相，其父张平，曾担任两朝宰相。到了张良这辈，韩国国势衰落，否则，他可能是宰相的继任者。韩国灭亡后，时年二十多岁的张良不但失去了显赫的地位，而且家财散尽。他因在博浪沙刺杀秦始皇而名扬天下。

张良年轻的时候遇到了一个神秘老者黄石公，向他虚心学习谋事韬略与兵法。陈胜、吴广起义的那年，他遇到了刘邦，并跟随刘邦南征北战，为刘邦献计献策。刘邦进入咸阳时，他劝说刘邦退出咸阳，挥师灞上，为刘邦赢得一线生机。在韩信要求封王时，刘邦采用他“假王真封”的计策，成功笼络了韩信、彭越和黥布，继而合围项羽

于垓下。他还提议封赏雍齿，安定人心。毫不夸张地说，如果没有张良的辅佐，刘邦未必能这么快夺得天下。

汉朝建立以后，刘邦要论功行赏，感谢天下诸侯和功臣的拥戴之功。当时，萧何被公认为是名副其实的第一功臣。刘邦在奖赏他的时候，表现得很小气，只封赏了他八千户。后来又进行了两次益封，一次二千户，一次五千户，加起来不过一万五千户。但是，从未带兵打过仗的张良，却被刘邦封赏了三万户。

在当时，被封多少户，表示可以获得多少户的征税权利，而且收缴的钱粮不用上交，都属于自己。三万户是什么概念？说白了，就是一夜之间让你富甲一方。面对这份沉甸甸的，别人求之不得的封赏，张良却婉言拒绝了。有人就说张良太傻了。作为中国历史上四大谋士之一，他可不傻，别人看到的傻，却恰恰彰显了他的高明之处。

他诚恳地对刘邦说："陛下，我本是一介布衣，现在被封侯，已经非常知足了。如果您一定要给我封赏，那就在咱们第一次相遇的地方给我留一小块地吧。"

不愧为大汉第一谋士，他的这番话既打了感情牌，又领受了刘邦的好意，更重要的是，让刘邦觉得自己将来不会对他构成任何威胁，让他放一百个心。当然，刘邦也不好意思真给他那么一小块地，在张良所说的那个地方赏了他一万户。

平时，刘邦心情不好的时候，动不动就骂骂咧咧，脏话连篇，身边的人被他骂了个遍，但唯独不骂张良，而且对他很恭敬，以老师待之。但是，张良从没有把自己当刘邦的老师，在这件事上表现得非常低调、谨慎。

在刘邦巩固了皇位以后，张良知道他接下来会除掉一些有潜在威胁的人物，首当其冲就是和他出生入死的那些老战友、老哥们儿。于是，他开始明哲保身，托病不出，而且也不和任何人来往。这个时候刘邦的疑心是很重的。比如，萧何帮他杀了韩信之后，刘邦给萧何加赏了五千户，萧何有点得意忘形，后来受门客的教唆，又去贪污受贿。萧何以为自己是皇帝的铁哥们儿，而且又立下了大功，没人能拿自己怎么样。结果呢，刘邦还是随便找个借口就让他蹲了大狱。要不是萧何一直兢兢业业，确实没有野心，很可能就死在狱中了。

连萧何这样的人都不信任，刘邦能对你张良放心吗？当然不会，他时不时会试探一下。张良也不是吃素的，用现在的话说那可是人精，你不是要试探我吗？好吧，那我躲起来，你还试探什么呀。所以，有事没事就打个病假条，既不过问朝中之事，也不掺和其他事，一心想着体验生活，用他的话说就是“愿弃人间事，欲从赤松子游耳”。大概的意思是，人间的富贵我已经享尽了，现在别无所求，只想做个像赤松子一样的活神仙。于是，他开始辟谷修炼。

据《史记》记载：刘邦死后，吕后掌握了大权，因为感念张良曾经出主意保住自己儿子的皇位，于是，让人找到张良，说“先帝都已经升天了，你不要再辟谷了，该吃吃，该喝喝”，没办法，张良只好恢复饮食，不再做“辟谷仙师”。

公元前186年，张良去世。可以想象，以张良的性格和智慧，他不太可能让人在自己的墓中放入一些贵重的陪葬品，那样的话，死了也没法安心，只会一直被盗墓贼惦记和打扰。但是，因为他在很多地方辟谷修炼过，所以，后人为了纪念他，在不少地方还为他修建了庙宇。

同样，在全国不少地方都有张良的墓地，这一点确实让人费解。比如，他曾在河南的一些地方隐居过，当地就有他的墓。江苏曾经是他的封地，也有他的墓。而且像湖南、湖北，包括山东、陕西等地方竟然也有他的墓。当然，这些墓地并非空穴来风，而是源于一些史料的记载。比如，《兰考县志》里面就说，张良曾经辟谷于此，死后也葬在此处。

萧何

萧何是西汉的丞相，为汉高帝刘邦的得力助手，先后辅佐了两代

汉帝，历史上对其有“一代贤臣”的评价。与其他因被刘邦猜忌而杀的功臣相比，萧何的结局相对来说还算圆满。

萧何出生于公元前257年，和刘邦是同乡，都是沛县人，而且两个人的关系也不错。当年，萧何是县衙里的官员，刘邦平时犯了错，他经常利用职权袒护他。后来，刘邦起义造反，萧何就一直跟着他。刘邦率军入咸阳时，萧何负责后勤粮草供应。

在刘邦率军进入咸阳以后，萧何什么也不贪图，而是直接把户籍、地形、法令等这些档案收藏起来。在随后的楚汉之争中，刘邦正是凭这些图册，对天下关塞险要，当地户口多寡、强弱形势了如指掌。

另外，萧何还为刘邦举荐了大将军韩信。在刘邦被项羽打得落荒而逃的危难时刻，萧何总会及时送来粮草与军队，帮他解围。正是因为有了萧何，才让刘邦成了打不死的小强。萧何也因此成了刘邦最信任的人，但就是这样一个人，晚年还是被刘邦关进了监狱。

当年，萧何帮着吕后杀掉了韩信，被加封为相国，封地增加五千户，而且吕后还专门派了五百亲信保护他。有一天，大伙都来恭贺他，在酒宴上推杯换盏，好不热闹。就在这时候，有个门客穿着丧服突然闯了进来，号啕大哭，萧何问：“你为什么穿着丧服哭泣呢？”这个门客一把鼻涕一把泪，呜咽着说：“相国大祸临头，很快就要死了，我提前跟您排练一下！”

萧何一脸惊讶，问道：“我刚刚得到封赏，你这不是咒我吗？”

门客说：“陛下在外征战，您坐镇关中，有什么危险？陛下为什么要给您增加五百禁卫？这不是尊崇您，而是为了监视您。再说了，相国已经位居百官之首，还有什么可以再封给你的？您在关中深得百姓的爱戴。每次送军粮，陛下都要问，‘萧相国在长安做什么呀？’这是他害怕您借关中的民望行不轨之心！”

萧何一听，愣在那里，心想门客说的不是没有道理，那该咋办呢？

门客看出了萧何的心思，顺势说："您得做些让老百姓痛恨的事情，让百姓骂您、怨恨您，制造些坏的名声，这样皇上一看您也不得民心了，才会对您放心。"

在刘邦平叛回来的路上，遇到一帮百姓喊冤，他们说萧相国强买强卖，抢占他们的土地，让皇帝为他们做主！没想到，这个办法还挺灵验。

刘邦回来之后，见到萧何没说什么，只是把百姓的控告信全都交给了他，若无其事地说："你看，有些百姓告你强占土地，这件事情你就看着办吧，该解释的解释，该补偿的就补偿。"看得出来，刘邦非但没生气，心情还非常不错。

那萧何后来为什么又被抓起来了呢？

萧何虽然比刘邦只大一岁，但像是个长辈。他为人忠厚，一心一意为百姓着想。有一天，他看到刘邦心情挺好，便凑上前说："长安一带地方狭窄，我看到上林苑有很多空地荒芜，陛下能不能让老百姓到里面去耕种啊？"

刘邦一听，不禁怒气冲天，心想：向来都是黑锅宰相背，好处皇帝拿，没想到你萧相国竟然为他们要侵占我的上林苑，当我好欺负是吧？于是，他直接把萧何交给了廷尉，并用镣铐把他拘禁了起来。

有个侍卫实在看不下去，有一天他在侍奉刘邦时，上前问道："相国一心为民，您怎么这么对待他呢？"其实，刘邦也不想把萧何怎么样，于是下令把萧何放了。当时，萧何已经六十多岁了，蓬头赤脚，浑身脏兮兮的，因为戴了刑具，手脚麻木，连路都快走不动了，但他又不敢先回府洗个澡后再来谢皇恩，于是就这样上了大殿。

刘邦见萧何这么狼狈，而且诚惶诚恐，心里有点过意不去，便安抚他说："相国不必多礼。这次的事，是因相国为民请求上苑林，朕不答应，朕是夏桀、商纣那样的无道天子，你是个贤相。朕把你抓起来，就是想让百姓们知道，你已经尽力了，都是朕的过错。"你看，不愧是做大领导的，就是会说话，你把人家抓了起来，还说是为人

家好。

刘邦去世两年之后，也就是公元前193年，萧何积劳成疾，进而卧床不起。有一天，汉惠帝刘盈亲自来探望萧何，并问他："丞相百年之后，谁可以担任相国一职？"萧何说："陛下，您最了解自己的臣子，您说吧。"刘盈说："曹参这人怎么样呢？"萧何说："陛下能得到曹参为相，我即使死了，也没有什么遗憾了。"

就这样，曹参成了西汉的第二位相国，并完全按照萧何制定的法令和制度行事，这也是"萧规曹随"这个成语的由来。

西汉开国功臣

最阴险的谋士陈平

奋斗史

他虽然不在“汉初三杰”之列，但本事和功劳一点也不逊于“三杰”。韩信有“胯下之辱”，他有“见笑之耻”。刘邦定鼎天下之后，韩信被杀，张良大隐于世外，他仍然高官厚禄，并凭借智谋得到善终。这个人就是被称为史上最阴险的谋士陈平，就连他自己都说：“我的家族后代一旦没落，就很难再兴起，因为我一生阴谋诡计比较多。”

作为汉朝重要的谋士之一，陈平到底是一个什么样的人呢？

据史料记载，陈平长得又高又帅，但还算不上高富帅，为什么？因为家里穷得叮当响。他长期和哥哥嫂子住在一起，哥哥对他很好，不怎么让他干家务，希望他把时间都用在学习上。

有一次，邻居好奇得不得了，便问陈平：“你家里穷得都快揭不开锅了，你却长得高高大大，你到底吃了啥？”没等陈平开口，他的嫂子不高兴了，“吃啥呀，穷得都要吃糠咽菜了，他却每天从早到晚不干一点活儿，还不如没有这个小叔子呢。”后来，这句话传到了哥哥的耳朵里，他被气得不行：这婆娘竟然还嫌弃我的弟弟，我还嫌弃你呢。于是，就把老婆给休了。

俗话说，“男大当婚，女大当嫁”。陈平已经是大小伙了，总得想着娶老婆吧，不可能长年在哥哥家蹭吃蹭喝。但是，家徒四壁，别

说车子房子，连个像样的定亲物都拿不出，怎么娶老婆呢？同样是穷人家出身的女孩子，肚里有一点墨水的陈平看不上，有钱人家的闺女又不愿意嫁给他。

后来，他打听到当地一个有名的富豪，名叫张负。张负有一个孙女，先后嫁了五个男人，没想到这五个男人全死了。人们都说她“八字太硬”，所以没人敢娶她。陈平却拍着胸脯说：“我敢娶。”

或许是因为穷怕了，又或许是看上了她爷爷的家产，总之，陈平不想错过这个机会。经过一番考察，张负觉得陈平这小子人还不错，是个潜力股，便决定把孙女嫁给他。陈平也把丑话说在了前头：“我没彩礼钱啊。”张负觉得这不是事儿，我老张家最不缺的就是钱，又不差你这点儿。就这样，陈平白捡了个老婆，甚至连酒席的钱都是女方出的。娶个富家女，至少要少奋斗十多年，这个道理他还是懂的。

陈胜、吴广在大泽乡起义时，陈平先是投奔魏王咎，后来才投奔了项羽。在鸿门宴上，刘邦谎称要出去撒尿，趁机逃跑。当时，项羽就让陈平出去看看什么情况，陈平刚出大营，便碰到了张良，这两个都是绝顶的聪明人。陈平打个马虎眼就回去了，也算是放了刘邦一马，刘邦也因此欠了他一个大人情。

那陈平后来为什么要离开项羽呢？

楚汉之争初期，刘邦平定了三秦之地，殷王司马卬随后向刘邦投降。项羽得知消息后，便让陈平去平定殷王。然后，就在陈平凯旋没多久，刘邦带人马再次夺回了殷地。

项羽大为恼火，他开始质疑：既然拿下了殷地，为什么又会被刘邦夺回去呢？于是决定把之前平定殷地的将领全部杀了，以儆效尤。陈平可不想坐着等死，于是找了个机会就逃了出来。

当时陈平坐船渡黄河，当船行到一半时，船家看他长得白白净净，以为他是有钱人，身上肯定带了不少钱财。陈平发现对方动了歪心思，心想刚逃离狼窝，又进虎口，这该如何是好？他急中生智，脱掉了衣服，赤裸上身，帮着船夫撑船。船夫一看，他腰间没有钱袋，衣服包裹也轻飘飘的，里面不像有什么贵重的东西，所以才没有下手。由此可见，陈平不但善于察言观色，而且遇事临危不乱。

逃到刘邦那里后，刘邦请他吃了一顿，边吃边对他说：“吃完饭，就去休息吧。”酒过三巡，陈平脸上毫无倦意，他对刘邦说：“汉王，我有要事要向您禀报。”然后就向刘邦说出了自己的很多想法。与其说是禀报，不如说是面试。

刘邦本来就欠他一个人情，又见他如此会聊天，还有一点能耐，当即任命他为参乘，并主管护军。在场的人一看，都傻眼了：“陈平，区区一个楚国逃兵，光凭三寸不烂之舌，就能谋得这个职位，还要让我们和他乘同一辆车，并且还让他来监督我们这些老将！实在不明白大王是怎么想的。”

据《史记》记载，周勃、灌婴曾向刘邦谏言：“这小子虽然长得帅，但肚子里未必有真东西。我们听说，陈平在家跟自己的嫂嫂不清不白，他曾在魏王手下做事，后跑到项羽那里，现在又来归降汉王。没想到，您竟然这么器重他。我们还听说，陈平经常受贿，谁给的钱多就有好处，这么一个反复无常的小人，大王您可得小心啊。”

刘邦觉得他们说的有些道理，便找来介绍人魏无知询问，魏无知说：“我给您举荐的是才能，陛下您问的却是品行。品行好就一定有能力吗？现在楚汉对峙，我们需要的是善出奇谋的人，只要他的计谋有利于汉王，又与他盗嫂受金的事情有什么关系呢？”

刘邦还是不放心，便又找来陈平了解情况，“你之前跟了好几个老板，现在又跑来追随我，这是不是有些三心二意呢？”言外之意，我可不喜欢频繁跳槽，对老板缺少忠诚的人。

陈平自然知道刘邦的这种心理，于是不紧不慢地说：“我在魏王那里做事，魏王不听我的建议，所以我才到项王那里。但是，项王只信宗族兄弟，纵有奇才也不能重用，所以我才离开项王。我听说汉王善于用人，所以来归附大王。我空身而来，身无分文，所以接受过别人的捐赠，但我所做的一切都是为了汉王和国家的利益。如果您觉得我

的计谋确值得采纳，希望您采用，如果您觉得不值得采纳，我可以将钱财归还给捐赠人，并马上辞职回家。”

这番话引起了刘邦的共鸣，他似乎从陈平身上看到了自己当年的影子，尤其是不要脸的功夫。所以，他丝毫没有怪罪陈平，而且还赏赐了他。

事实证明，他重用陈平是对的。在楚汉争霸的过程中，如果没有陈平出谋划策，刘邦说不定就被项羽给活捉了。当然，历史不能假设。那陈平到底给刘邦出了哪些主意，才被后世称为史上最阴险的谋士呢？

阴险的谋士

陈平给刘邦出的计谋中，有一条计谋可能会颠覆很多人的三观，就是用两千个女人换刘邦一命。或许这种事只有刘邦能干得出来，这么损的主意也只有陈平能想得出来。

当年，刘邦率五十多万大军不敌项羽三万铁骑，被打得丢盔弃甲，好不容易才逃到荥阳。之后，楚汉在这里僵持了两年左右，很多经典故事和计谋也都在这段时间诞生。

据说，项羽唯一的谋士范增，就在这里被陈平的反间计给赶走的。陈平对刘邦说：“项羽有勇无谋，只要能除掉范增，便可以转危为安。”于是，他给刘邦出了一个主意。有一次，他筹备了一个盛大的宴会，招待楚国使臣。在宴会上，刘邦故意问楚国使臣：“亚父（范增的尊称）最近如何呀？”只字不提“项羽”，使臣们说：“我们是项王派来的。”没想到，刘邦当场翻了脸，厉声说道：“我以为你们都是范增派来的，没想到竟然是项羽派来的。”随后，他命令士兵将所有的酒席撤走，直接换为十几块的盒饭，以示对楚使的不屑。

使臣回到楚营后，将这件事告诉了项羽。项羽听后，开始怀疑范增是否忠诚于自己。范增一再要求项羽乘刘邦疲惫之际发动进攻，但项羽却一再拖延。最后，范增感到受到了排挤，骂项羽“竖子不足与谋”，然后愤然离开了楚营。史料记载，“行未至彭城，疽发背而死”。范增到底是病死，还是刘邦派人截杀，已经无据可查。

当项羽意识到情况不妙时，已经太迟了。他愤怒不已，亲率大军向刘邦发起猛攻。刘邦四面被围，逃又逃不了，守又守不住，眼看荥阳不保，他心急如焚，这可咋办啊？这时，谋士陈平及时献上了一计，他说：“汉王您写一封亲笔信给项羽，就说我打不过您，我要投降，约他在荥阳城的东门相见。”

刘邦眼珠子都快瞪出来了，不解地问：“我凭啥投降啊？”

陈平慢条斯理地说：“大王，您别急嘛，咱们不是出不去吗？先假装投降。这样，项羽一定会把大军调往东门。到时，您再让亲信乔装打扮成您的样子，从东门出去诈降，楚军看到您的样子，肯定会放松警惕。然后再从城内找两千个妇女，让她们穿上汉军的衣服，假扮已经饿得无法忍受的逃兵，分批从东门逃跑，来吸引楚军的注意力。”

刘邦说：“为何让女人假扮？”

陈平鬼魅地笑了一下，凑上前去低声说：“大王，这是因为女人柔弱跑不动，看上去更像饿了几天的样子嘛。大王，您带几个人扮成小兵，从西门逃走。只要您一出去，留得青山在，不怕没柴烧。让女人们为大王去送死。”

刘邦竖起大拇指，连称：“高，高……”

到了约定日期的晚上，陈平先让两千女人假扮士兵，从东门逃跑。项羽闻讯，赶紧派人围追堵截。这时候，刘邦的卫队长纪信，穿着刘邦的衣服，坐着刘邦的车驾，大摇大摆地往东门而来，让人传话给项羽说：“城中粮食已尽，汉王要向楚王投降。”楚军信以为真，全都跑到东门来看汉王投降。刘邦趁机带了十几个人，趁着夜色悄悄地逃走了。

等到纪信来到项羽的面前，项羽这才发现自己上当了。他一把抓住纪信，怒吼道：“汉王在哪里？”纪信淡淡地回答：“汉王早就已经

走了。”项羽恼羞成怒，赶紧派人去追捕刘邦。要知道，刘邦逃跑的本事堪称一流，哪里还能追得上？项羽被气得七窍生烟，让人把假装刘邦的纪信活活烧死了。

刘邦逃走之后，在鸿沟采取挖深沟、筑高垒的策谋与项羽对峙。他坚决不和项羽打正面战，而是让彭越这个游击专家，时不时去骚扰项羽后方的粮道，从而逼迫项羽签订《鸿沟协定》。象棋中的“楚河汉界”就是这么来的。

陈平在晚年的时候，曾做了自我批评，大概的意思是，自己的计谋违背了人道。他曾以弱不禁风的两千名女子作为诱饵，成功地吸引了楚军的注意力，让刘邦得以逃跑。或许像这样的计谋也只有他才能想得出来。

有人说，陈平可以和张良相提并论，认为他们的功劳相当。其实，就个人境界来说，他们还是有明显差距的。张良的人格高尚，志向远大，侍君主、待朋友都很真诚，陈平就不一样了，他比较贪婪，而且总能为自己找到看似合情合理的理由，所以他出主意的时候，精于算计，只考虑自身的得失，为此甚至不惜牺牲他人的利益，当然也包括他的老板。

刘邦的妹夫樊哙

赤胆相随

每个人的一生中，都或多或少会遇到贵人，把握得好，人生之路可能变得顺风顺水，甚至可以逆天改命。从古至今，总有人会借用贵人来实现人生逆袭。樊哙就是这么一个人。

樊哙出生于一个贫苦的家庭，以屠狗为业，生活在社会底层。然而，他的人生在公元前209年发生了大转折。当时，刘邦在沛县起事，樊哙也随之投身到起义队伍中。他凭借着自身的勇猛和战功，逐渐在军中崭露头角，成为刘邦的得力助手与大汉的功臣。让他没想到的是，自己还娶了吕雉的妹妹吕媭，竟然摇身变成了皇帝的连襟。

虽然樊哙是屠夫出身，但绝对不是莽夫。因为他的生意做得好，做出的狗肉好吃，所以刘邦经常光顾他的店面。一来二去，两个人关系搞得不错。刘邦好吃懒做，衣兜比脸还干净，想吃狗肉的时候，就只能赊账。

据说有一次，樊哙挑着担子，到隔壁镇上去卖狗肉。刘邦嘴馋了，却怎么也找不到樊哙，一打听，原来樊哙去了附近的另一个镇。反正自己闲着没事干，便去找樊哙吃肉喝酒。当他走到泗水河时，过不去了。河上有一条摆渡船，他没钱船夫不让上。就在刘邦愁眉不展时，游过来一只大乌龟，龟壳有桌面那么大，于是，刘邦便爬在龟壳上过了泗水河。

见到樊哙后，两个人席地而坐，大口吃肉，大碗喝酒。樊哙突然问刘邦："你身上一分钱也没有，是怎么过的河啊？"刘邦说，是一个老乌龟带他过的河。

第二天一早，樊哙拿着绳子，带着刀来到河边，冲着河水大喊："我是刘邦，我要过河。"没想到，那只老乌龟竟然真的出现了。樊哙在绳子上系了一个圈，然后套在乌龟的身上。捉住乌龟后，就把它给杀了，然后跟狗肉一起煮了，味道不是一般的香，所以狗肉一会儿就卖完了。樊哙很有经商头脑，他把那锅汤留下来，还想了个法子将其制成坯，以便长期保存。据说，这就是现在徐州樊氏狗肉的家传秘方。

其实，乌龟驮刘邦过河的故事，就是为了衬托刘邦不是一般人。而樊哙吃乌龟这件事也有虚夸之嫌，无非是为了借此告诉别人：乌龟驮刘邦过河是真事儿，刘邦有天命。所以说，樊哙就是刘邦的一个托儿。

刘邦在斩白蛇后决定起义，樊哙是最早跳出来要追随他的。此后，樊哙追随刘邦冲锋陷阵，以命相随。樊哙能从屠夫做到相国，并最终得到善终，可见他不是一介莽夫，而是一个很有智慧的人。这一点从几件事就可以看出来。

当年，刘邦率军进入咸阳后，看到秦始皇富丽堂皇的宫殿，整个人都蒙了。后又看到后宫的美女如云，眼珠子都直了。于是，他便想在咸阳宫住下。樊哙一看，这么下去会坏事，于是赶紧劝谏刘邦："我们刚刚拿下咸阳，总要给百姓留个好印象啊，您如果住在这里的话，会引起一些不必要的麻烦。"刘邦哪里听得进樊哙的话。后来，还是张良出面相劝，刘邦才率军回到了灞上。从这件事情可以看出，樊哙是有一定眼界与格局的。

在鸿门宴上，刀光剑影，气氛紧张。当时，即便是张良也无计可施。就在这时，樊哙闯进帐来，对项羽就是一顿捧杀："当年，秦始皇残暴不仁，这才让天下人背叛。本来怀王有约，先进咸阳者为王，但是，我们沛公虽然先进了咸阳，但没敢动这里的东西，就是等着大王您。像沛公这样劳苦功高的人，非但不奖赏，还要杀了他，和秦始皇有什么区别呢？我觉得大王您不是这样的人。"

听到他的这些话，你还觉得他是莽夫吗？

毫不夸张地说，在为人处世方面，樊哙的情商比韩信要高很多。当年刘邦采用陈平的计策，将韩信抓了起来，并降为淮阴侯，命其只能住在京城。在家里憋久了，韩信感到非常郁闷，想出去散散心。

有一次，他路过樊哙家门口，就走进樊哙的家里。本来韩信看不起樊哙，但是樊哙却没有因为韩信被贬就怠慢他，而是十分热情地跪拜送迎，还说："大王光临臣下住所，是我的荣幸啊。"这个时候，韩信已经不再是王，和樊哙一样都是侯爵，而且樊哙跟刘邦已经是连襟关系。所以不管樊哙当时是怎么想的，但起码事情做得很漂亮。

后来，刘邦在讨伐英布时受了伤，回去以后不愿见人，一连十几天，大臣都见不到皇帝的面。但是，没有人敢擅闯皇宫。樊哙得知后，就带着大伙儿从侧门进入内宫去看望刘邦。结果，他们发现刘邦正躺在一个宦官的身上睡觉。闯宫可是大罪，但樊哙很聪明，演技也十分高超。他当时眼泪哗哗地往下流，哭诉道："陛下啊，当初您带着我们起义，那是何等威风，现在天下都太平了，您怎么如此憔悴呢？

您现在病得这么重，大家都非常担心，您不肯接见我们，却跟一个宦官在一起，难道您不知道当初赵高是怎么坏事的吗？”刘邦本来憋了一肚子的火，看到樊哙这个大老爷们哭得稀里哗啦，反而笑出声来。

由此可见，樊哙可不是想象中的有勇无谋。但是，他做梦都没有想到，尽管自己如此低调，且忠心耿耿，那个他跟随一生、赤胆相随的刘邦还是没打算放过他。这是为什么呢？

险象环生

本来，刘邦对樊哙是非常信任的，也一直把他视为“自己人”。在自己病危之际，仍派樊哙率二十万大军征讨燕国。然而，刘邦的身体一天不如一天，他特别担心吕后趁机壮大自己的实力。太子刘盈虽然仁义，但体弱多病，没有决断力。刘邦打算废长立幼，立刘如意为太子，但这意味着要挑战吕后的势力。所以，在这件事上他犹豫不决。

在刘邦病危的时候，有人悄悄跟他说：“大王，您还不知道吧，樊哙将军曾经说过，只要您一死，他就带人杀了戚夫人和刘如意。”刘邦听后大怒，他认为这不是杀不杀戚夫人的问题，而是事关自己死后刘家的江山。

刘邦一直非常信任樊哙，这时，他怀疑樊哙和吕后是一伙的，心想：“我辛辛苦苦做了那么多的铺垫，又是清除异姓王，又是白马之盟，那样的话，岂不是都白做了吗？没想到樊哙竟然是吕党。现在，他手里握有二十万军队，这可是个威胁啊。上次樊哙到宫中看望我，不就是希望我死吗？”

于是，他赶紧把陈平叫来，吩咐他说：“你和周勃马上到燕国的樊哙军中，让周勃来领军，把樊哙的头带回来就行了。”

听到这个命令，陈平左右为难。在去的路上，他思来想去，并和周勃说：“樊哙和陛下是亲戚，功劳又大，我们杀了他，万一陛下又后悔了怎么办？到时候咱们两头不讨好，要是陛下跟吕后都恨我们，那

咱们就玩完了。你看这样行不行？咱们抓了樊哙以后，把他押回去，随陛下怎么处理。”

周勃当然也不愿意和吕后结这么大的梁子，于是他说：“这事儿还得你来拿主意，我就是一个大老粗，啥都不懂，我只管接管军队，其他的事儿和我无关。”陈平心想，这家伙真是个老滑头。

随后，周勃假扮成随从，与陈平一起到了军队大营不远处，让人通知樊哙前来接旨。樊哙也不知道陈平的来意，再加上陈平是个文官，没做任何防备就来接旨，结果被陈平抓获。陈平将樊哙关在囚笼中，开始往回返，一路上走走停停。

陈平知道，自己离开长安的时候，刘邦已经病得不轻了。刘邦一死，吕后肯定会掌权。樊哙既是开国元老，又是吕雉的妹夫，如果真的奉旨把樊哙杀了，这笔账吕雉肯定会算到自己头上，并要了他的命。

果不其然，陈平在半道上就接到刘邦驾崩的消息。他立刻快马加鞭赶回长安，一进门，他就扑通跪在地上，大声痛哭道：“陛下啊，您让臣去杀樊哙，可臣不敢滥杀功臣，就想着带回来由您处置，可我没能见到陛下啊！”他的这番话是说给活人听的。吕后听后很高兴，认为还是陈平能顾全大局。

接着，陈平表达了对刘邦的悼念和对自己的决心，他说：“陛下，您虽然驾鹤仙去，但是请您放心，我陈平一定为新皇和太后尽心尽力，鞠躬尽瘁，死而后已。”吕后一听，更高兴了，她认为陈平是一个有智慧、有能力的人，能够在朝堂上成为她的得力助手。

随便，吕后释放了樊哙，并恢复了他的爵位和封邑。刘邦病逝六年后，公元前189年，樊哙也病逝了，谥为武侯。樊哙并没有对戚夫人母子以及汉王朝造成危害。可见，刘邦身为帝王，疑心还是太重了。

投靠匈奴的卢绾

卢绾是西汉的开国功臣，被刘邦封为燕王。公元前196年，代国陈豨和匈奴叛乱。刘邦亲自带兵平定叛乱后，提出白马之盟：非刘氏而王者，若无功上所不置而侯者，天下共诛之。当时最大的异姓王就是卢绾。这不由得卢绾不胡思乱想。

在得知樊哙和周勃率兵来燕国时，卢绾自知无法抵抗，便携家人奔走匈奴，在匈奴被封为东胡卢王。让人没想到的是，他的投降居然让自己手下成了朝鲜国王，这是怎么回事呢？

卢绾是刘邦的发小，刘邦的爹和卢绾的爹是至交，恰巧他们又在同一天生了儿子，也就是说，卢绾和刘邦是同年同月同日生。周围的邻居听说了，也都带着礼物来道贺，两家人干脆一起摆酒庆贺。到了第二年这一天，两家又以此事为借口坐在一起喝酒，这逐渐成了一种习惯。这种庆祝生日的方式逐渐流传开来，我们过生日的习俗就是这么来的。

因为卢绾跟刘邦关系很好，可以说，是刘邦白送了他一个异姓王。在大汉朝建立之初，臧荼被封为燕王，后来臧荼反叛，刘邦亲自带兵平叛。平定之后，刘邦没让自己的孩子做燕王，而是把卢绾封为燕王，陈豨反叛，卢绾也奉命协助攻打陈豨。他听说陈豨派人向匈奴求救，于是派张胜到匈奴，告诉他们“陈豨已经被打败了，你们还是别去了”。没想到，有人对张胜说：“你们燕国之所以还在，就是因为连年征战，让刘邦无法抽身，一旦陈豨被灭，下一个就是燕国。”

张胜觉得此话有道理，于是向卢绾解释了这种情况，称之为“养寇自重”。卢绾也觉得确实如此。于是，他开始悄悄地与匈奴和陈豨保持联系，希望给自己留一条后路。但是他的运气不佳，陈豨被打败后，一位降将把卢绾与陈豨私下联系的事告诉了刘邦。起初，刘邦不太相信，便传唤卢绾去长安，以当面询问详细情况。听到这些事后，卢绾已经慌得不成样子，死活不敢去见刘邦，以肚子疼为由推脱。刘邦见卢绾迟迟不来，就派审食其去看看是什么情况。

卢绾越想越觉得情况不妙，就对手下说：“现在，异姓王只剩下我和长沙王吴芮了。去年春天，朝廷族灭了淮阴侯韩信，夏天又诛杀

了彭越，这都是吕后的主意。现在皇帝有病在身，事情都是吕后说了算。吕后肯定想找借口诛杀异姓诸王和功臣。我可不能去见皇帝，就说我生病了不能出门。”手下这些人听说后，都吓得够呛，到处躲藏。

天下没有不透风的墙。不久，他的这番话就传到了刘邦那里。当时，又有从匈奴来的人报告说，张胜在匈奴为卢绾牵线搭桥，这让刘邦勃然大怒：“卢绾果然造反了。”于是，刘邦派樊哙率二十万大军攻打燕国。卢绾胆小怕事，心想向好兄弟道个歉吧，说不定事情还有转机，所以准备带着家属与亲信几千人，亲自进长安谢罪。可是此时刘邦病重，卢绾便决定在长安城外驻扎，等这位好兄弟病好了，再以最快的速度进入长安。

但是他做梦都没想到，不久刘邦就驾崩了。这时，卢绾又不敢带兵抵抗，于是带着大家又逃亡到了匈奴，匈奴还给他封了个东胡卢王。

虽然卢绾人在匈奴，但是他非常渴望回归汉朝。刘邦驾崩一年多以后，也就是公元前194年，卢绾在匈奴郁郁而终。临死前，他跟自己的老婆孩子说：“有机会还是回汉朝吧，毕竟那才是故土。”后来，卢绾的妻子儿女终于逃出匈奴，重新投奔汉朝。此时，刚好赶上吕后病重，便暂时住在燕王在京的府邸，等病好了再设宴相见。可没过多久，吕后就去世了，真是天不遂人愿。到汉景帝时期，卢绾的孙子卢他之才以东胡王的身份回归汉朝，并被封为亚谷侯。这就是卢绾归汉的故事。

让卢绾没想到的是，在他逃往匈奴时，他手下的大臣卫满却带着一千多人进入朝鲜半岛。朝鲜国王对他们非常友好。但是，卫满知道自己是打着汉朝的幌子来到这里，一旦被国王知道真相，自己不会有什么好下场，那该怎么办呢？他想出了一个办法，他故意跟国王说，汉朝皇帝不知道听了谁的谗言，要派大军来攻打朝鲜。这可把朝鲜国王给吓坏了。见状，卫满又说：“您别怕！让我来守护都城，我是汉臣，即使大军来了也不敢把我怎么样。”

朝鲜国王一听有道理，就答应了。卫满趁着这个机会，带着部下往平壤进发，结果一举攻占王都，自立为王，建立了卫氏朝鲜。后来，汉武帝担心卫氏朝鲜的势力发展太快，可能给汉朝带来威胁，于是派兵把它给灭了，并把朝鲜分成汉朝的四个郡。

最惨的名将彭越

说到游击战的开创者，非西汉的名将彭越莫属了。彭越原本是山东巨野一个渔夫，以捕鱼为生，偶尔也会兼职做回强盗，和一帮兄弟出去抢劫。

陈胜、吴广起义的时候，有几个年轻人就找过他，想拉着他发财：“你看，大家都在轰轰烈烈地闯事业，你也带着大伙儿一起参加吧。”彭越是渔夫，又不是莽夫，他知道那样做风险太大，搞不好会掉脑袋，而且是掉整个家族的脑袋，所以摇着头说：“不，我不干。”

有人不死心，又拍着他的肩膀忽悠他说：“兄弟啊，我们倒是想干，只是这些人现在一盘散沙，你说往东，他们偏要往西。如果你能带这个头，领着我们干，我们就全听你的。”

彭越没有说话，他在盘算：如果事情干成了，不仅能当官发财，还能呼风唤雨；如果办不成，就躲起来，自己不也偶尔做一些打家劫舍的营生，哪一次被抓住过？想到这里，心开始痒痒了。

见大家都对他寄予厚望，此时又都看着他，急切地等待他的回应。于是，他大手一挥：“好，既然你们真的要干，那明早太阳一出来，你们就到这里集合，到时听我的号令。”

众人说：“好啊，明早见。”

彭越又问：“如果你们不听我的号令怎么办？”

众人又说：“你说咋办就咋办。”

“好，一言为定。”

结果，第二天早上，有十几个人迟到，还有一个人中午才到。彭

越见这帮人成不了什么气候，便说："算啦，队伍不好带，再说我老了，折腾不动了，你们还是散了吧。"

有人就劝他："彭哥，别呀，不就迟到吗，你说怎么罚就怎么罚，我们服从就是了。"

彭越突然板起了脸，瞪着眼睛说："这可是你们说的，现在你们给老子听好了，下次，谁要是在约定的时间之前没有赶到。可别怪老子的刀不长眼，虽然我不可能把所有人杀了，但是杀那么一两个不算事儿。所以，你们听好了，下次谁要是再迟到，老子立马砍了他。"

见彭越不是开玩笑，现场的氛围有些凝重，没一个人再敢出来说话。了解他的人都知道，彭越既然这么说了，肯定也会这么干。

就这样，彭越带着一百多人开始攻占土地，收集人马。彭越打仗不会蛮干，打得赢就打，打不赢就跑，看到辎重时，会趁机夺取。在战场上，他发现对方哪里空虚就往哪里打，把游击战术发挥得淋漓尽致。

在项羽进入关中，开始大封诸侯时，彭越已经拥有一万多人。但是，他没有归附哪一方势力，更没有被纳入正规军的编制。项羽和很多诸侯都瞧不上他，所以分封时没有考虑过他。

楚汉相争时，刘邦到处拉拢人，不管是谁，只要能帮到他，就被他视为自己人。彭越经常出没在项羽的后方，这里打一下，那里骚扰一下，对项羽的粮道安全造成了很大的威胁，史称"彭越挠楚"。正是因为有了彭越这样一个"搅屎棍"，搞得项羽很被动，经常粮草不济，因此才有了后来的鸿沟之谋，也就是楚河汉界。在垓下围困项羽的三支大军，除了刘邦、韩信的两支外，另一支就是彭越。他的战功仅次于韩信，被刘邦封为梁王。

但是，彭越还没过几天好日子，就赶上了陈豨造反。刘邦让彭越和他一同征讨陈豨。可是彭越不想去，但也没有说"我病啦，没办法去"，而是让自己的手下带着兵去见刘邦。刘邦很不高兴，于是就骂了彭越几句。彭越有心抗命，却没胆挨骂，吓得要赶紧去刘邦跟前谢罪。

这个时候，他手下蛊惑他谋反，说：“大王，你已经欺骗了皇帝，即使现在去谢罪，肯定会被收拾。再说了，现在造反的人也不少，你也造反得了。”彭越有心无胆，哪敢轻易造反。碰巧彭越有一个手下，曾因为犯了一些事儿被彭越修理过，一直怀恨在心。他偷偷跑到刘邦那里去告状，说“彭越要谋反”。

刘邦以为彭越真要谋反，于是搞了一次突然袭击，派人到彭越的府上，彭越还没明白过来是怎么回事儿，就被捆绑了起来。不论彭越怎么解释，谋反的罪名都已被坐实。考虑到彭越曾立下过赫赫战功，刘邦免了他的死罪，要把他发配到蜀地。

彭越没想到自己戎马一生，为刘邦出生入死，竟然会被废为民，他越想越伤心。就在他边走边哭的时候，遇到了吕后。彭越一把鼻涕一把泪地说：“大嫂啊，您帮我向皇帝大哥说点好话，别把我流放到蜀地，希望能换个好点的地方。”吕后说：“没问题，我刚好要去洛阳见皇帝，你跟我一起去吧。”于是，彭越屁颠儿屁颠儿地跟着吕后到了洛阳。到了洛阳，吕后对刘邦说：“彭越不是一般人，你把他发配到蜀地，那不是给自己留下祸患吗？”

刘邦一听，心想：“对呀，既然如此，那我还留着他干吗？”于是，赶紧派人要把彭越找回来。吕后说：“不用了，我已经把他给带回来了。”

可怜的彭越要是知道有这么一出，或许早就蹦蹦跳跳地去了蜀地。这回好了，不但自己被杀，而且还被株连三族，实在令人心痛。为了震慑其他的异姓王，吕后把彭越剁成了肉泥，然后装进罐子里，分赐给各大诸侯，以儆效尤。

后来，司马迁为彭越鸣不平，说：“不死而虏囚，身被刑戮，何哉？中材已上且羞其行，况王者乎。”意思是，彭越是一个立下赫赫战功的诸侯王，吕后和刘邦竟如此残害他，行为实在令人不齿。

一再造反的英布

普通人在送别的时候，经常会祝别人“一帆风顺”，很少会希望别人倒霉的。不过，西汉有一位开国名将，就喜欢蹲监狱，还让人在脸上刺字，并以此为乐。事后，他居然会兴奋得手舞足蹈：“我受刑，我骄傲，我当王！”你能猜到他是谁吗？他就是大名鼎鼎的英布。

英布是汉初的三大名将之一，也是被孔子尊为“上古四圣”之一的皋陶的后裔。在年少的时候，有人给他算过命，说他“当刑而王”，什么意思呢？是说遭受了刑罚后，就可以当王了。所以对英布来说，在脸上刺字是发迹的前兆。后来，他真的犯了事儿，被判处黥刑，也就是在脸上刺字。可见，在脸上刺字不是宋代才有的刑罚，秦朝的时期就已经有了。

有一次，英布犯了重罪，被发配到骊山修秦始皇陵。一路上，他想起算命先生说的“当刑而王”，心里喜滋滋。到了骊山，他没心思干活儿，到处结交各路豪杰，人们都叫他“黥布”。当时，天下已经大乱，英布居然带着一帮人上演了现实版越狱，成功逃出了骊山，从此亡命江湖。

后来，他听说陈胜、吴广带着一帮人造反了，不甘心做流寇土匪的英布便来到了江西，投奔率先响应起义的长沙王吴芮。吴芮是春秋时期吴王夫差的后裔，是当地一个贵族，名望很高，为了保卫家乡，他在当地组织了一支军队来抵御流寇。当他看到英布相貌堂堂，而且手下还有一两千人，便任命他为将军，并把自己的女儿嫁给了他。

陈胜失败后，项梁率江东起义军开进江西，无所依靠的英布和老丈人一起投靠了项梁。项梁战死后，项羽强行夺取楚怀王任命的上将军宋义的军权，英布又归项羽节制。之后，英布参与了所有项羽反秦的重大战役。巨鹿一战，英布先渡黄河，协同项羽打胜了“破釜沉舟”一战。如果没有英布的以少胜多，“破釜沉舟”可能会变成“有去无回”。为什么呢？当时，王离和章邯包围了巨鹿，英布率领先锋部队强行渡河。渡过河后，英布身先士卒，杀入秦军，并数次冲垮秦军。

当前面的秦军被打败，并建立了桥头堡，项羽才下令全军渡河。他跟英布合兵一处，九战九捷，最终获得了巨鹿之战的胜利。《史记》记载："及楚击秦，诸将皆从壁上观。楚战士无不一以当十。"也就是说，诸侯军队中前来解救巨鹿之围的有十多座营垒，没有谁敢派兵出击。到楚军攻击秦军时，那些诸侯军的将领都躲在壁垒上观战。楚国之所以功冠诸侯国，主要是因为英布打了好几场以少胜多的战役，并打出了楚国的威名。

后来，项羽夺得了汉中，分封诸侯，自称西楚霸王，他封英布为九江王，都城在今天安徽的六安。那英布为什么后来会反叛项羽，投奔了刘邦呢？说白了，是被刘邦坑的。

英布作为项羽手下的第一猛将，他本来没有多少野心，对项羽始终忠心耿耿。项羽在征讨齐国时，要求英布派兵增援。没想到英布被封王后野心膨胀，不愿再听项羽使唤，声称自己有病在身，只派了数千人前往。这就让项羽非常生气。于是，就招英布前来问话，英布正犹豫要不要去，刘邦派使者随何前来游说他造反。刚开始，英布不愿意见随何。随何就跟英布安排的接待大臣说："九江王不愿见我，不就是因为我们汉国弱，你们楚国强吗？你告诉九江王，我说的话，如果他觉得有道理就听，没道理就当放屁。再说了，我们这些人都是案板上的鱼肉，想杀还不由你们吗？"

最终，随何见到了英布，他说："大王，您现在的麻烦可大了。项羽让您去讨伐齐国，您只派了几千人马，自己却待在家里享清福，让您去救援彭城，到现在您都没有出兵。项羽是什么人，想必您比我更清楚吧？他要是空出手来，还不得把您给捏死！"

英布心想：我正在为这事儿发愁着呢。

随何又说："你别看汉王现在弱小，但是他的盟友众多，他的所到之处，总是受到百姓的欢迎。所以，您现在跟着项羽没什么前途。我

们汉王曾经说过，只要您愿意来，要多少土地都给您。”

听到这里，英布有些犹豫了，他挠了挠后脑勺，说：“你让我好好想一想。”

让英布万万没想到，就在这个时候，项羽的使者也来了这里。他不但臭骂了英布一顿，还让英布赶紧出兵。随何打听到项羽使者的住处后，跑过去就指着鼻子开骂：“救什么？九江王早就投靠我们汉王了，项羽凭什么让他出兵啊？”

项羽的使者一听，吓得不禁一哆嗦，当时脸就绿了。再看英布，不知如何是好，一言不发，转身便要离开。随何说：“大王，事情都到了这个份儿上，赶紧把这个使者杀了吧，不能让他跑回去报信。”骑虎难下的英布只好杀了使者，投奔了刘邦。

但是，他做梦都不会想到，在后来的某年某月某日，刘邦居然会逼着他再次反叛。可以这样说，英布这一辈子，不是在造反，就是在造反的路上。当然这并不是他想要的结果，因为在当时那个乱世中，想要好好地活下去并不容易。

英布投靠了刘邦，帮他夺取了天下，并被封为淮南王，感觉还不错。自从项羽死了之后，英布以为自己可以高枕无忧，做个逍遥自在的诸侯王，却没有意识到，危险很快会再次降临。

在英布被封王后不久，汉初三大名将之一的韩信被杀。紧跟着彭越又被杀，而且吕后还把彭越剁成肉泥，并分赐给诸侯。英布这才嗅到了危险的气息。于是，他赶紧调集兵马，守卫自己的都城六安。同时，也在想办法向刘邦证明：我根本就不想造反，只想做一个逍遥自在的诸侯王。

那他为什么后来又决定起兵造反呢？因为一个小妾。他有一个非常宠爱的小妾。有一天，这个小妾身体不舒服，去一个医师的家中看病。这个医生家的对门住着一个官员，名字叫贲赫。他看到英布的爱妾后，就想找她走走后门，或拍拍马屁，于是，贲赫送了她很多的礼物。而且，他们还在医生的家里喝了顿小酒。

当晚，小妾就给英布吹起了枕头风，说："贲赫这个人不错，忠厚老实……"听小妾这样夸赞一个男人，英布醋意大发："你和他不沾亲带故，为什么帮人家说好话，你们关系肯定不一般。"于是，英布就让人去把贲赫抓了起来。贲赫做梦都没想到，这个马屁竟拍到马腿上了。见势不妙，贲赫拔腿就逃，逃到哪儿去呢？贲赫逃到了长安，并且对外宣扬说英布要造反。

刘邦一开始不相信，就问萧何："这事会不会是真的？"萧何说："依我之见，英布不会，也不敢造反，这很可能是诬告，要不咱们先派人去调查一下。"

不久，长安的使者就到了六安。这时，英布心里没了底儿："这是要对我动手吗？如果我说没有谋反，他们会信吗？彭越和韩信不也这么说的吗，结果呢？再说了，我还在都城的周围加强了守卫。想必我是没法解释清楚了，这可咋办呢？"经过一番权衡，他决定一不做，二不休，起兵造反算了。

在英布看来，刘邦年岁已大，肯定不会御驾亲征，只要刘邦不亲自出马，汉朝也没有几个人是自己的对手。可是他没想到，刘邦偏偏抱病亲征。由于英布仓促起兵，身边也没什么谋士，加之实力无法与汉朝抗衡，所以被刘邦打得节节败退，毫无还手之力。

这个时候，英布的大舅子，也就是长沙王吴芮的儿子吴臣，让人捎话给英布说："咱们都是一家人，你一反叛，我就得受连累。但是，既然你干了，而且还败了，那干脆到我这儿来吧，咱们商量一下，一起往南逃，投靠赵佗去。"英布心想，这个大舅子不赖，不但关心自己，而且说的也很在理。于是，他带着一百多人来到了江西的鄱阳。

其实，人在落难的时候，除了父母谁都靠不住。一天夜里，吴臣在英布熟睡的时候，派人把他杀了，随后将尸体送给了刘邦。英雄一世的英布，做鬼也不会想到，自己竟会这么窝窝囊囊地死去。

文景能将

被饿死的丞相周亚夫

周亚夫是西汉时期的一位重要将领和政治家，以治军严谨、功勋卓著而闻名。然而，在他晚年时，发生了一件不幸的事情。

据传，在一次重要的国宴上，主办方竟不给他提供筷子，他愤而离席。之后，他被指控对皇帝不敬，并图谋造反。为了证明自己的清白，他绝食抗议，最后被活活饿死。

周亚夫是西汉开国功臣周勃的次子，他做河内（今越南河内）郡守的时候，有个会看相的老妇人预言了他的命运，她说："您的命相尊贵，三年之后可以封侯，再过八年可以做丞相，但是您再过九年，会因饥饿而死。"

周亚夫根本不信，他说："老人家，我肯定不会被封侯的，因为我哥哥已经继承了父亲的侯爵，就算他死了，也是由侄子继承，轮不到我。你说我会饿死，这也不可能，既然我都做到丞相了，又怎么会饿死呢？"

没想到过了三年，周亚夫的哥哥因为杀人而被剥夺了爵位。汉文帝考虑到周家的声誉，决定举行一次公开投票，以选出周勃儿子中最优秀的继承爵位。结果周亚夫当选，继承了侯爵。

后来，匈奴进犯，为了警卫京师，汉文帝派周亚夫带兵守卫细柳。为了鼓舞士气，汉文帝决定亲自犒赏慰问。到其他军营都很顺利，唯独到了周亚夫的细柳营，当负责开道的侍卫喊道："天子且至，快打开辕门！”没想到守门的校尉面无表情地说：“将军有令‘军中只听将军令，不闻天子诏’。”开道的先驱侍卫听后气得破口大骂：“你疯了？听清楚！是皇帝驾到，将军比皇帝还大吗？”但不论他怎么说，守门的校尉就是不开门。

没一会儿，皇帝刘恒也到了，他让宦官再去叫门，那看门的校尉往车上瞅了一眼，不屑地说：“我才不认识什么天子，有没有符节信物？”宦官只好向刘恒请示天子符节。校尉仔细查验了一下，没看出有什么问题。宦官催促他说：“你快开门吧！”校尉说：“等一等，我还要拿给将军查验，将军下令开门就开门。”汉文帝只好在门外等。

周亚夫在收到天子的符节之后，没有亲自出门跪迎皇帝，而是派一个人拿着令旗让校尉开门。皇帝总算是进来了，皇家的司机刚准备加油门，车突然被守门的士兵给拦住了，并严肃地说：“军中不得驰驱！”

“什么？天子车驾，还要限速吗？”

“军令如山，天子也一样。”

司机生了一肚子气，也不好说什么，他只好转头看向皇帝。皇帝说，咱们就按军中要求来。驾驶员便问：“你们这儿限速多少？”

士兵回答说：“军营重地，按辔徐行。”司机只能牵着马辔头，以步行的速度行驶。

所以皇帝的车驾以龟速来到大帐前，听说皇帝已经来了，周亚夫这才披好铠甲，佩戴好长剑出来迎接。他见到皇帝，没有跪拜，只是浅浅地作了一揖，说：“甲胄在身，恕臣行以军礼。”此言一出，不但皇帝的随从们被吓住了，而且刘恒也有点儿蒙。

在中国古代，确实有“甲胄之士不下拜”的说法，但这只是一种说法，实际上没人真的这么做。周亚夫是头一个这么干的！刘恒虽感到惊讶，但没有生气。然后，周亚夫演兵布阵，接受皇帝的检阅。等到出了细柳营之后，侍卫们就开始责骂周亚夫了。没想到汉文帝说：“这才是真将军，这样的人，这样的军队，就算敌人化装偷袭，都没

机会。”

后来，汉文帝临终前对太子刘启说：“以后一旦国家面临危急，周亚夫这个人可以力挽狂澜。”刘启做梦也没想到，自己刚登上皇位才三年，就爆发了七国之乱。他想起老爹曾说周亚夫可用，于是任命周亚夫为太尉。当时，叛军正在猛攻梁国，但周亚夫没有直接救援，而是决定暂时放弃梁国，从背后断掉叛军的粮道，然后一举击溃叛军。他只用了短短三个月时间就平定了叛乱，可以说为国家立了大功劳。

平叛两年以后，周亚夫被任命为丞相，仕途已经达到顶点。当然，周亚夫虽然是个优秀的将军，但不是一个合格的官僚。他不论做事还是讲话，喜欢直来直去，而且特别爱较真儿，所以没干几年就被刘启罢免了。虽然罢免了周亚夫，但刘启还是很欣赏他耿直的性格。随着自己的身体越来越差，他也想找个合适的大臣来辅佐太子。经过反复思考，他再次想到了周亚夫，而且也很想知道他过去的犟脾气有没有改变。于是，刘启在周亚夫罢相四年以后，再次召他入宫，并邀请他参加宴会。

当周亚夫到达时，他发现刘启并没准备任何美食，而是赐给他一大块熟肉，既没筷子，也没叉子，那要怎么吃呢？他并没有意识到皇帝的意图，而认为皇帝在羞辱自己，所以他没有谢恩，而是气呼呼地跟内侍要了双筷子，叉起肉慢慢吃。

刘启见周亚夫的脸色很难看，便问了一句：“怎么？绛侯面带不悦，是不是对我的安排有所不满啊？”周亚夫连忙下跪，说：“臣不敢！”刘启不想把场面搞得太僵，就说：“起来吧。”然后，指着一块没吃完的肉，说：“把它吃完。”没想到，此时的周亚夫已经怒火中烧，听到皇帝说“起来”，他嗖地一下站起来，没等刘启把话说完，便大步流星地离开了。看到周亚夫这种无礼的行为，刘启也是一肚子不快，他说：“此人如此傲慢无礼，怎么能辅佐少主，看来这个人留不得啊！”

皇帝一旦起了杀心，自然会有人想办法搜罗罪状。周亚夫戎马多年，又因被罢官而郁郁寡欢，虽然才五十来岁，但看上去却老态龙钟，感觉自己的身体一天不如一天。一次，他把儿子周阳叫到跟前说："我死了之后，你要把丧事办得风风光光，可不能'掉链子'啊。"

周阳听老爹这么一说，哪里还敢怠慢，于是开始准备棺椁寿衣，想到老爹身经百战，便又给老爹置办了五百副甲盾，准备作为随葬之物。没想到有个在周家干活的佣工，因为迟迟收不到工钱，便跑到官府告发，说周家买了甲盾准备造反。这件事很快就传到了汉景帝刘启的耳朵。于是，他下令调查此事。

当时，周亚夫根本不知道皇帝要调查这件事，当被询问时，他一问三不知，对方觉得他是在装傻充愣，于是又到刘启跟前狠狠地告了他一状。刘启听后火冒三丈，让廷尉去处理这件事。汉朝廷尉是负责督查百官、掌握司法检查大权的官员。不论是谁，一旦落到廷尉的手里，不管有没有罪，都别想着清清白白地离开。

廷尉看着周亚夫，问道："你深受皇恩，为什么要谋反？"

周亚夫当然不愿担这个罪名，解释说："这些甲盾是我儿子给我买来的陪葬品，根本就不是武器，怎么能算谋反呢？"

廷尉听后，直接来了一句："那就是说，你知道地上谋反不成，打算到地下造反吗？"

正所谓"欲加之罪，何患无辞"，听到廷尉这么说，周亚夫心一下凉了半截，心想："完了，跳进黄河也洗不清了。"

周亚夫一生刚烈如火，哪能受得了这样的无端指责，为了自证清白，他开始绝食，五天后吐血身亡，终年五十六岁。一代名将，对大汉朝有着再造之功的周亚夫，就这样冤屈而死。

刘启刚开始认为，周亚夫拒绝配合审讯是一种顽抗，所以下令废除周家的封国，并剥夺了他的爵位。但一年以后，或许是良心发现，或许是了解到了实情，他决定恢复周家的爵位，并让周亚夫的弟弟继承爵位。

飞将军李广

有一句诗词，大家耳熟能详，它就是“冯唐易老，李广难封”，其出自唐代王勃的《秋日登洪府滕王阁饯别序》。为什么大名鼎鼎的“飞将军”李广难封呢？很多人认为，当时的汉武帝太偏颇，没有公正地对待李广。与此同时，在《史记》中，司马迁其实对李广进行了一些美化。

在小时候，我们都学过《出塞二首·其一》这首诗，里面有一句“但使龙城飞将在，不教胡马度阴山”，其中的“飞将”指的就是李广，所以大家都觉得李广是个能征善战的武将。李广确实是将门之后，他的祖上是秦朝时期的名将李信。李广确实骁勇善战，但是他身上的缺点也不少。

在文景时期，汉朝对于匈奴等一些外族采取了防御性策略。作为一个将军，李广想通过抵御外敌而立大功是比较困难的。李广在年轻的时候，正好赶上了汉景帝时期的“七国之乱”。当时，李广就跟随周亚夫前往平叛，并立了大功。因此，汉景帝的弟弟，也就是梁王刘武看中了李广英勇善战，便想拉拢他，并赠予他一枚将军印。此时的李广只是一个校尉，或许是他太想做官了，所以在看到这个将军印之后，就像猴子看到蟠桃一样，二话不说，就直接领受了。这让当时的汉景帝很不舒服，认为他有意与梁王勾结。但是，汉景帝并没有过多地责罚他，只是抹掉了他在平叛中的功劳，且没有给他封赏。所以这一次他没有如愿成为大将军。

到了汉武帝时期，李广如愿成了一位大将军。当时，汉武帝打算主动出击匈奴，这也让很多武将有了出头之日。李广也算是当时汉朝名望最高的将军。第一次主动出击匈奴时，兵分四路，每一路一万人，李广领了一路，卫青也领了一路，公孙贺和公孙敖各领一路，分路出击。结果是什么样呢？

李广的部队虽然最为精锐，他的名望最高，官职也最高，却是四路军队中败得最惨的一路，差点儿被匈奴人打得全军覆没，而且他也被俘虏了。幸好李广的演技不错，他装作重伤，在被匈奴人押解回去的途中，趁人不备，抢了一匹马和弓箭，骑着马逃脱。在逃跑的过程中，他还射死了很多人。

按道理来说，李广吃了败仗，损失了那么多兵马，回来之后是要被问斩的。但是，汉朝时期有一条规定，如果一个人犯了死罪，可以通过缴纳钱财来赎罪。所以，当时的李广为了赎罪花了不少钱，他也因此被贬为庶民，赋闲在家。

有一次，他出去打猎，回来的时候天色已晚。因为古代有宵禁的规定，所以在路过霸陵这个地方时，被霸陵尉拦了下来。他的随从便上前解释，说这个是前任的大将军李广，看能不能行个方便。

当时，霸陵尉毫不留情地拒绝了，说："甭说是前任的将军，就算现任的将军都不行。先到一边待着去，必须等到天亮了才能走。"李广只好在野外将就了一夜。被一个小小的霸陵尉如此欺负，心里别提有多难受了。

没过多久，汉武帝又开始起用李广，因为当时匈奴来攻击右北平，所以他就让李广出任右北平的太守。李广向汉武帝谢恩时说："感谢陛下对我的信任，您顺带把这个霸陵尉也派给我吧，我和他一起前往右北平上任。"汉武帝不知道李广和霸陵尉之间的过节，便随口答应了。结果，这个霸陵尉刚到李广军队没多久，就被李广找了一个借口杀掉了。

虽然霸陵尉可能在言语和态度上对李广不敬，但是作为一个大将军，李广的报复心也太强了。所以，有人说李广没有被封侯，是因为他心胸狭窄，没有什么格局。通过这件事来看，这种说法多少也是有一些道理的。

李广虽然身经百战，但是没有立下多少功劳。与此同时，和他同时期的卫青七战七捷，霍去病二十多岁，六战六捷，即便深入大漠，也没有迷路。而作为最有经验的将军，李广却连霍去病这样的小伙子

都不如。在公元前123年的战争中，霍去病一战而封冠军侯，在历史记载中，李广没有功也没有过。有人推测，当时李广应该是没有碰到匈奴人。在公元前121年的河西之战中，李广率领四千兵马奉命牵制左贤王，在半路上遇到了匈奴大军，结果被匈奴围困，直到第二天援兵赶来时才解了围。虽然功过相抵，但从这可以看得出来，他的运气也确实差了点。

漠北之战时，李广已经六十多岁了。出征之前，他请求汉武帝让他担任前将军，以便立个头功。汉武帝当时就同意了。但是，李广到漠北一打仗就迷路，也没打过几场像样的仗，更别说漂亮的大胜仗了。所以，汉武帝就觉得这个家伙就是一个扫帚星，私下给卫青捎话说："尽量别让他做这个前将军。"

有一次，由于发现情报失误，卫青及时调整了战略部署，让李广率军从侧面绕到大单于军队的背后，希望通过前后夹击来战胜敌人，以切断单于逃跑的路线。这本来是一个挺靠谱的战略，李广却认为卫青不想让他立功，所以要把他支到别的地方去。虽然他多次向卫青提出请求，最好换一个任务，但是卫青都没有同意。

当时，李广非常生气，一怒之下，就带着兵马出发了。很快，他就发现身边连个向导都没有，走到半路就迷路了。卫青毕竟是一代战神，很快就把单于打败了。单于被打败后，一门心思想着逃跑，卫青就在后面追，一路追到赵信城，连单于的人影儿都没发现。

在回军的路上，卫青碰到了李广，于是非常好奇地问他："出现了什么情况？我让你在后面兜着，你跑到哪里去了？"李广也是一肚子怨言，说想不到自己迷路了。

卫青心想：你让我回去怎么向皇帝交差啊，你这是贻误战机，岂能说个"迷路"就没事了？如果我向皇帝如实汇报，你回去之后很可能会被定死罪。李广手下的人也意识到了问题的严重性，有人就试探性地询问李广该怎么办。他一听到别人询问，就满腹牢骚，对手下的士兵说："我都这把年纪了，以后肯定没有立功的机会了，现在让我回去面对那些小吏们的审问，这可是对我莫大的侮辱。”所以，他拔剑自杀了。

无论是李广难封，还是拔剑自刎，可以看出，李广算不上是一个心胸宽阔的人，甚至他在临死的时候，都认为卫青故意不给他立功的机会，让他去绕路，所以导致贻误战机。在战场上，肯定是主帅说什么就是什么，而不能按照自己的想法打。如果一个武将想怎么打就怎么打，怎么能协同作战，捕捉最佳的战机呢?

由此可见，李广之所以没有获得多少战功，与他的性格有很大关系。正所谓“性格决定命运”。李广死后，他的儿子李敢因为这件事情去找卫青报仇，结果被霍去病所杀。

抗击匈奴的武将们

卫青：从奴隶到战神的逆袭

从奴隶逆袭成为战神，而且还娶了自己的老板，古今中外，也恐怕只有卫青能创造这样的传奇。毫不夸张地说，他可以称得上草根逆天改命的典范。

严格来说，卫青甚至连草根都算不上，为什么呢？因为他是一个奴隶，不只是个奴隶，而且还是个私生子。他的母亲没名没字，人称卫媪，是平阳侯曹寿家的奴仆。曹寿就是曹参的曾孙，他有四个孩子，一男三女。

有一次，一个叫郑季的县令到平阳侯家办事，刚好遇到了卫媪，卫媪虽是个小婢女，但长得温婉可人，郑季一眼就喜欢上了她。在郑季一番花言巧言的挑逗下，卫媪以为遇到了爱情，于是和他厮混在一起。

后来，卫媪生下了卫青。此时，郑季翻脸不认人，不愿娶她，她无依无靠，一个人没钱养活孩子。实在没有办法，便将卫青送到了郑季家中。郑季不想认这个儿子，郑家也没有一个人把他当自家人，而是把他当奴隶或牲畜养。所以，卫青稍大一点，便开始整天给郑家放羊。后来，他再也不愿意待在郑家，就回到了母亲的身边。此时，他的母亲是平阳公主身边的一个女奴，他也顺便做了平阳公主的骑奴。

骑奴可不是随从，其地位要比随从低很多。比如，公主上马上车，或是骑驴时，他要趴在地上，给公主当脚蹬，然后还要跟着马车跑。等公主下车或下马时，他要再次趴下。所以，这时的卫青连草根都算不上。

有一次，卫青跟随老板到了甘泉宫，有一个囚犯看他相貌非凡，就说："哎哟，您这个是贵人之相，以后会被封侯啊。"卫青笑了，心想我只是一个奴仆之子，每天不挨打就算万幸了，谈什么封侯啊，那是做梦都不敢想的事情。

好在平阳公主权力欲望较大，她学着馆陶公主，找了几个美女送给汉武帝刘彻。当时，卫青的姐姐卫子夫被刘彻看中，留在了宫中。紧接着，卫青被安排到建章宫当差。刘彻对卫子夫十分钟爱，很快，卫子夫就怀孕了。

"金屋藏娇"的陈阿娇皇后得知卫子夫怀孕了，非常气愤，觉得卫子夫让她很没面子。她的母亲馆陶公主为了给女儿出气，就派人把卫青抓了起来，想要杀了他。

幸运的是，公孙敖带着一帮同事把卫青救了下来。汉武帝知道这件事情大发雷霆："这个丈母娘的手伸得太长了，你不是想加害卫青吗，好，我现在偏偏要提拔他。"于是，卫青又被提拔为建章监，卫子夫被封为夫人。

卫青虽然是外戚，但他确实有一些本事。比如，在龙城之战中，汉武帝派了四路大军，每路大军一万人，这次主动出击的目的不是攻城略地，而是深入匈奴的地界，消灭对方的有生力量。结果，公孙贺的军队到草原上兜了一圈就回来了，公孙敖的军队损失了七千多人，而名望最高的李广居然全军覆没，本人也被俘虏了，后来抢了一匹马才侥幸跑了回来。

只有卫青心里想："既然没有目标，那我选择谁做目标都可以呀。"他翻开地图，寻找到了一个目标：龙城。龙城是匈奴人祖宗的圣地，也是匈奴祭天的地方，卫青决定攻打这个地方。这里离边境较远，虽然有士兵把守，但是数量不多，卫青直捣龙城，然后全歼了匈奴的守兵。随后，他又一把火把它给烧了。本来汉武帝接二连三

地收到战事失利的消息，心情郁闷得不得了。当他收到卫青的这个捷报时，一下喜上眉梢，一个劲儿地为自己的小舅子点赞，并封他为关内侯。

从此之后，只要是打匈奴的事儿，他都会交给这个小舅子。卫青也因此大展神威。公元前127年，卫青收复河套地区，被封为长平侯。公元前124年，匈奴分兵三路，大举南下，卫青乘夜奔袭，重创匈奴，进拜为大将军。公元前119年，他与外甥霍去病大败匈奴主力，并一路追到赵信城。此战后，匈奴远逃，“漠南无王庭”。因此，霍去病被封冠军侯，卫青被封为大司马、大将军，并迎娶白富美，把原来的老板平阳公主娶回家。

公元前106年，连年征战，不到五十岁的卫青病逝。汉武帝为了纪念他的彪炳战功，把他的墓修成了阴山的形状。卫青死后，卫家的靠山也就没了。受太子刘据巫蛊之案的影响，卫青的长子卫伉被赐死。不过，汉武帝并没有对卫家赶尽杀绝，卫青的次子和幼子有幸活了下来。

卫青从奴隶成长为一位将军，他的威名不是靠卫子夫的裙带关系，而是凭借自己的英勇无畏，浴血奋战获得的。他七战七捷，收复河朔、河套地区，击破单于，为北部疆域的开拓做出了重大贡献。

不败战神霍去病

一战成名

在古代，武将最高的梦想，无非像霍去病一样，“封狼居胥，饮马瀚海”。霍去病仅有七年的戎马生涯，却得到了别人一辈子都难以企及的战绩，为人们津津乐道。那霍去病到底是一个什么样的人？他又为什么这么厉害呢？

其实，霍去病出身并不显赫，他的母亲卫少儿是平阳公主的侍女。有人猜测卫少儿应该比她的妹妹卫子夫更漂亮。她在十五六岁的时候，遇到了一个在平阳公主府中当差的小吏，名叫霍仲孺。这个人是典型的渣男，他见卫少儿长得漂亮，便通过花言巧语把这个小姑娘骗到手。卫少儿天真地以为，他会娶自己为妻，这样后半辈子就有了依靠。没想到一年后，霍仲孺离开了平阳公主府，回老家山西临汾去上任。而此时的卫少儿已经快生产了，那该怎么办呢?

霍仲孺担心这个女人会纠缠自己，进而影响了自己的仕途，所以没有给她一点帮助，而且还叮嘱她："你可别来找我，我可不认这个儿子。"不久之后，可怜的卫少儿生下了一个男孩儿。在公主府里面，她一边做侍女，一边抚养孩子。让她万万没有想到的是，刚刚登上皇位两年的汉武帝刘彻，有一次到霸陵去祭祀，回去的时候路过平阳公主府，无意中看中了自己的妹妹卫子夫，还把她带到了宫中。在这之后，卫少儿在公主府的日子也好过了一些。

过了一年多，卫少儿带着孩子到宫中去探望自己的妹妹，进入寝宫的时候，怀中的孩子突然哇哇大哭起来，哭声震天响。当时的汉武帝刘彻正在睡午觉，被这个孩子的哭声惊醒出了一身冷汗，于是厉声问道："宫里哪来的孩子？"这可把卫少儿吓坏了，她赶紧抱着孩子向皇帝请罪。

汉武帝一看，是卫子夫姐姐的孩子，便说："来，让我看看这个小家伙。"说来奇怪，这孩子被汉武帝一抱，居然不哭了，还冲着汉武帝笑。刘彻越看越喜爱这个孩子，便问："孩子叫什么名字啊？"卫少儿赶忙说："陛下，还没有取名呢。"

刘彻想了想，便说："那我给他取个名字吧。"

卫少儿赶紧跪谢龙恩。刘彻说："我这几天浑身不舒服，刚才在梦中听到这个孩子的哭声，现在感觉好多了。想必我与这个孩子有缘分，他能祛我的病啊，干脆就叫去病吧。"

因为霍仲孺不认霍去病这个亲生子，后来，卫少儿又嫁给了丞相陈平的孙子陈掌，没有把儿子带过去，所以，霍去病一直由卫家人抚养。但是，这个时候的卫家不再是从前的卫家，霍去病不但过上了优裕的童年生活，而且受到了良好的教育。舅舅卫青是大将军，教了霍

去病不少兵法知识。所以，霍去病在十六岁的时候就做了负责保卫汉武帝的侍中官，也就是皇帝的贴身侍卫，属于天子近臣。

公元前123年，十七岁的霍去病向汉武帝刘彻请命说："我要跟着舅舅卫青去打匈奴。"刘彻一看，这小子有点出息，于是专门给他设立了一个官职，叫剽姚校尉。剽姚就是很矫健强健的意思，可见这个官职很符合霍去病的气质。本来，刘彻想让他跟着卫青实习，看看卫青怎么带兵打仗，可是霍去病一到战场，就像打了鸡血似的，根本耐不住性子，他一个劲儿地央求舅舅说："你给我一支兵马吧，让我也体验下打匈奴的感觉。"卫青被他烦得不行，勉强同意了，但只给了他八百个骑兵精锐，并像许多家长叮嘱贪玩的孩子一样："你可别跑远了，转一圈就回来。"他心想，八百人对战局也起不到多大作用，就当是练手了。

霍去病嘴上答应得很好，刚一出去，就把舅舅的话当作了耳边风。他带着这八百个骑兵，居然突袭了数百里，深入匈奴人的领地，直捣其王庭。最后，他以八百兵力砍杀了两千多匈奴人，不仅俘虏了匈奴单于的相国和一些官员，还抓获了单于的叔叔，甚至杀掉了单于的爷爷。

这个消息传到刘彻的耳朵后，刘彻开心坏了，他没想到汉朝竟能出这么一位能征善战的将军，为了犒赏霍去病，封他为冠军侯，"冠军"这个词就是从这儿来的。从那之后，霍去病这个名字也成为匈奴人挥之不去的噩梦。虽然匈奴的骑兵强大，但大汉的骑兵更加英勇无畏。

河西之战

当时的霍去病究竟有多厉害呢？确实让人很难想象，毕竟，他当时只有十七岁，在现代人眼中，只是一个稚气未脱的少年。而这个高中生一样年纪的少年，却率领八百骑兵一战而封冠军侯。这足以说明，他是个军事奇才。

关于霍去病的征战，我们知道最多的便是“封狼居胥，饮马瀚海”。其实在之前，他在河西之战中已经表现出了卓越的军事才能。公元前121年，十九岁的霍去病被任命为骠骑将军，独自率领一万军队出征匈奴，最后硬生生把匈奴人给打哭了。

老话常说“嘴上无毛，办事不牢”。但是，年轻的霍去病用实际行动证明，嘴上没毛同样能办事儿，而且还能把事儿办牢。从另一个方面，也说明汉武帝敢于用人，也善于用人。

第一次河西之战，他从陇西出发，东游西逛，看到匈奴部落就打，只用了六天的时间就大破匈奴，还差点儿抓住单于的儿子。那匈奴甘心失败吗？当然不会。他们也曾试图反击，但是霍去病用兵神速，采取闪电战策略，而且飘忽不定，所以匈奴人根本找不到有效的反击机会。比如，他们得知霍去病在什么地方后，赶过去时，发现人早跑到别的地方了，所以一点儿招都没有。

霍去病先后干掉了匈奴五个王了，匈奴人以为他会就此收手，不承想，霍去病长途奔袭，越过焉支山，孤军深入，直接斩杀了匈奴的折兰王、卢侯王，俘虏了浑邪王子、相国等重要官员，并抢了匈奴祭天的金人，然后才率军返回。不过，这对霍去病来说只能算是中场休息，因为下一回合，也就是第二次河西之战，直接把匈奴给打哭了。

霍去病回来后，稍作休整。同年的夏天，他再次出击河西。这一次，汉武帝决定玩把大的，他让霍去病和公孙敖各领一支军队，分兵合击，还让李广、张骞出右北平，以牵制匈奴的左贤王，希望通过这一战定乾坤，将河西全部拿下。

当时，霍去病和公孙敖约定在一个叫居延海的地方会合。可是，霍去病到了之后，根本没看到公孙敖的军队，这是怎么回事呢？原来，公孙敖在荒漠中迷路了。与此同时，“飞将军”李广被匈奴团团围住。这让霍去病陷入了两难的境地：如果回去或是继续等下去，会贻误战机；如果孤军深入，又担心寡不敌众。他经过一番权衡，最后决定继续前进，一个人干两个人的活儿。他越过了贺兰山，穿过了腾

格里沙漠，绕到了匈奴的大后方，开始横扫匈奴各大部落。这时的匈奴只剩下两条路，要么投降，要么被消灭。在这次战役中，霍去病斩杀了匈奴三万多人，俘虏匈奴五王、单于阏氏、王子及将领一百多人，打得匈奴措手不及，正如匈奴人在《匈奴歌》中哀号的那样："失亡祁连山，使我六畜不蕃息。失我焉支山，使我妇女无颜色。"这就是第二次河西之战。如果说第一次河西之战是"春季攻势"的话，那这一次就是"夏季攻势"。

当时，匈奴大单于接到前方失利的消息后，气得暴跳如雷，当即下令让浑邪王、休屠王赶紧回来。他实在想不通，两大部落怎么也有一二十万人，为什么会被打成这个样子？甚至怀疑他们故意放水。其实，这两个人也挺冤枉的，他们确实打不过霍去病。可以说，霍去病就是为了打匈奴而生的。

浑邪王和休屠王很清楚，回去日子肯定不好过。两人经过商量，决定投降汉朝。本来，两个人已经做了这个决定，没想到走到边境的时候，休屠王突然反悔了。浑邪王一看，这么下去会产生内讧，很多人会乘乱逃跑，于是一不做二不休，把休屠王杀了。然后带着休屠王和自己的人马一起投降了汉朝。

在当时，不是所有的匈奴人都愿意投降，特别是休屠王和他的部下。当他们看到霍去病的汉军时，心里感到害怕，突然开始哗变，差不多有一万人调转马头，试图夺路而逃。

霍去病一边派人报告朝廷，一边喊话："真心归附我们的，张开双臂欢迎，胆敢逃亡的，只有杀无赦了。"随后，他派出一万人穷追猛打，射杀了逃亡的匈奴人八千余人。这样一来，河西走廊就完全被打通了。

汉武帝得到捷报后，非常开心，他除了赏赐将士们大量的金银外，还额外给了十坛美酒。然而，这么多人，十坛酒显然不够分，怎么办呢？总不能让将军们喝，让士兵们看吧。幸好在营地的旁边有一条溪流，于是他们将酒倒入溪流中，所有人就捧着溪水一起喝。为了纪念这件事，这个地方后来被称为酒泉。

封狼居胥

在霍去病短暂的军事生涯中，二次河西大捷让他的声望直追卫青，甚至因此被誉为一代战神。二十二岁，霍去病封狼居胥，这是每一位古代武将的最高荣誉与追求。

汉武帝之前，汉朝屡受匈奴欺负。从刘邦的白登之围开始，匈奴就时常劫掠西汉的边境，汉朝束手无策，要么给钱，要么和亲。即便如此，还是不能解除匈奴对汉朝的威胁。公主嫁过去，匈奴要钱时更加理直气壮，如果汉朝不给就直接抢。所以，汉朝的一味忍让、妥协，换来的却是匈奴变本加厉的侵扰。

经过文景之治，到了汉武帝时期，汉朝国库变得充实。所以，汉武帝做了一个大胆的决定：在有生之年要彻底解决汉朝和匈奴之间的问题。也正是在这个时期，汉朝出现了两大战力很强的名将卫青和霍去病。汉武帝让这两大战神共同出击，寻找匈奴的主力决战。

匈奴单于伊稚斜为了避汉军之锋芒，将王庭设在了大漠以北，他的想法很简单：如果汉军长途跋涉来打我的话，我就置汉军于死地。汉武帝眼光毒辣，早就看穿了匈奴的伎俩，他让霍去病攻打河西，也就是前面所说的河西之战，这让匈奴单于恼羞成怒。于是，他让人在边境劫掠，想引汉军到漠北来。

当时，汉军的骑兵战斗力也很强悍。所以汉武帝将计就计，让霍去病带着最精锐的五万铁骑找伊稚斜本部，让卫青率五万骑兵找匈奴的左贤王，分东西两路进军漠北。没想到的是，情报居然出现了错误，原本进攻左贤王的卫青，穿过大漠后，竟然遇到了伊稚斜单于的本部。要知道，汉朝的精锐骑兵全都在霍去病手里，那该怎么办呢？

卫青不愧是一代战神，他以车兵为营，先锋五千人冲阵断杀。到傍晚的时候，突然刮起了一阵狂风，满天飞沙走石。卫青当机立断，令骑兵从两翼包抄，伊稚斜见势不妙，赶紧带着几百个人突围。卫青

怎么可能放过他，在他身后紧追不舍，一直追到一个叫赵信城的地方（位于现在的蒙古国），斩杀了匈奴大约一万九千人。

霍去病本来是要对付伊稚斜的，结果遇上了左贤王，左贤王的实力肯定要逊于伊稚斜单于。很快，他的部队就被霍去病打得四散逃窜。霍去病率军一路追杀，硬是把匈奴赶出了狼居胥山，并一直打到瀚海，也就是现在的贝加尔湖，在那个地方杀敌有七万之多，匈奴各种王、相国更是抓了一大堆。

在回师的路上，霍去病经过狼居胥山，特意在这个地方举行了祭天的封礼，立了汉碑。也就是说，这个地方从现在开始是汉朝的地方了。要知道，狼居胥山在匈奴人的心目中有着非常重要的地位，甚至是神圣不可侵犯的。因为它是祭祀的圣地，每一年匈奴人都要在这里祭祀天地，祭拜日月。这就是封狼居胥。霍去病的这个行动不仅在地理上扩大了汉朝的版图，在政治和心理上也对匈奴人造成了沉重打击。

为了奖励霍去病的战功，汉武帝给他建造了一座住宅，装修豪华，拎包就可以入住。但是，霍去病却断然拒绝了，他说："匈奴未灭，何以家为？"意思是不把匈奴干掉，我绝不成家。

见霍去病立下了赫赫战功，并得到了皇帝的奖赏，先前不愿认他的父亲霍仲孺也改变了想法。有一次，霍去病出征回来，顺便到了平阳，他把霍仲孺请来，跪在地上说："我早先不知道我是您的儿子。"霍仲孺吓得匍匐在地，一个劲儿地叩头，并且说："我能够有您这样的儿子，是老天赐给我的呀。"

霍去病也确实够意思，他把霍仲孺的儿子，也就是自己同父异母的弟弟霍光带到了长安。后来，霍光成了西汉时期的一代权臣。可惜，霍去病死得太早，当时只有二十四岁。他的死也成了千古谜团。

死亡之谜

那霍去病到底是怎么死的呢？是被害死的，还是病死的？关于他的死因有很多种说法。司马迁在《史记》当中只用了一个“卒”字，即没有说他是怎么死的，只是说他死了。这也引起了后人的很多猜测。

在西汉时期，有一个史学家叫褚少孙，他曾经在《史记·建元以来侯者年表》中有一段补记，借霍去病的弟弟霍光之口说霍去病是病死的，但没有说他得了什么病。如果是小病的话，当时霍去病才二十四岁，年轻体壮，怎么也可以扛些时日。如果是大病，作为一个侯爵，也是汉帝国重要的将军之一，史料多少会有所记载，事实上却没有。

其次，一些影视剧在描述漠北之战时，场景是这样的：霍去病带着兵马喝了被匈奴人投放病死动物的水源，所以生病了。细想一下，这种观点也不太靠谱，原因有两点：一是霍去病死亡的时间距离漠北之战将近三年，也就是说，病毒要在他身上潜伏三年之久；二是许多士兵都喝了水，要死也会死很多人，但是翻遍史料，也没有发现汉朝及匈奴在那一段时间发生过瘟疫的记载。

当然，人们更多地会想到另一种情况，即霍去病功高震主，所以汉武帝杀了他，其实，这种观点更不靠谱。为什么呢？在公元前117年，那时已经历了漠北大战，匈奴人已经被打怕了。匈奴单于没招儿，只好向汉朝求和，但是心里是不服气的。所以，当汉朝派使节过去，他们不是把使节扣押了，就是把使节杀了。这是汉武帝绝对不能容忍的，他一气之下，决定再次出击匈奴。就在这个时候，霍去病突然死了。以汉武帝的雄才大略，他不应该是害死霍去病的幕后黑手。

如果说霍去病是被害的，那最大的嫌疑对象可能是谁呢？有两家人比较可疑，一个是李家，也就是李广他们家，另一个是他的舅舅卫青家。为什么这么说呢？

首先来说李家。当年，霍去病杀了李敢，是因为李敢由于父亲李广的自杀，而迁怒于卫青，将卫青打伤。但是，卫青为人非常低调，他不愿意声张，这件事情就这么过去了。这导致卫家和李家结怨。除

了李敢之外，还有一个人，即李广的堂弟李蔡，他是当时的宰相。此时，卫家已经开始走下坡路，汉武帝不再重用卫青，并且开始冷落他的姐姐。这么看来，李家是有很大嫌疑的。

那霍去病杀李敢是什么时候的事呢？是在李敢打伤卫青一年之后。这就奇怪了，因为它不符合霍去病的性格，他通常知道后会立马出手。这一年多他都不知道，后来在某个时间点，他为什么又突然知道了呢？那肯定是有人告诉了他。一旦他知道了，就会不管不顾，借在甘泉宫狩猎的机会杀了李敢。

在此之前还发生了一件事情。当时，李蔡被人举报，说他侵占了先皇陵寝的土地。当时，汉武帝就让人去调查这件事。还没等查出结果，李蔡就自杀了。半年以后，李敢又被杀了。这样一来，李家在朝廷中的所有势力都被清除了，卫家的威胁也就被解除了。

从这一点来看，霍去病是被别人利用了，那是谁设的这个局呢？应该是卫家的人。有人可能会产生疑问：卫青为什么要这样对待他的外甥呢？他虽然性格非常谨慎，但待人宽容、大度，被李敢打伤，他都能瞒着不说，所以他不会做这种事情。

如果不是卫青的话，那会不会是卫子夫呢？有人说，不可能是卫子夫，她虽然贵为皇后，但为人比较低调、谨慎，而且对卫子夫和卫青来说，霍去病就像他们的亲生儿子一样，那卫家谁还有这个能力和手段能够害死霍去病呢？这个人就是汉武帝的姐姐，也就是卫青的老婆平阳公主。

从她常用的一些手腕就能看出来，她曾把卫子夫送给汉武帝，然后自己下嫁给了从前的仆人卫青，卫青原本就是他的骑奴。这说明她的权力欲望非常大，而且也有一定的手段。当时的卫青，已经不再受皇帝的赏识，汉武帝开始重用霍去病，出征时让霍去病做主将，把卫青放在一边。所以，霍去病的存在对于卫家来说是个威胁。

但是，卫青可能并不在意，因为霍去病会维护卫家的利益。比如，在公元前117年，霍去病曾上书皇帝说，请求封皇帝的三个皇子为王。因为当时刘据已经做了太子，其他的王还在京城里面，对太子构成了威胁。所以，只有把他们封为王，才能让他们离开京城。这样一来，对太子的威胁就少了很多。

以霍去病的性格，他不可能想不到这一点，要不然他也不可能在狩猎的时候当着皇帝的面杀了李敢。所以，背后一定有高人指点，这个高人很可能就是平阳公主。霍去病从小在卫家长大，父亲不认他，母亲改嫁，后来因为双方在朝廷中的关系，两家人逐渐疏远。他其实很希望与舅舅搞好关系，平阳公主也肯定对他讲过："你舅舅当年被人打了，你知道是谁打的吗？是李敢。"所以，他一气之下杀了李敢。再就是，她也可能问过霍去病："你要不要帮帮你舅舅啊？要想帮到你舅舅，首先得让太子之位变得稳固。"于是，让他上书皇帝。只是她在设这个局的时候没想到，皇帝又要开始攻打匈奴了，而且没有让自己的老公卫青做主将，而是选择了霍去病。后来，她找机会害死了霍去病。因为只要霍去病一死，汉武帝就只能依靠卫青了。不过，卫青也没活多大年纪，五十岁不到就死了。

当然了，是否有确凿的史料记载平阳公主是害死霍去病的凶手呢？没有。人们只是根据一些相关史料猜测和推测这种可能性。

霍去病的死，让汉武帝万分悲痛。当时，他派遣了铁甲兵从长安长途跋涉到茂陵，为他送葬。然而没过多长时间，汉武帝以"矫制不害"为由，把卫青大儿子卫伉的侯爵撤销了。何谓"矫制"？"制"是皇帝朝廷诏令，本身没有皇帝朝廷赋予的使命或者职责，却擅自伪造，或者篡改、变更，就属于矫制。

汉武帝的这种做法让人觉得奇怪。其实，汉武帝心里清楚，卫伉并没有假传圣旨，只是他没有任何借口，所以才采取了这样一种方式。这对霍去病来说，或许也算是一个不错的结局。否则，按照他的性格，他死后家人也很可能会遭受不幸。在卫青去世后，卫家几乎被灭门，皇后自杀，太子被杀，连太子的两个姐姐和三个儿子也被杀。这件事如果发生在霍去病死前，他的家族也一定不能够幸免。

以五千步兵大战十一万匈奴骑兵的李陵

在抗击匈奴的汉朝武将中，除了大力战神卫青与封狼居胥的霍去病，还有名气远不如他们，但同样有卓越表现、战功赫赫的将领，李陵就是其一。他曾以五千步兵大战十一万匈奴骑兵，被称为是“被冤枉的英雄”。

诈降匈奴

李陵是将门之后，他的爷爷是西汉时期的名将李广。在汉武帝的后期，被称为帝国双璧的卫青、霍去病都已经去世了，汉武帝开始重用“贰师将军”李广利。李广利和卫青都是汉武帝的小舅子，但是两个人能力不在一个段位，提到李广利，人们更多地会想到“草包”，所以李陵根本看不起李广利。

汉武帝命令李广利率军攻打匈奴时，让李陵带领五千人为李广利运送粮草。李陵心不甘情不愿，他对汉武帝说：“我率领的这几千将士那可都是精锐，用来做运输队实在是可惜了，陛下，您让我带他们从另外一侧攻打匈奴单于吧，我还能给李广利将军分担压力。”

汉武帝一听，觉得不靠谱，便问：“你是不是不想做他的部下啊？现在能用的马匹都给了李广利，你这五千人全是步兵还想立功？你还是忍忍吧。”李陵解释说：“陛下，没有马也行啊，我可以以少击多。”

汉武帝心想，这小子有点当年霍去病的影子，于是决定给他一些历练的机会，并让原来霍去病手下的部将路博德协助他。路博德做过将军，现在给个毛头小子做助理，心里觉得很别扭，便建议汉武帝说：“现在是秋天，正是匈奴膘肥马壮的时候，不适合出兵，不如等到明年开春再打，到时我和李陵各带五千骑兵分兵出击，肯定能够打赢。”

汉武帝心想：“一定是李陵这小子后悔了，我安排你的工作，你瞧不上，要独自出击匈奴，我同意了，你又让部将建议我推迟出兵，这怎么行啊？不行，必须得给我出兵。不过，用步兵打单于，确实有点儿不靠谱。”

于是，汉武帝找到李陵，对他说：“李陵啊，你还是别去打单于了，先出去侦察一下敌情，如果没见着匈奴人的话，你等候指令吧。”

李陵其实也不是第一次孤军深入，之前他曾率领骑兵深入匈奴的腹地，但是没有见着匈奴人，所以无功而返。再说了，当时的匈奴已经被卫青、霍去病打得奄奄一息。因为汉军经常打胜仗，每一次突入匈奴腹地都是大胜而还，这让李陵觉得获胜还是挺容易的。其实，并不是每一个人都能像卫青、霍去病那样纵横匈奴腹地，而且这两个人死后，匈奴也开始慢慢地恢复元气。

不得不说，李陵比他的爷爷“飞将军”李广运气要好，出兵一个月左右，就遇上了匈奴单于的主力三万骑兵。李陵还真不是吃闲饭的，他用五千步兵对抗三万匈奴铁骑，竟然一点儿都不慌，他率军径直冲到敌军大营前，千弩齐发，杀敌数千。匈奴人被打得有点蒙，心想这家伙是个狠角色，于是，调集了十一万大军来攻打李陵。

见敌众我寡，实在打不过，李陵且战且退。在撤退的途中，他们正好遇到一大片沼泽，旁边还有芦苇。李陵赶紧让士兵们藏到芦苇中，匈奴骑兵不敢冒进，生怕中了埋伏。让李陵没想到的是，匈奴人不继续追了，但是他们点了一把火，要将藏在芦苇丛中的汉军烧死。眼看几千人就要葬身火海，李陵灵机一动：“你放火，我也放火。”他在自己的身后放起了大火，烧出了一片安全的地带，并趁机悄悄撤退，最后来到了一片树林中。因为在树林中作战，匈奴骑兵没法冲锋，尝试进攻了几次，都被李陵打了回来。

这一仗，从遇到匈奴开始计算，共灭掉了匈奴一万多人，而李陵自己损失了两千来人。匈奴单于万万没想到，在卫青、霍去病之后，汉朝竟还有这么厉害将领，所以不打算再硬杠下去了。天一亮，匈奴

便撤了。

这个时候，李陵手下有一个叫管敢的军侯，因为被上级欺负了，一怒之下，居然投奔了匈奴。他对匈奴单于说："李陵是一支孤军，只剩三千人了，而且个个带伤，现在弹尽粮绝，没有箭了。"

匈奴单于听到这个消息，认为这是一鼓作气消灭汉军的绝好机会，于是全力出击。在这场战斗中，李陵的副将都战死了，形势十分危急，怎么办？是突围还是死战？一旦战死的话，什么理想、壮志都将化为泡影。突围就更不现实了，那样只会全军覆没。此时，他想到了一句话"留得青山在，不怕没柴烧"，于是决定先诈降匈奴，等以后有机会再回汉朝。他和手下的人谈了自己的想法。有的人说，自己的家人都在汉朝，哪有诈降匈奴的道理。有的人建议，咱们干脆化整为零，各自突围吧。最终，跑回来的汉军只有四百多人，而李陵选择了诈降匈奴。

故国难回

汉武帝得知李陵诈降匈奴的消息后，大为愤怒，他说："我大汉只有战死的将军，哪能有投降的武将呢？"他询问大臣对李陵的看法。大臣们一个个见风使舵，对李陵落井下石，说他的行为应该受到谴责，只有司马迁为李陵辩护。

司马迁对汉武帝说："李陵平时孝顺父母，对朋友讲义气，为人谦逊，时常为了国家利益奋不顾身，急朝廷之所急，有国士风范。他率五千人深入敌穴，对阵匈奴十一万人，还杀敌一万多，在没有援军的情况下被俘，虽然失败了，但这种行为值得肯定。他之所以不选择战死，肯定是想找机会回报汉朝。"

司马迁讲了李陵很多优点和在战争中的优异表现。但是，汉武帝不怎么认同他的看法，骂道："你怎么知道他的想法，是李陵告诉你的吗？这么狂妄地替投降敌人的人强辩，你这不是成心反对朝廷吗？"

于是，汉武帝将司马迁下了大狱，吩咐廷尉杜周去审问他，为了迎合汉武帝的心意，杜周给司马迁定了宫刑。

在汉朝，有罪其实也不是什么大事儿，只要有钱，就可以拿钱去赎罪。当年李广被俘也是死罪，不就是拿钱给赎回来的吗？但是，司马迁就是一个写书的，家里没什么钱，只能受宫刑。这也让司马迁的《史记》变成了鲁迅所称的“史家之绝唱，无韵之离骚”。

汉武帝冷静下来之后，觉得李陵被俘确实情有可原，便派出大将公孙敖率四万大军深入匈奴腹地去营救李陵。可是，公孙敖出去溜了一圈就回来了，并带回来一条消息，说：“我准备去营救李陵，可是抓到俘虏一打听，才知道李陵正在帮助匈奴练兵，所以我就回来啦。”汉武帝一听，火冒三丈，骂道：“好你个李陵，你不单是给李家丢脸，也是在给我大汉朝丢脸。”之后，他下令杀了李陵的全家。消息传到了李陵的耳朵后，他伤心欲绝道：“我没有对不起汉朝，你凭什么杀我全家呀？”随后，他脱下了汉服，穿上了匈奴的衣服。后来，他还娶了单于的公主拓跋氏为妻。

那这件事情就这么结束了吗？没有。

后来，汉朝的使节到了匈奴，李陵问他：“为什么皇帝要杀我的家人呢？”

汉使说：“当初，皇帝派兵来救你，听说你在为匈奴练兵啊。”

“什么？练兵的不是我，那是李绪啊。”

原来，还有一名投降匈奴的悍将，名叫李绪，是他在帮匈奴练兵。一字之差，竟搭上了自己全家人的性命，李陵越想越生气，此仇不报，誓不为人。后来，他逮到一个机会，暗杀了李绪。

匈奴单于老婆大阏氏很看重李绪，听说李绪被杀了，立刻派人捉拿李陵。但是，单于又特别看重李陵，硬是把他保了下来，让他躲到别的地方，直到大阏氏去世后才把李陵召回王庭。

当时，在匈奴还有一位汉朝的官员，他就是苏武。李陵是在苏武被扣的第二年投降的。他们本来是好朋友，但李陵一直不敢去见苏武。后来，单于得知他俩关系不错，就让李陵去劝降苏武。

两人见面之后，设宴对饮，李陵劝苏武说："即使你在这里守节，也无人知晓，你的兄弟、母亲都死了，妻子也改嫁了，十几年过去了，妹妹和子女也不知是死是活，你何苦这么折磨自己呢？"

苏武看了看李陵，说："我早就死了，你如果要来劝降，那就干脆撤掉宴席，我立刻死在你面前。"李陵被苏武的坚贞不屈所感动，他长叹一声，说："唉，你真是一个义士，我也想像你这样啊，可是我再也回不去了。"然后流着泪与苏武告别。后来，李陵又去见苏武，带去了汉武帝已死的消息，苏武闻后对南哭拜，悲哀过度以致吐血。

汉武帝死后，霍光辅政，李陵本来是有机会回去的。毕竟，霍光和李陵是好朋友。当时，霍光还特地派人来劝李陵回归，李陵说："汉朝已经没有我一个亲人，匈奴对我也不错，如果这个时候我再背叛匈奴，岂不成了反复无常的小人了吗？那样的话，我还怎么有脸面活在这个世上啊？"

虽然他曾一再接触汉使，一再在苏武面前表露心迹，但他内心那个日思夜想的故国，却离他越来越远，终于，再也回不去了。公元前74年，李陵死在了匈奴，终年六十岁。

陈汤：犯我强汉者，虽远必诛

寒门逆袭

你知道，"犯我强汉者，虽远必诛"这句霸气的话是谁说的吗？好多人都觉得这句话应该出自卫青、霍去病这样的战神之口。其实，它出自西汉的外交官陈汤的请罪奏折。这究竟是怎么一回事呢？

陈汤是西汉时期的一位文官，出生地不详，据说是山东人。他喜欢读书，学识渊博，擅长写文章，但是由于家里很穷，又不爱干农活，平时就靠东借西凑过日子。所以，村里的人都看不起他。毕竟，总是靠借钱度日也不是长久之计。后来他去了长安，并在那里谋了一官半职，做什么呢？在太官手下做了一名献食丞，也就是在宫廷的厨房里端盘子洗碗，说白了，就是饭店打杂的。

后来，他在这里认识了富平侯张勃。张勃是个贵族，他的曾祖父正是汉武帝时期出了名的酷吏张汤，他的爷爷是跟着汉宣帝混的那个张安世。张勃一看陈汤，觉得这小子有点能耐，于是举荐给了刚刚登上皇位才两年的汉元帝。本来，这应该是陈汤事业的起点，可是一个人在黑暗中待得太久了，当他看到前面有一束光的时候，往往会奋不顾身奔向光明，此时他可能忘记了，奔往光明的道路往往不会一帆风顺。

就在这个时候，陈汤的父亲去世了。按照当时的礼制，父母去世后，子女必须要回去奔丧，况且汉朝是以孝治天下，当时非常注重礼制。因为陈汤太想做官了，现在好不容易逮到一个向上爬的机会，所以不想回去奔丧。但是还没等到升官，他就被监察百官的司隶给弹劾了，理由是“这人不守孝道，老爹去世，都不回去奔丧，为子不孝，有什么资格当官”，于是下狱治罪。这件事还牵连了张勃，罪名是“举人不察”。

陈汤出狱后，还一门心思想着做官，虽然正史没有记载他在这方面花了多少精力，走了多少后门，但总归还是做了一个小吏。有句话说“是金子总会发光的”，此话不假，但是你不能只顾着自己发光，得让人看见才行。如果别人看不见怎么办？那就想办法让别人看。于是，陈汤不断上书，要求出使他国。他深知，想在京城升官比登天还难，熬资历要等猴年马月，与其如此，还不如到外面建功立业来得快，只要自己有本事，说不定很快就能被封侯。

早些时候，匈奴被汉武帝击溃，逃到了荒芜的漠北，生活过得心惊胆战，那里黄沙满地，水草稀少。为了改善生活状况，匈奴时不时会跑到汉朝的边境打劫，结果来一次被打一次。于是，匈奴想到了和汉朝和亲，但又担心人家不同意，那该怎么办呢？

当时，西域有个汉朝的盟友叫乌孙，曾经匈奴有个汉朝的公主嫁了过去。匈奴人就想：“如果我们把这个乌孙国的公主抢过来，那我们和汉朝不就是亲戚了吗？”所以，他们联合车师来攻打乌孙。当然，

汉朝不会坐视不管。当时的汉宣帝，也就是汉元帝的老爹，非常痛恨匈奴，调集了十六万铁骑，兵分五路围攻匈奴。结果，把匈奴打得只剩半条命。

周边那些经常被匈奴欺负的小国一看，匈奴被大汉收拾成这副模样，趁机展开了报复。这样一来，匈奴内部就产生了争斗。一番厮杀过后，匈奴被分为两个部分，南部的头领名叫呼韩邪单于。王昭君就嫁给了他。后来，他投降了汉朝。

北部匈奴的首领是郅支单于，也就是呼韩邪单于的哥哥。当时，他嘴上表示臣服汉朝，还把儿子送到汉朝去做人质，但是私下经常耍一些花招。所以，汉朝对于南匈奴的支持力度要大一些。郅支单于有些不服气："汉朝凭什么帮我弟弟，而不帮我呢？"眼看统一匈奴的理想将彻底化为泡影，他上书汉朝皇帝说："现在，我非常想念儿子，能不能把我儿子送回来啊？"

汉朝也没多想，就派了一个使节把郅支单于的儿子送了回去。但是，让人没有想到的是，郅支单于居然把汉朝的使团全部杀了，然后又跑到西域烧杀抢夺。西域诸国无力招架，便向汉朝求援。但是，他们派出的使团一个也没有回来，于是询问郅支单于："你把我的使节弄到哪里去了？"郅支单于说："不好意思哈，我从来没见过使团，是不是他们迷路了呀，或是被狼给吃了，你还得还我儿子啊。"

这事儿一拖就是八年，公元前36年，陈汤要求出使国外的事情终于被朝廷同意了。

朝廷安排的正使叫甘延寿，陈汤作为副使和甘延寿一起出使西域。甘延寿骑术一流，正规军出身。相较于甘延寿，陈汤野路子出身，鬼点子多，所以这两个人合作，可谓天作之合。

他们的使团没有多少人，想干掉匈奴单于几乎不可能，那陈汤又是怎样击退匈奴，并让匈奴三百年不敢再进犯的呢？

平定西域

能和甘延寿一起出使西域，这对于出身贫寒的陈汤来说，绝对是千载难逢的机会，如果能就此立下战功，很有可能被封侯。所以，陈汤不停地游说甘延寿："将军，现在北匈的郅支单于野心不死，而且还侮辱朝廷，杀害我汉使，时不时还会入境抢劫。现在他跑到康居附近，并四处征伐，将来肯定会成为我大汉的后患，咱们如果不需要朝廷增派兵马，就能够把他干掉，那封侯就指日可待了。"

甘延寿听后，呆若木鸡，他希望陈汤是在开玩笑，但从他的表情来看，却是认真的。于是甘延寿问道："就凭咱们这点儿人马要消灭匈奴，那不是自寻死路吗？我可不想这么白白送死。"

陈汤顺势说："将军您别急，您听我说，夷狄畏服强者，谁厉害他跟谁。现在郅支单于四处征伐，大有吞并乌孙、大宛，称霸一方之势，一旦他们成功，那西域各国可就完了，咱们不能留这个后患。现在他跑到了康居，但他们长期游牧，不善守城，而且没有我们汉军的强弩等武器，只要我们带上屯田的士兵，再联合西域诸国的军队，直捣单于的城下，到时他们想守都守不住，又无处可逃。这样，我们就可以一举消灭他们。将军，这可是千载难逢的机会啊。"

甘延寿听后，连连点头，称赞他说："行啊，你小子，没想到一介书生，竟有如此气魄，佩服佩服。"当然，朝廷派他们前往西域，只是为了防备郅支单于，可没让他们去打仗，如果贸然开战，一旦朝廷怪罪下来，那可是要掉脑袋的。

甘延寿很清楚这一点，所以他又对陈汤说："你的计划不错，不过，真要实施的话，还需要请示朝廷，只有朝廷同意了，我们干起来才有底气啊。"

陈汤一听，计划要泡汤了，于是劝他说："当年的营平侯赵充国常说，'为将者，在军中可以便宜行事，以安国家'，所以他屯田平羌，立下了不朽的功勋。现在，将军奉命守护西域，离朝廷这么远，

更应该‘便宜行事’。”

甘延寿做事比较谨慎，他觉得这种做法风险太大，弄不好还得搭条命进去，所以没有同意。不久，甘延寿生病了，卧床不起。这样，很多事情就交给了副手陈汤。

陈汤这个人路子野，他心想：“我来一趟西域也不容易，机不可失，时不再来。我得抓住这个机会，想办法调动汉朝在西域诸国的兵马。”调动军队，需要皇帝的诏书，去哪儿弄诏书呢？他居然想到了造假。随后，他把西域各国的首领叫了过来，调发屯田士兵和西域十五国的军队齐聚乌垒，听候调遣。

诏书一出，西域各官怎敢怠慢，很快就在乌垒聚集了四万大军。甘延寿听到这个消息后，吓得直接从病床上蹦了起来，大骂陈汤：“你疯了，伪造圣旨那可是杀头之罪啊！”

此时的陈汤已顾不得那么多了，他手按长剑，准备率大军征讨匈奴。论功夫，五个陈汤都打不过甘延寿，可没想到这个百战名将，竟然硬生生地被陈汤的气场给镇住了，只能咬着牙上了陈汤的贼船。

陈汤一面派使节稳住在康居的郅支单于，说：“我们奉皇帝的命令来接您离开康居，皇帝给了您很多的土地，让你们放牧。”他一路收买康居当地的贵族，并让他们带着自己从小路直扑康居城。康居城说起来是一座城，其实就是一个用土围墙围起来的大村落。郅支单于做梦也想不到会有汉军杀来，他守城不出，并亲自站上城墙准备督战，还让自己的十几个老婆都弯弓搭箭前来参战。要知道，汉军的强弩比匈奴的弓箭要厉害很多，结果不知从哪儿飞来一支箭，正中了单于的鼻子，一时间流血不止。一眨眼的工夫，他的老婆们也基本被射死了。

到了晚上，郅支单于想趁着夜色率领兵马突围。其实，汉军已严阵以待，一阵弩箭就把他们挡了回去。随后，陈汤率军攻入城中，直接砍了郅支单于的人头，并斩杀了包括太子、官员在内的一千多人。

事后，他把单于的人头和奏章以最快的速度交到了长安，人们这才看到了他的那句名言："宜悬头槁街蛮夷邸间，以示万里，明犯强汉者，虽远必诛！"什么意思呢？是说应该把单于的人头悬挂在蛮夷所居住的槁街，让他们知道，胆敢侵犯我大汉帝国的人，即便跑得再远，我们也会诛灭他。

陈汤一生就打过这么一次仗，结果一战定西域，而这句话也可视为大汉最为霸气的宣言。

勒石燕然的窦宪

横行霸道

在霍去病"封狼居胥"之后二百年的东汉，发生了一件引人注目的事件。窦宪率兵深入塞外三千里，抵达匈奴的后花园燕然山，并刻下了"勒石"。这一举动如同封狼居胥，成为中国古代武将最高的追求和梦想。而窦宪的这一次行动，真正的目的并不是打击匈奴，而是为了赎罪。这是怎么回事儿呢？

需要特别说明的是，窦宪是东汉窦融的后代，而不是西汉窦太后的后代，按辈分来说，窦宪应叫窦融一声"太爷"。当然了，如果追根溯源的话，他们其实算得上一家人。

窦宪有个妹妹，长得非常漂亮，嫁给了汉章帝刘炟，刘炟特别宠爱她，将她立为皇后。然而，不管两个人怎么努力，种子就是不发芽。窦皇后没有孩子，不是种子不好，而是土壤有问题，为什么呢？因为后宫的宋贵人、梁贵人都生了孩子，而且宋贵人的儿子刘庆还被立为了太子，这就让窦皇后惶恐不安，她知道自己没孩子，一旦太子登基，自己就没有好日子过了。

窦皇后看宋贵人越来越不顺眼，于是，开始给汉章帝吹枕边风，说宋贵人私下经常搞一些歪门邪道的东西。刘炟听后，虽然对她的话感到些许疑惑，但还是说："你负责管理后宫，该查还得查啊。"窦皇后要的就是这句话。

于是，她找来了自己的心腹宦官蔡伦审讯宋贵人。蔡伦这个人很

不简单，他多才多艺，而且是改进造纸术的关键人物。蔡伦将宋贵人带到了一间停放尸体的房间拷问，大家都明白“欲加之罪，何患无辞”。通过这次审讯，宋贵人被安上了背后巫蛊害人的罪名。母亲犯了罪，儿子怎么能做太子呢？所以，刘庆就被贬为了清河王。后来，宋贵人被逼自杀。

而梁贵人则比宋贵人聪明一些，她把儿子刘肇过继给了窦皇后，这也让刘肇顺理成章地成了太子。梁家人那个开心啊，他们相信，一旦刘肇做了皇帝，梁家必定会崭露头角。可是他们开心得太早了，因为窦皇后是一个心狠手辣的人，在她看来，太子的外婆家只能是窦家，绝不是梁家。所以，梁贵人最终也被逼自杀，梁家因此退出了朝堂。

公元88年，三十二岁的汉章帝刘炟去世，九岁的刘肇继位，是为汉和帝。窦皇后也随之升格为窦太后，并掌握了朝政大权。之后，窦氏外戚开始崭露头角，一时权倾朝野。特别是窦皇后的哥哥窦宪，行为更是狂得没边，给朝廷带来了很大的麻烦。

为什么是“更是”呢？因为窦宪在汉章帝时期就十分猖狂，仗着妹妹是皇后，甚至连皇帝的妹妹都敢欺负。

汉明帝有个女儿叫刘致，人长得很漂亮，汉明帝非常喜欢她，封她为沁水公主，并专门为她建造了沁水庄园作为陪嫁。有一个词牌叫“沁园春”，就与这个沁水庄园有关。窦宪看到沁水庄园如此漂亮，便仗着皇后的撑腰，来了个强买强卖，以很低的价格把园子夺了过来。沁水公主怕惹事儿，不敢有丝毫的计较。

有一天，汉章帝刘炟出巡时路过沁水庄园，被它的别致所吸引，便命人放慢车速，想好好欣赏一番。随后，他把窦宪叫过来，问道：“它的主人是谁啊？”窦宪哪里敢说实话，支支吾吾。刘炟一看不对劲儿，觉得其中有猫腻。后来，他经过打听才知道，原来是窦宪从沁水公主那里低价抢来的，气得眼冒金星：“你这小子，真是无法无天，早就听说你横行霸道，欺负这个，欺负那个，现在连我老刘家的人你都敢欺负，这还得了？”

听说皇帝因为园子的事儿火冒三丈，窦皇后赶紧跑来为窦宪求情，她跪在地上说："窦宪这就把园子还回去，陛下您看在我的面子上，就饶了他这一次吧。"见皇后如此这般，刘炟这才压制住了心中的怒火。窦宪虽然逃过一劫，但之后不再受刘炟的待见，只能夹起尾巴做人。

汉章帝刘炟死后，亲妹妹做了太后，窦宪又变得不安分了，而且是变本加厉。刘炟去世时，各地的宗亲都来京城吊丧。其中，有一个都乡侯叫刘畅，他是刘秀的大哥刘縯的曾孙，长得英俊威武。他刚到京城时，便被守寡没几天的窦太后看上了。于是，她找了个机会拉住刘畅说："听说都乡侯是有心人，能否陪本宫聊些知心话呀？"刘畅得知自己被窦皇后看上了，于是果断主动献身，并很快成了皇后身边的红人。

窦宪一看，妹妹和一个都乡侯厮混在一起，这怎么行？等他们混热乎了，那朝政大权不得分给他一半啊！窦宪越想越不对劲儿，不行，我得干掉这个"男宠"。于是让人把刘畅杀了，并且嫁祸于他人。窦宪认为，我是窦太后的哥哥，即便都知道是我让人干的，也没有人敢来查我。

窦太后与刘畅正是浓情蜜意之时，刘畅在自己的眼皮子底下突遭毒手，这让窦太后大为恼火，谁吃了熊心豹子胆，竟然敢杀我的"男宠"。于是便让人去查此案。不查不要紧，一查才发现是她哥哥窦宪干的，而且有实录口供。就是皇太后想包庇，刘姓的皇族也不会放过他。所以，窦太后勃然大怒，窦宪这才感到害怕了。

窦宪之死

窦宪杀了刘畅，不但是妥妥的死罪，而且还得罪了刘姓的宗室，这个娄子捅得有点大，怎么办呢？窦太后思前想后，最后心一横，把窦宪禁闭在了皇宫。表面上看，这是一种处罚，其实是在保护窦宪。

但是，总让窦宪躲在皇宫里也不是个办法。这时，就有人站出来

说："可以参军打匈奴啊，用军功去赎罪嘛。"打匈奴？这个主意不错，可是大臣们能同意吗？因为此时的匈奴对汉朝已没什么威胁了，他们一分为二，南匈奴成了汉朝的附庸，北匈奴也被打成了落水狗，就算他们想来汉朝抢劫，中间还隔了一个南匈奴。所以，他们只能在遥远的西域跟汉朝的办事处，也就是西域都护府的地方跟汉朝叫板。可以说，这个时候劳师远征，去攻打匈奴有些得不偿失。

窦太后也清楚，让窦宪挂帅出征这件事，朝中的三公九卿全都不会同意，不是对他没有信心，而是觉得没有必要。果不其然，当有人提议出兵攻打匈奴时，大臣们都极力劝阻。但是，他们呈上来的奏疏，最后都没有回应。这些人就纳闷儿了："难道真的要打呀？"

这时，有一个御史，直接把话挑明了，他说："太后啊，我知道你在想什么，但你不能为了窦宪一个人，而让千万将士曝尸荒野啊。再说了，咱们师出无名，这让四方蛮夷还怎么臣服我们大汉啊？"

窦太后也觉得他说的有道理，无法辩驳，但历史总是那么诡异，恰在这个时候，南匈奴派人来了，干什么呢？主动请缨，自愿做汉朝围剿北匈奴的急先锋。

其实，他们并不是来拍马屁的，而是想通过汉朝干掉自己的竞争对手，以便独霸一方。当时，北匈奴遭受了灾害，很多人跑到了南匈奴。南匈奴一看，觉得这是个千载难逢的机会，于是开始策划进攻。同时，他们也打听到窦太后有出兵的想法。对窦家人来说，南匈奴的热情简直是雪中送炭。所以，窦太后力排众议，决定出兵。她任命窦宪为车骑将军，名将耿秉为副帅，调动了十二郡的骑兵，与南匈奴以及其他归附东汉的羌胡骑兵组成三路大军，一起攻打北匈奴。没想到，出师相当顺利，在汉军的顾问团的指挥下，南匈奴越战越勇，只用一万人就击溃了北匈奴单于的主力。这时汉军能做的唯一事情，就是一路追击。

虽然窦宪的人品不怎么样，但是智商真不赖。他看到北匈奴基本报废，认为不能这么赶尽杀绝，让南匈奴一家独大。于是，滑稽的一幕上演了：这边忙着砍人头、抢战果，那边又赶紧派人带上金银财宝，去挽留和抚慰北匈奴的单于，并传话说：“这是当今皇帝赐给你们的，你们别闹腾了，像南匈奴一样归顺我们汉朝吧，我们承诺给你们一样的待遇，怎么样啊？”

北匈奴这个时候毫无还手之力，输得只剩下内裤了，没有其他的选择。南匈奴一听，不乐意了，他们凭什么和我们享有同样的待遇？我们跟汉朝这么多年，他们只能算一个新人。于是，趁着北匈奴单于前往汉朝进贡的时候，南匈奴在半路设下埋伏。结果，北匈奴的单于被打成重伤，逃了回去，幸运地捡回一条命。窦宪见北匈奴已极度虚弱，没有多少利用的价值，于是出兵消灭了其最后的一点有生力量。

北匈奴单于由此踏上了漫漫的西迁之路，北匈奴在中国历史上就此销声匿迹，不知所终。据说，三百年以后，北匈奴的后裔威震欧洲。

经此一战，和匈奴几百年的战争算是画上了句号。志得意满的窦宪登上了燕然山。同时随军的班固，任中护军，他撰写了著名的《封燕然山铭》，并刻在石壁上，其中有一句：“兹所谓一劳而久逸，暂费而永宁者也，乃遂封山刊石，昭铭盛德。”这就是“勒石燕然”的由来。

立下大功的窦宪回来之后，妹妹任命他为大将军，并封其爵位为武阳侯，食邑两万户。原来，汉朝大将军的职位在三公之下，从窦宪任大将军开始，大将军位居三公之上。而且，窦太后认为娘家人勒石燕然，功劳可与霍去病的“封狼居胥”相提并论，于是将霍去病用过的“冠军侯”这个封号赐给了窦宪。窦宪从此走上了人生的巅峰。有一些马屁精见窦宪权倾朝野，又有太后撑腰，就想通过叩拜万岁来讨好窦宪。这更是让窦宪一时找不到北，竟然打起了汉和帝的主意。

当时，汉和帝刘肇虽然只有十四岁，但是很有头脑。他不动声色，先是和身边的宦官们谋划怎么除掉窦宪，他又觉得这种做法不妥。后来，他又想到争取宗室的支持，那该争取谁呢？大臣们显然靠不住，一个个都是墙头草。最后，他想到了一个人，就是清河王

刘庆。他让刘庆帮忙向刘伉借书。借什么书呢？借《汉书》。《汉书·外戚传》中有不少外戚专权被诛的故事。很明显，这是在向对方释放一个信号：他想对外戚下手。这招比后来的汉献帝使用的招数可高明多了。通过刘伉，他向皇族发出了动员令，并搜集了皇帝诛杀舅舅的先例，揣摩并学习其中的经验。

公元92年6月，汉和帝与宦官郑众密谋，决定先把窦宪从前线调回来，然后趁其不备，把窦家一网打尽。窦宪回来之后，汉和帝立即下诏，免去了窦宪的大将军职务和其三个兄弟的官衔，令其回到自己的封地。

之后不久，刘肇又迫令他们自杀，接着，汉和帝也相继将窦家党徒革职罢官、下狱治罪。至此，窦氏外戚被一网打尽。

单兵守孤城的耿恭

我们都知道，斯巴达三百勇士是古希腊斯巴达城邦的一支精锐部队，他们在公元前480年保卫温泉关的战斗中面对波斯大军，英勇抗击并全部牺牲，他们孤军奋战的精神被后人传颂，感动了许多人。但是，在一千九百多年前，有一群大汉将士，他们的故事比斯巴达三百勇士更加悲壮和值得敬仰。

公元74年，东汉在西域重设了西域都护府，东汉的将军耿恭被任命为戊己校尉。当时，一个驻屯的地方，只有几百人。第二年三月，匈奴北单于派两万骑兵来攻打车师。当时，虽然驻守西域的汉军很少，但耿恭仍然派了三百人前去救援车师。没想到在路上和匈奴大军打了个照面，结果全军覆没。匈奴攻破车师国后，调转马头，直奔耿恭驻守的地方。耿恭手上没多少兵，那怎么办呢？

耿恭不愧是东汉开国大将耿弇的侄子，面对匈奴的进攻，他不慌不忙，让将士们备好强弩，并改良了“子弹”。怎么改的呢？在箭头上涂上毒药，然后传话给北匈奴人：“你们给我听好了，我们手上拿的可是汉朝的神箭，中箭者必出怪事。想尝试的，你们就尽管来吧。”

北匈奴的士兵一听，觉得对方是在吓唬人，心想你们只有区区几百人，怎么和我们两万人打？于是发起了冲锋。

一瞬间，箭如雨下，中箭的匈奴人的伤口血涌不止，就像煮开了一样，这可把匈奴人吓坏了。此时，恰好来了一阵暴雨，耿恭趁着雨势，带着几百人冲出城外，杀得匈奴人仰马翻。匈奴人一看：不得了了，汉朝有神力相助，太可怕了！咱们还是撤吧。

耿恭知道这个地方不是久守之地，赶紧带着手下来到易守难攻的疏勒城。疏勒城有一条溪流，耿恭心想，只要有水，就可以守到天荒地老。果不其然，七月北匈奴又来了，这时耿恭已经招募了几千人。

见匈奴人来势汹汹，耿恭决定给他们一个下马威。趁对方立足未稳，他亲自率军出击，经过一阵砍杀，最后击退了匈奴人。匈奴人在见识了汉军的厉害之后，也变得聪明了，他们开始改变策略，不和汉军正面硬杠，而是围而不攻。同时，他们来到溪流的上游，切断了水源。

没有水喝，又不能投降，怎么办？耿恭和将士们每天只能饮用从马粪里面挤出的粪汁来维持生命。当然了，这不是长久之计。于是，他们开始在城内挖井。西域是个缺水的地方，他们挖了十五丈都没有看到水。耿恭鼓励大家说："大汉威名远扬，我们绝不会困死在这里，大家继续努力，一定能挖出水。"然后对着井跪拜，果不其然，很快就打到了井水，全体将士一片欢腾。这即是"耿恭拜井"的典故。耿恭让人把水泼到城头上面，匈奴人一看，心想完了，又失败了，还是赶紧撤吧。

在这个时候，汉明帝死了。匈奴人听说这个消息后，觉得机会来了。西域各国也不知道新皇帝对自己会是什么一种态度，于是反叛了，跟着匈奴进攻疏勒城。

耿恭咬牙死撑了几个月，弹尽粮绝，外无救兵，城内也没有粮食，守军陷入绝境，匈奴人便派使者来劝降耿恭，说只要你投降，我们给你封王，给你女人。耿恭在城头上说："好啊，你上来咱们好好聊

聊。”然后，放下一个篮筐。使者一看，觉得有戏，说不定还能就此立个大功，于是乐呵呵地坐上了篮筐。哪知刚上了城头，耿恭一刀就把他砍了。然后在城头上架起火堆，把这个使者吊起来烤。匈奴单于被彻底激怒了，他下令攻城，结果还是没有攻下来。就这样，耿恭坚持了一年多。

那么这么长时间，为什么没有援兵来救呢？其实，求援的信早就到了洛阳，朝廷得到消息后开了一次会。会上争论得非常激烈。司空第五伦反对说："还是别救了，等大军过去了，守城的将士早就死了，再说了，为了这点人出动大军，有些得不偿失啊。"司徒鲍昱站出来反对说："我大汉将士为国效力，别说不知道死活，就算知道他们死了，咱们也得派人过去。要不然，以后有强敌来犯，谁还肯为朝廷效力啊？"

于是，汉章帝派了七千兵马前去救援。当援军打到车师国的时候，另一拨同样被围的汉军已经殉国了。援军斩杀了几千车师和匈奴人之后准备回国。那为什么不打算救援耿恭呢？因为他们认为，疏勒城肯定被攻陷了，这时去救援没有意义，而且正值冬季，部队还要翻越白皑皑的雪山，会增加人员的伤亡。

这时，耿恭原来的手下范羌站了出来，他说："我大汉的士兵怎么能畏惧艰险，弃袍泽而不顾呢？"由于他的坚持，主帅王猛最终答应让他带两千人前往疏勒城。范羌带领一支孤军，翻越了雪山，顶着漫天的风雪，去救援另一支孤军。这是一幅何等悲壮的画面。

一天夜里，他们终于赶到了疏勒城。耿恭和将士们以为匈奴人又发起了进攻，奋力拿起了刀枪，准备做最后的拼搏。没想到前方传来的却是范羌的声音："我乃范羌也，朝廷派我前来迎接校尉回家。"终于等到援军了，将士们相拥而泣。经过两年的坚守，九百人只剩下二十六人，但他们从未放弃。看着眼前这群破衣烂衫、面黄肌瘦的同胞，所有的人都哭了。

援军虽然到了，但回家的路途依然遥远。面对匈奴的围追堵截，耿恭和范羌且战且退。到了玉门关的时候，二十六位将士只剩下十三人，史称“十三将士归玉门”。《后汉书》将耿恭和苏武相提并论，称西汉有苏武，东汉有耿恭。他们用行动告诉世人，什么叫汉家将士的风骨，什么叫大汉民族的气节。如果有人问什么叫汉唐雄风，这就是汉唐雄风。

三朝元老霍光

提到霍光，人们对他有不同的看法，有人认为他是忠臣，有人认为他是伪君子。不论忠奸，他绝对是一个狠人，要不然，他也不会是中国历史上第一个废掉皇帝的权臣。

霍光的老爹是霍仲孺。霍仲孺是一个很普通的官员，曾在平阳侯府内当差。他和一个侍女厮混，生下了霍去病。霍仲孺有点花心，死活不认这个儿子。后来，他离开平阳侯府，回家娶了一个老婆，生下了霍光。所以说，霍去病和霍光是同父异母的兄弟。

有一次，霍去病征战归来，去认父亲霍仲孺，顺便就把弟弟带到了长安。当时，霍光就十来岁，在霍去病的帮助下，逐渐进入了官场。霍去病死后，汉武帝爱屋及乌，把霍光调到了自己的身边。

霍光为人非常谨慎，他在汉武帝身边二十多年，几乎没犯过什么错。汉武帝对他非常信任。其实，越是这样的人越可怕。太子刘据被逼死之后，汉武帝打算立刘弗陵做太子。考虑到刘弗陵年纪尚小，自己时日又不长，等不了刘弗陵长大，所以让人画了一幅《周公辅成王会诸侯图》送给霍光，暗示他：“我死了以后，你要像周公那样辅政。”在临死之前，汉武帝指定霍光为大司马、大将军，同时还任命金日磾、上官桀、桑弘羊共同辅佐八岁的刘弗陵，也就是汉昭帝。

金日磾的身份有点特殊，他原是匈奴休屠王的太子。当年，霍去病远征河西，浑邪王和休屠王准备投降汉朝，但是休屠王中途反悔，后被浑邪王所杀。十四岁的他和母亲只好跟着浑邪王投降了汉朝，在皇宫里养马。

有一次，汉武帝去视察他的马，发现金日磾长得不错，马也养得

不赖，就提拔他为马监管，后来又逐步提拔为侍中、骑马都尉、光禄大夫等。因为他尽职尽责，所以汉武帝很喜欢他。后来，金日磾生了两个儿子，都特别可爱，且经常在汉武帝身边玩耍。有一回，他儿子在后面抱着汉武帝的脖子，金日磾一看，这也太不像话了，但是当着皇帝的面又不好意思骂孩子，就用眼睛瞪孩子，孩子被吓得哇哇大哭。汉武帝却说："你为何生我儿的气啊？"

金日磾担心，孩子没大没小，如果不严加管教，怕他以后做出一些不检点的事。果不其然，这个孩子长大后，经常出入宫廷。有一次，他和宫女嬉戏打闹，被金日磾看见了。他害怕儿子秽乱宫闱，回去以后，居然把这个儿子杀了。汉武帝听说这件事情后，对金日磾另眼相看。有一次，金日磾发现有个刺客想刺杀汉武帝，于是预先跑到汉武帝的房间后门躲了起来。当刺客进来的时候，被他抓了个正着。通过这两件事，汉武帝认为他是个忠臣，所以非常信任他，并让他和霍光等人共同辅政。

霍光是一个非常有心机的人，他做了辅政大臣后，就与另外两个辅政大臣金日磾和上官桀做了亲家。不巧的是，金日磾在刘弗陵登基后不久就去世了，这样，朝政大权就落在了其他三个人手上。上官桀心想："手上有权不用，过期作废。"于是，他便想把六岁的女儿嫁给皇帝。霍光也不傻，他死活不同意，虽然上官桀最终还是把这件事儿办成了，但是他对霍光开始有所忌惮。

为了除掉霍光，他和桑弘羊结成同盟，但是在将要动手的时候，走漏了风声，被汉昭帝和霍光知道了。上官桀一狠心，决定发动政变，除掉霍光，废了刘弗陵，立燕王为帝。结果这个计划又被霍光发现了，所以不等上官桀行动，他就直接灭了上官桀。从此以后，霍光大权独揽。

在汉昭帝二十一岁那年，即将亲政，却突然因病去世了。汉昭帝没有儿子，霍光便将目光扫向了昌邑王刘贺。刘贺在做昌邑王的期间，是地地道道的纨绔子弟。霍光之所以会选择他，也是出于自身利益考虑。虽然霍光对刘贺没抱太大的期待，知道他不是做贤君的料，但刘贺的表现比他预想的还要糟糕。

刘贺得知自己将要继承皇位后，第一时间前往长安，一路上还跑死了好几匹马，可见他非常想当皇帝。但是，他没有什么心机，这也注定了他不会乖乖地听霍光的话。在做了皇帝之后，通常应该先安抚和封赏霍光这样的有功之臣，可是他居然把霍光晾在了一边，而是大肆封赏从昌邑带来的旧臣，并且经常干一些出格的事儿。据史料记载，他从封地带来了两百多人，这些人每天在宫廷吃喝玩乐，有人还在汉昭帝的灵位前吹拉弹唱，甚至刚祭拜完汉昭帝，就把祭品分给下人随便吃。看到刘贺每天这副模样，霍光估计肠子都悔青了。所以，在他忍无可忍之时，便把这个皇帝废掉了，并把他贬为海昏侯。这也是历史上第一次权臣废皇帝事件。

汉宣帝即位后，群臣都有意立霍光的女儿霍成君为皇后，但是汉宣帝钟爱原配许平君，坚持立许平君为皇后。许平君去世后，在霍光的运作下，自己的女儿霍成君成为皇后。

公元前68年4月，霍光病重，汉宣帝亲自前去探望。霍光请求将自己的封邑分三千户给哥哥霍去病的孙子霍山，汉宣帝答应了，同时拜霍光的儿子霍禹为右将军。霍光去世后，汉宣帝亲自为他治丧，给他的葬仪规格堪比君王，将他陪葬于汉武帝的茂陵，赠谥号“宣成”。

霍光去世后不久，霍光老婆霍显毒害许平君的事被泄露了出来，汉宣帝听闻后，逐渐削减了霍光儿子、女婿的职权。这引起了霍氏家族的不满，他们密谋废掉汉宣帝，立霍禹为新帝。结果事情败露，整个家族被株连。但是，霍光之墓未受牵连，依旧陪葬茂陵，此后一直为汉朝皇帝所尊奉祭祀。汉成帝年间，甚至还给霍光墓增加守墓人一百户。在大汉“麒麟阁十一功臣像”上，霍光依然排在第一。由于霍氏家族被满门处斩，所以人们忌讳说霍光全名，谈及霍光时，只说“大司马、大将军、博陆侯，姓霍氏”。

外交官和发明家

班氏三杰

中国有百家姓，提到“班”姓，很多人会本能地问上一句：“有这个姓吗？”当然有了。虽然班姓的人较少，但是，他们的老祖先却个顶个的厉害，比如汉朝著名的班氏三兄妹——班固、班超和班昭，他们又被人们称为“班氏三杰”。关于这三兄妹的故事，相信很多人有所耳闻。

班姓始于春秋时期。据说，楚国的贤相令尹子文小时候被遗弃山野，是被老虎喂养大的。他后来做了官，为了表达对老虎的恩情，就以老虎斑纹作为自己的姓氏。西汉时期，班婕妤被誉为史上最完美的女人，她也是西汉著名的女辞赋家。史书上说她善诗赋，厚美德。到了东汉，班氏一族是名副其实的名门望族，他们编修《汉书》，修辞作赋，北击匈奴，出使西域，万里封侯，可谓人才辈出。

班固

班氏三杰的父亲叫班彪，他是班婕妤的侄子。班彪是著名的史学家、文学家，因博学多才，得到了光武帝刘秀的赏识。他潜心修撰史书，并留下了《北征赋》《览海赋》《史记后传》等作品。

父亲去世后，时年二十三岁的班固回到陕西扶风老家。因为父亲的《史记后传》还没写完，所以他决定完成父亲的遗著。不料，有人告发班固“私修国史”，加之此时班家已经衰落，所以班固被关进了监狱。听说哥哥被抓，弟弟班超快马赴京为哥哥申冤。汉明帝看到班固写的书稿，被他的才华震惊，于是特召他为兰台令史，掌管和校订皇家图书。之后，班固完成了中国第一部断代史《汉书》，他撰写的《两都赋》至今仍被奉为散体大赋的经典之作，除此之外，他还有《幽通赋》《白虎通义》等一些作品。

汉和帝刘肇即位后不久，窦宪北征匈奴，当时班固五十八岁，因母亲去世，辞官在家守孝。之后，班固被窦宪任命为中护军，窦宪勒石燕然，他写下了流传千古的《燕然山铭》。最终，由于受窦宪的牵连，班固冤死在狱中。

班昭

班氏三杰中的妹妹班昭，也相当了不起，她应该是中国历史上第一位女文学家、政治家和史学家。

班昭十四岁嫁给曹世叔为妻，被人尊称为曹大家。班固去世后，班昭续写哥哥未完成的《汉书》，她还完成了影响中国两千多年的著作《女诫》。当时，东汉的大学者马融，为了得到班昭的指导，甚至跪在东观藏书阁外聆听班昭的讲解。汉和帝刘肇听说班昭才华出众，便让她做后宫妃嫔的老师，所以班昭也是中国历史上第一位家庭女教师。

刘肇死后，邓太后临朝称制。作为邓太后的闺蜜，班昭被委以重任，帮助邓太后稳定朝纲。邓太后是中国历史上最出色的女政治家之一，被后世誉为“皇后之冠”，她之所以能有这样的成就，其中也有班昭的一份功劳。

班昭精通天文和算数。她曾特招张衡入朝，共同研制浑天仪和地动仪。她创立了中国最早的男女同校学堂和女子学堂，并推动完成了世界第一部字典《说文解字》。

不可否认，班昭是一位卓越的女性，但是，人们在关注她才华的同时往往忽略了她政治家的身份。邓太后掌权时期，开创了东汉难得

的盛世太平，其功绩让天下人敬服。无论是当时还是后世，虽然人们都知道班昭是她的高参，用现在的话说就是“闺蜜干政”，却没有一个人指责弹劾班昭，反而给予了她极高的评价。

班昭去世的时候，已经七十多岁了。邓太后得知她的死讯后，非常伤心，她当即素服举哀，并派专人处理班昭的后事，隆重安葬自己的老师兼闺蜜。

班超

作为班氏三杰之一的班超也丝毫不比哥哥班固和妹妹班昭差，他曾带领三十六人纵横西域，平定五十国，万里封侯，并讲出了那名脍炙人口的名言“不入虎穴，焉得虎子”，被称为“史上最牛的外交官”。

他究竟是怎么做到这些的呢？

班超出生在史学世家，父亲班彪虽然是东汉初年的史学家，但家里并不富裕。因此，班彪一死，一家人就只能靠种田为生。当时，班超的哥哥班固特别想完成父亲的遗愿，即修《汉史》。在常人看来，你一个平头老百姓修什么《汉史》，纯属没事找事。班固因此引火烧身，被地方官逮了起来，关入大牢。

于是，弟弟班超开始给皇上写信，他在信中说：“我父亲就是修史的小官，现在我哥哥继承遗志，写的东西都有据可查，不信您可以自己看。”

汉明帝一看，写得不赖，便让班固到京城专门修《汉书》。就这样，班固他们一家人来到了洛阳。班超在京城附近给官府抄写文书，贴补家用。据《后汉书·班超列传》记载，班超非常渴望像张骞那样出使西域，建功立业，将来封侯封爵。所以，平时和同事们抄写公文的时候，他经常把笔一扔，说：“大丈夫应该效仿傅介子、张骞，到异域立功，博取封侯，而不是整天在这里抄抄写写。”大伙儿一听都笑着说：“你还是老老实实抄文章吧，要不然，今天的饭钱就没了，像封侯这样的事你就别想了。”班超回怼说：“你们这些人，安知壮士之志哉？”

当时，由于王莽篡位以及刘秀开创东汉等原因，匈奴有时间休养生息，逐渐变得强大起来，并且经常骚扰边境，还控制了西域各国。为了打通西域，东汉重设西域都护府，汉明帝派出大军攻打匈奴。班超投笔从戎，参加了大将军窦固的军队。他第一次出战匈奴，就击溃了匈奴的骑兵，这引起了窦固的注意，他觉得这小子有两把刷子。于是，窦固就派班超去西域联络各国，共讨匈奴。这正合班超的心意，所以他美滋滋地带着三十六个人出发了。这时，由于西域各国都已经臣服于匈奴，并被匈奴所控制，所以它们与东汉之间的联系全被掐断。

班超首先去的是鄯善国，也就是过去的楼兰古国。刚到的时候，鄯善王一看汉朝来使，恭敬得不得了，非常客气，可是没过几天，班超再去见鄯善王，对方的态度却变得很冷淡。变脸如翻书，班超知道一定是有什么原因。原来，此时匈奴的使者也来到了鄯善国。班超对手下人说：“鄯善王对我们不够友好，如果匈奴的使者发现我们在这儿，一定会派人来杀了我们，到时别说完成任务了，连命都保不了。依我看，咱们不如先下手为强，直接杀了匈奴使者，这样既能够震慑鄯善王，而且还有机会完成任务。你们说呢？”

手下的人一听，觉得这个计划疯狂，头都摇得像拨浪鼓，口中念念有词：“我们才三十多个人，况且又在人家的地盘儿上，如果想竖着离开，最好别那么干。”

没想到，班超却来了一句：“不入虎穴，焉得虎子？”随后，滔滔不绝地讲了一通。下面的人态度一百八十度大转弯：“你说得对，我们听你的，咱们就这么干。”

一天夜里，月黑风高，正是杀人放火的好时机。班超带着三十多个人悄悄靠近匈奴使者的驻地，然后命十个人拿着战鼓藏在附近，约定只要一见火起，就猛敲战鼓，大声呐喊。同时，他又让剩下的人带

着刀枪埋伏在门的两侧，自己则顺着风势放火，一时间鼓声震天。匈奴人不知道发生了什么，以为汉朝大军杀来，都赶紧往外跑。这时，埋伏在门外的人趁机一顿乱砍，杀死了三十多人，其余的匈奴人都葬身火海。

第二天，班超把匈奴使者的首级往鄯善王跟前一丢，鄯善王吓得面如土色，心想："这人也太狠了，竟在我的地盘上杀匈奴使者，下一个不会是我吧？惹不起，实在惹不起。"于是表示愿意归附汉朝，并把自己的儿子交给汉朝做人质。班超不辱使命，窦固更加赞赏他的勇气与智慧。他向汉明帝上奏了此事，汉明帝提拔班超为军司马，把联合西域的事情全部交给了他。

班超第二次出使的国家是于阗国，那里的情况比鄯善更复杂。有人建议他多带点人马，班超说："算了，我又不是率兵打仗，再多给几十人也没多大用，还是用我的原班人马吧。"当时，于阗国被匈奴控制，而且国王身边有个巫师，他极力反对与汉朝结盟。班超刚到时，国王对他不冷不热，于阗国的巫师想给班超一个下马威，他对国王说："听说汉室的马不错，如果用这匹马来祭天地，既能够取悦神明，又能够让汉室知难而退。"

第二天，于阗国的宰相跑到班超跟前说："您的那匹马不错，我们想祭祀天地，能不能把马送给我们呀？"班超果断答应了对方的要求，不过他也提了一个小小的要求：必须让巫师亲自来牵，要不然不给。不久，巫师就屁颠儿屁颠儿地来到了驿馆，见到班超后，一本正经地说："把马交给我吧。"班超也不想和他废话，一刀就砍下了他的脑袋。然后，他还命人把宰相绑起来，用鞭子抽打。国王一看傻眼了，他听鄯善国的人说班超是个狠角色，没想到这么狠，心生惧意，于是，答应归顺汉朝。

在搞定了于阗国后，班超继续在西域各国奔走，一路上恩威并施，让更多的国家臣服汉朝。虽然有一个漂亮的开局，可惜的是，这个时候汉明帝刘庄死了，新继位的汉章帝刘炟下诏，让班固从西域返回。班超孤悬绝域，不但抗旨不回，而且上书建议“以夷狄制夷狄方为上策”。

这是怎么回事呢？

原来，西域各国听说汉朝的皇帝死了，就开始摇摆不定。新继位的汉章帝主持了一场辩论会，主题就是“还要不要西域”。有人说，西域太过遥远，很难控制，又劳民伤财，还说当年的汉元帝放弃珠崖，也就是海南的琼山，光武帝拒绝西域诸国的归附，就是不愿意为几个小鱼小虾折腾。还有人说，你别管有没有劳民伤财，这是你爸要干的事情，都已经做了一半，你说不干就不干，那是不孝。那到底听谁的呢？经过一番考虑，汉章帝决定放弃西域，撤销西域都护府，并召班超回国。

当时，班超正在疏勒国，协助他们抵御龟兹等国联兵的进攻。接到诏书，他准备起身回国，疏勒国的一个将军流着眼泪说：“汉朝丢下我们不管，我们用什么来抵挡匈奴呢？与其那时候死，不如现在就死了吧！”说着就自杀了。

班超叹了一口气，说：“其实我也不想回去，可是没有朝廷的支持，我留下又有什么用呢？”于是一行人离开了疏勒国。当时路边的百姓看到班超后都号啕大哭，“您可别走啊”“您就是我们的爹娘，您走了我们就是孤儿啊”“以后我们要靠谁呀”……乌泱泱的人群拥了过来，抱着班超的马脚，死活不让他走。

班超深受感动，他想起了自己当初“万里封侯”的人生理想，又想到刚来西域的三十六个兄弟。于是，他一咬牙，决定不走了。他带着手下返回了疏勒国，大家都泪眼模糊地看着他。此时，汉朝在整个西域只有班超这一支小分队。当他回到疏勒的时候，疏勒已经有两座城池投降了。面对这种情况，班超迅速做出决策，果断抓捕反叛者，并斩杀了六百多人，及时稳住了局势。

同时，他上书朝廷，详细阐述了利害，并誓言坚守岗位，尽量不花汉朝的银子，以夷狄制夷狄。汉章帝觉得这个方法可行，毕竟他也

舍不得再在西域投资了，花小钱办大事，甚至不花钱都能办大事，那是再好不过了。不过，班超在奏折中又说了：“西域各国都是向着汉朝的，就是龟兹王一直在捣乱，如果搞定了龟兹王，就可以平定西域，您看能不能给我派点儿兵？”

汉章帝心里清楚西域的重要性，听说花不了多少钱就可以搞定，便答应派人过去，由于使用正规军成本太高，便决定采用民间招募的方式整备人马，最后凑了一千人。虽然人数不多，但是对班超来说已经不少了，当初他只带领三十六人，不照样做得风生水起。后来，汉章帝又主动增派了八百人，这样班超手下共一千八百人了，这也是班超在西域的全部家底儿。

有一次，在莎车王的鼓动下，疏勒王反叛了汉朝。班超果断立了一个新的疏勒王，并通知其他归附汉朝的国家通缉叛汉的疏勒王。

公元86年，莎车王和叛汉的疏勒王商议：“我们要联手把班超干掉，只要他在西域，我们就没好日子过。”他们的计划是先假装投降班超，愿意将功赎罪，并带领班超去打那些不听话的国家，然后在半路埋伏一支兵马，只要班超跟着去了，就趁机干掉他。

班超在西域待了这么久，也不是吃素的，你不是说要投降吗，可以啊，先到我这儿来谈谈你为什么要投降。结果，这个疏勒王还真来了，班超毫不客气，刀起头落，疏勒王就这么升天了。

干掉了反叛的疏勒王，接下来轮到莎车王。班超心想：“你莎车王不是使坏吗？好，我班超现在就给你点颜色。”他从于阗等国共召集了两万五千余人，准备去攻打莎车。莎车国背后的老大龟兹王感到大势不好，决定亲自出马。于是，他召集了五万联军准备救援莎车国。双方的兵力相差一倍。班超这个时候长叹了一口气，对各国的将领说：“他们人多，咱们人少，打不过呀。要不还是算了，咱们明天各回各家吧。”

这话很快传到了龟兹王的耳朵，他认为班超害怕了，不敢和他硬杠，于是亲自率领一万人埋伏在班超撤军的路上，又派八千人埋伏在去于阗国的路边。完成部署后，龟兹王得意扬扬，心想："小样儿，我看你们都往哪儿跑？"

其实，龟兹王根本不了解班超的勇气和决心，在班超的人生字典里，根本就没有"害怕"这两个字。当年，他带着三十六个人都能把敌人杀得人仰马翻，更别说现在手里有上万的大军。当班超得知龟兹的两路大军已经出发，立刻击鼓传令，全军出击，直接杀向敌军的大营。在这一战中，斩杀了龟兹联军五千多人，莎车国被迫投降。

班超从此威震西域，成为名副其实的西域老大。几年之后，龟兹也被班超的联军攻破，龟兹王投降。公元94年，班超调发龟兹、鄯善等八国的部队七万人，进攻焉耆、危须、尉犁。经过一年的征战，横扫西域五十多个国家，使其全部归附大汉。其中有三十六个国家是直接归汉朝西域都护府管辖，朝廷不但可以直接插手内政，还可以直接调遣他们的军队，其他的附属国还必须定期的向东汉朝贡。

公元95年，班超被封为定远侯，邑千户，后人因此称他为"班定远"。班超终于实现当年"立功异域""博取封侯"的人生理想。七年之后，也就是公元102年，班超回到了阔别三十一年的故乡洛阳，一个月后去世。

班超有胆略有才能，他多次在极其困难的情况下，表现出了非凡的智慧和勇气，为平定西域与汉朝的边疆安全做出了巨大的贡献，因此也被称为"史上最牛的外交官"。正如唐代诗人王昌龄在《从军行七首·其四》中所写："黄沙百战穿金甲，不破楼兰终不还。"

在中国历史上，班氏家族不仅贵为汉之外戚，而且忠勇功高，特别是对稳定西域和编纂《汉书》功勋卓著。班婕妤，文采出众，善诗赋，有美德；班彪，才名显赫，造诣深厚；班固，著《汉史》，彪炳史册；班超，投笔从戎，建功西域；班昭，文采斐然，教育大家。

班超的属吏甘英

甘英是汉朝时期出使西域的外交家，他曾万里迢迢出使大秦（罗

马帝国），但最终没有到达目的地，原路返回。

关于甘英原路返回的原因，历史上有不同的说法。其中，康有为认为甘英性格胆小，缺少探险家的气质，由于担心在海上遇到风险，于是无果而返。其实，这种说法并不准确。作为第一个到达波斯湾的中国人，以及跟随班超深入虎穴的三十六壮士之一，说他胆小怕事多少有些冤枉甘英。

公元95年，班超被封为定远侯，西域五十多国全部纳入东汉帝国的版图。《后汉书·西域传》记载："其条支、安息诸国至于海濒四万里外，皆重译贡献。"可见，西域南北两道畅通无阻，并与远在万里的安息等国建立了外交关系。

安息国位于现在的伊朗、阿富汗和巴基斯坦一带。自从张骞出使西域，并打通丝绸之路后，丝绸之路的起点自然就在汉朝，而它的终点则是当时的大秦，也就是罗马帝国。据说，当时在汉朝一斤丝绸能换几十斤大米，运到罗马后，却可以换相同重量的黄金。安息国作为丝绸之路的中转站，从中赚得盆满钵满。于是，班超就派助手甘英前往大秦，希望能获取更多关于大秦的信息。

据《后汉书》记载，从安息向西行二百四十里到达阿蛮国，从阿蛮国出发，再航行三千六百里到达斯宾国。出了斯宾国南行，渡过一条河，再向西南行进九百六十里就到了罗国，这里也是安息国最靠西的边界。书中指出了安息国的大体位置，即"安息国……北与康居、东与乌弋山离、西与条支接"，还说甘英到过条支，临大海欲渡。

也就是说，甘英当时大概是从西域都护的驻地，即龟兹的它乾城出发，经新疆喀什，越过帕米尔高原，往西经过阿富汗，到达伊朗境内的斯宾，渡过底格里斯河，再前往条支。这里的"条支"应该就是波斯湾。甘英打算渡海的时候，安息西界的船主极力拦阻，说这里海域太大了，如果海况好的话，三个月能到达对岸，如果海况不好，可能要在海上漂泊两年。所以至少要在船上准备三年的粮食，以防万一。而且，经常有人死在大海上。

这些行船人为什么要这么说？难道大海真的难以征服吗？事实并非他们所说，因为安息是丝绸之路的中转站，既然商道能通大秦，那人怎么可能过不去呢？

有种观点认为，很可能是安息王听说有汉朝使者要去大秦，就下令不许载汉朝人渡海。毕竟，汉人的相貌与安息国人是有明显差异的，船主一眼就能看出来。这么做的原因很简单，汉朝当时被称为“丝国”，罗马人又特别喜欢丝绸，所以在丝绸上花费了大量的钱财。他们根本不知道丝绸是由蚕吃了桑树上的叶子后吐出的丝织成的，甚至以为，丝绸是直接从树叶里面抽出的丝织成的，汉朝对丝绸外运控制极其严格，绝不允许蚕茧等外流。所以，安息国凭借地理优势成为丝绸之路上的中转站，并垄断丝绸之路上的贸易，汉朝的丝绸经安息国再到罗马人手上，价格会翻上几十倍。

因为花费过高，以至于罗马元老院禁止了丝绸贸易，甚至不允许臣民穿丝绸衣服。但是，此举收效甚微，因为罗马的统治者自身都无法抵抗丝绸的诱惑。那怎么办呢？于是罗马帝国想和汉朝直接进行贸易，那样的话，无疑会损害安息国的利益，为此罗马和安息国还打了好几次仗。这次听说有汉使要去大秦，安息国自然担心汉朝和大秦建立联系，从而让自己失去从中赚钱的机会。

虽然史书并没有详细的记载，但是可以推断，即使甘英强行渡海，也不可能到达大秦，他很可能会死在半路上。有人会问：“那甘英为什么不走陆路呢？”

首先，在当时，甘英手上没有世界地图，绕过大海走陆路，不知道猴年马月才能到。另外，如果汉使执意要去大秦，安息国为了保住自己丝绸的垄断地位，很可能会让这几十人销声匿迹，这也是很容易办到的。所以，甘英看不到到达大秦的希望，只好回国。

甘英虽然没有踏上罗马帝国的本土，但仍然创造了中国使节出使最远的纪录。在他之前，汉使最远到过安息。今天的西安距波斯湾有万里之遥，在当时，这条文明之路是靠两条腿走出来的，艰难程度

可想而知。但是，为了完成帝国赋予他的使命，甘英不惧艰辛，毅然踏上了这条充满挑战与未知的旅程。虽然他的名气没有张骞、班超大，但是他的贡献同样值得后人铭记，他们的事迹将永远镌刻在史册中。

蔡伦的造纸术

说到中国古代最牛的太监，很多人第一时间会想到郑和。其实，还有一个人比郑和还牛，他就是造纸术的发明者蔡伦。在《影响人类历史进程的100名人排行榜》中，蔡伦位列第七位，名次远远超过了我们熟知的许多中外历史人物。

蔡伦是东汉时期的太监。邓皇后平时特别喜欢写写画画，当时虽然已经出现了纸的雏形，但人们仍然用竹简或丝绢来写字，尤其把丝绢当纸用，确实有些太奢侈了。于是，蔡伦决定解决这个问题。他以棉布头、渔网、树皮等为原材料，改进了造纸术，使人们可以在纸上面写字画画，所以他发明的纸也叫蔡侯纸。

蔡伦不仅造过纸，而且还造了不少孽。

蔡伦是现在湖南的耒阳人，他出生在铁匠世家，祖上是打铁的。他容貌俊秀，聪明伶俐，除了学习《周礼》和《论语》等，还学习了一些杂七杂八的东西，比如冶炼、铸造、种麻、养蚕等。所以蔡伦在当时也算满腹经纶、才华卓绝之人。

因为他的家族是打铁的，所以平时与官府多有来往。蔡伦十八岁的时候，经人推荐，有幸入宫做了官。虽然只是个宦官，但放眼整个华南地区，他是第一个走进朝廷，进入皇宫为官的人。

入宫之后，蔡伦希望自己能做出一番事业。凭着聪明才智，蔡伦很快就被提拔为黄门侍郎，有机会和嫔妃们接触。置身于后宫，可谓步步惊心，平时说话办事一定要注意自己的立场，蔡伦深知这个道理。

当时，汉章帝刘炟的老婆窦皇后生不出孩子，她看到别的妃子生娃，心里特别不是滋味，于是陷害太子刘庆的母亲宋贵人。蔡伦屈从于窦皇后的压力，对宋贵人施以刑罚，宋贵人屈打成招，最后被逼自尽。另外，窦皇后还陷害了梁贵妃，并且把梁贵妃的儿子刘肇收养为自己的孩子，这些事情都是蔡伦亲手操办的。可见，窦皇后非常信任他。

汉章帝刘炟驾崩，刘肇继位，此时窦皇后独掌大权。作为窦皇后的心腹，蔡伦被提拔为中常侍，整天陪伴在小皇帝身边。窦太后原本让他监视小皇帝，或许是因为良心发现，他竟和大宦官郑众一起谋划怎么帮助小皇帝刘肇夺回大权，并清除窦太后的朝中势力。

窦太后去世后，蔡伦又被任命为汉和帝刘肇的皇后也就是邓皇后的侍从，主要负责皇宫的制造业。就是在这个时期，他改进了造纸术。随后，皇帝还下令在全国范围推广使用这种纸。

汉和帝刘肇二十七岁就没了，刚出生才一百多天的刘隆被拥立为帝。邓皇后摇身变成邓太后，她开始垂帘听政。但小皇帝只在位了二百二十天就夭折了，成为最短命的皇帝。于是，邓太后只能从宗室里面选一个孩子接替皇位，该选谁呢？选来选去，最后她选中了宋贵人的孙子，也就是原来太子刘庆的儿子刘祜。

这可把蔡伦吓坏了，因为宋贵人正是被他构陷并逼死的，虽说那是窦太后的命令，但毕竟是自己动的手，至少也算帮凶。好在此时刘祜才十几岁，实权还是在邓太后手中，没有谁敢追究那件事情，这也让蔡伦得到了些许安慰。

因为蔡伦非常有才，又在身边服侍了这么多年，所以邓太后封他为“龙亭侯”。然而，随着邓太后的去世以及汉安帝刘祜的亲政，蔡伦的处境变得越来越危险，他惶惶不可终日，生怕皇帝追究当年的事情。

真是怕什么来什么，刘祜对于当年的事情一直耿耿于怀，本来自己的老爹就是太子，结果变成了清河王，要不是刘隆夭折，皇位也不会轮到自己。虽然窦太后已经死了，但帮凶还在，而且活得挺滋润。

公元121年，刘祜下令让蔡伦去廷尉领罪。蔡伦知道自己有去无回，便在家中服毒自尽，结束了自己的一生。

蔡伦虽然做了不少为人不齿的事情，但是他改进造纸术，对整个世界的发展都有贡献，因此也被誉为“改变世界文化面貌的中国第一位伟大的发明家”。